教育部人文社会科学研究一般项目
"刑事司法中的运动式治理研究"（20YJC820058）结题成果
西南政法大学诉讼法与司法改革研究中心研究成果

Campaign-style Governance

in Criminal Justice

刑事司法中的
专项治理研究

——

闫召华　等著

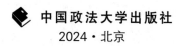

中国政法大学出版社

2024·北京

图书在版编目（ＣＩＰ）数据

刑事司法中的专项治理研究/闫召华等著. —北京：中国政法大学出版社，2024.3

ISBN 978-7-5764-1383-0

Ⅰ.①刑… Ⅱ.①闫… Ⅲ.①刑事诉讼—司法制度—研究—中国 Ⅳ.①D925.204

中国国家版本馆CIP数据核字(2024)第061587号

书 名	刑事司法中的专项治理研究 XINGSHI SIFA ZHONG DE ZHUANXIANG ZHILI YANJIU
出版者	中国政法大学出版社
地 址	北京市海淀区西土城路 25 号
邮 箱	bianjishi07public@163.com
网 址	http://www.cuplpress.com (网络实名：中国政法大学出版社)
电 话	010-58908466(第七编辑部) 010-58908334(邮购部)
承 印	固安华明印业有限公司
开 本	720mm×960mm　1/16
印 张	16
字 数	260 千字
版 次	2024 年 3 月第 1 版
印 次	2024 年 3 月第 1 次印刷
定 价	75.00 元

本书撰稿人

（以撰写章节先后为序）

闫召华　西南政法大学诉讼法与司法改革研究中心教授

倪春乐　西南政法大学国家安全学院教授

王　彪　西南政法大学法学院副教授

孔令勇　安徽大学法学院副教授

李冉毅　西南政法大学法学院讲师

陈苏豪　南京航空航天大学人文与社会科学学院副教授

郭　航　中南财经政法大学法学院讲师

序

塑造刑事司法治理的中国模式

专项治理在我国刑事司法中有着长久和广泛的存在。而且，作为一种有深厚传统支撑和强烈现实需求的国家治理模式，专项治理不仅影响着刑事法的实施方式，也在一定程度上承载着快速推进刑事程序立法完善和制度变迁的使命，因为，中央政法委及最高司法机关主导的"降低羁押率""强化非法证据排除""认罪认罚从宽"等一系列改革也带有鲜明的专项治理色彩。孤立地看不同的治理事件，刑事司法中的专项治理好像是非常态化的。但若持一种联系的动态视角，就会发现，专项治理经常出现，已成为不同范围、不同层级的公安司法机关应对刑事司法领域紧迫问题的常态化机制，从而对我国刑事程序的运行发挥出持续性、全局性的影响，并不断强化着我国刑事诉讼的特有品性。当前，我国正处于国家治理模式和刑事程序体系的转型期，在建设法治中国的背景下，一方面要实现国家治理体系和治理能力的现代化，另一方面也在推进严格司法，健全办案结果符合实体公正、办案过程符合程序公正的法律制度。鉴于此，如何定位与规制刑事诉讼中的专项治理已成为不容回避的重要议题。

长远来看，刑事司法必然走向制度之治、规则之治、程序之治，实现中国国家治理的现代化首先就是要实现法治化，这是方向，是规律。但这并不是说，每个国家都必须遵循千篇一律的刑事司法制度和刑事司法治理模式。人民司法的性质和极富特色的政法传统决定了我国的刑事司法需要寻找到一条符合中国实际、具有中国特色的发展道路，将党对司法的领导和群众路线等这些积极要素融入程序法治之中，构建起公正高效权威的社会主义刑事司法制度，在法治的基础上实现善治。诚然，当前，部分专项治理确实有这样那样的一些弊端，但由此彻底否定专项治理就走向了矫枉过正的歧路。对于我国的刑事司法而言，只要在理念、制度、机制层面做好合理的定位和衔接设计，专项治理完全可以成为无可替代的体制优势。特别是在转型期，其重点针对常规刑事司法通过量的累积过滤出来的突出问题，进行补充性质的灵活的适应性治理，从而可以与常规刑事司法之间形成有效互补、纵向协同的双层治理。而提出制度改良意义上的专项治理的常态化，其实就旨在形成专项治理与常规刑事司法有机协同的长效治理机制。即便是在充分实现程序法治，专项治理逐渐淡化了作为独立治理模式的意义之后，刑事司法制度依然可以吸收专项治理中的积极要素，弥补程序法治的局限性，体现推进依法治国和治理模式创新上的中国智慧。

总体上看，学界对我国刑事司法中专项治理问题重视不足，除了有零星的个案研究，在系统的经验考察和机理分析方面非常薄弱，与专项治理在刑事司法实践中的重要功用极不匹配，深入研究该问题，显得非常重要和紧迫。

作为2020年度教育部人文社会科学研究一段项目"刑事司法中的运动式治理研究"的结题成果，本书旨在从概念分析、机理探讨、价值解说入手，在对我国刑事诉讼中历次大的专项治理全面归纳梳理的基础上，从多个视角，借助多重理论工具，厘清刑事诉讼中专项治理的生成和运行逻辑，并以尽量客观、中立的立场，分析专项治理在刑事诉讼中长期存在的源生动力和现实合理性，考察其与我国刑事诉讼模式及政法生态的契合程度，评估其有效性以及对公安司法机关职能的积极影响，剖析专项治理的内在缺陷，最后在缜密评估各种推动或阻碍因素的基础上，探究能够扬长避短、促进刑事诉讼中专项治理法治化转型和优化的途径和方法，从而为顶层设计者在宏观的方向选择上提出一些可行建议，并助益于解决司法者操作层面的一些问题和困惑。

本书对刑事司法中专项治理的研究主要围绕以下几个方面展开：

一是刑事司法中大型专项治理的实证梳理。刑事司法中的专项治理事实上也是我国刑事诉讼发展的一个重要历史脉络。准确认识刑事司法中的专项治理，最有用也是最基础的方法就是探寻刑事司法中专项治理的历史流变。从知识论角度来说，就是通过逻辑方式在某种程度上还原刑事司法中专项治理问题的原貌，以更准确地理解构成该问题的基本要素以及发生的变迁，并由此考察刑事诉讼中专项治理的承继和替代关系，客观地描述和把握其发展方向，寻求其内在规定性，并在国家治理方式变迁和刑事诉讼模式演进的双重叙事背景下，对专项治理做历时性和共时性的比较研究。

二是刑事司法中专项治理发生及常态化的原因剖析。政法机关之所以在刑事司法中反复使用专项治理这一非常规工具，甚至形成路径依赖，虽然不一定能自证其合理性与合法性，但必然是有原因的。当治理主体产生了对解决特定议题高水平和超常规绩效的需求，而刑事司法制度所蕴含的常规治理工具供给不足，就会导致需求与供给间的尖锐矛盾，这种强大的内生动力一旦得到合适的条件支撑，专项治理便有了生存空间。基于此，本书借助政策工具选择说、司法资源有限说、社会动员能力说等多重理论工具，构建一个宏观的本源性分析框架，力图系统化、多维度地考究刑事司法中专项治理长期存在的原因，客观地解析其现实合理性、绩效合法性和源生动力。

三是专项治理在刑事司法中的运作逻辑。刑事司法中的专项治理并不只有唯一的发起者，也并非以追求绩效为单一目的，行动与目的间也不只有一条严谨、连贯、不受干扰的逻辑链。刑事诉讼中的专项治理之所以复杂，就在于其内部存在着不同行动逻辑的行动者，治理过程是一个多元利益主体互动博弈的"政—法对话过程"。因此，本书将基于一个多重逻辑的分析框架，观察在刑事司法的不同环节，条块上的不同行动者如何在多重逻辑的交织作用下，协调政策贯彻与法律适用，调配社会资源与司法资源，同时实现专项治理的目标与刑事司法的任务。

四是刑事司法中专项治理的效果评估。效果评价是观察刑事司法中专项治理客观运行样态的重要手段，也是对其进行优化与改进的主要依据。本书将结合专项治理的功能结构和刑事诉讼构造，基于经验材料，全面确定影响刑事司法中专项治理有效性的各种复杂因素，并以之为指标构建一个相对完善的效果评价体系，进而从正功能、负功能，近期效果与远期效果等视角入手对刑事司法中专项治理的法律效应、政治效应和社会效应进行辩证分析。

五是专项治理与我国刑事司法制度的契合与抵牾。专项治理在我国刑事司法中的长期存在一定程度上反映了二者的契合度。但不可否认，二者之间客观上存在着多重紧张关系，极大地影响着专项治理的绩效和正当性。而且，刑事司法的程序法治特性决定了，刑事司法与专项治理的抵牾要比其他领域常规治理与专项治理的对立更为突出。鉴此，本书拟从理论基础、价值观念、行动模式、原则及规则等多个层面交叉透视专项治理与我国刑事司法制度的对立、统一关系。

六是刑事司法中专项治理法治转型的途径和方法。在推进依法治国的背景下，实现法治转型已成为专项治理在刑事司法中能够继续获取生命力的唯一选择。法治化必须常规化，而常规化又必须法治化。刑事诉讼中专项治理转型的总体目标就是以程序限定专项治理，以对法理观念的遵从替代行政权力的绝对主导，以必然性、稳定性、连续性取代偶发性、多变性和不可预测性，最终将专项治理吸纳为我国刑事司法制度的一部分。

本书是集体智慧的结晶。课题组负责人闫召华教授提出了研究思路和要求，拟定了基本纲目，然后由七位课题组核心成员分工撰写完成。本书各章撰写的基本分工如下：闫召华教授负责第一章（刑事司法中专项治理的发生机理），倪春乐教授负责第二章（刑事司法中专项治理的历史观察），王彪副教授负责第三章（刑事司法中专项治理的个例观察），孔令勇副教授负责第四章（刑事司法中专项治理的制度逻辑），李冉毅博士负责第五章（刑事司法中专项治理的积极意义），陈苏豪副教授负责第六章（刑事司法中专项治理的改进空间），郭航博士负责第七章（刑事司法中专项治理的法治转型）。在此对各位撰稿老师的辛勤劳动表示诚挚感谢！由于时间和水平有限，加之各章撰写风格有异，书中难免有不当之处，敬请读者批评指正！

闫召华

2023 年 3 月于西政敬业楼

目　录

第一章

CHAPTER 1

刑事司法中专项治理的发生机理

刑事司法中的专项治理，按照通常理解，是以"急事特办"为理念，以自上而下的政治动员为手段，暂时打断刑事诉讼原有的各就其位、按部就班的常规程序或者突破常规的办案体制和机制，在一定时期内集中力量和注意力快速完成某一特定任务。从"严打"到"扫黑除恶"，从专项"追逃""纠错"到超期羁押的集中清理，从对宽严相济的推行到对"少捕慎诉慎押"的强调，刑事司法中的专项治理经常出现，已成为不同范围、不同层级的公安司法机关应对刑事司法领域紧迫问题的常用机制，从而对我国刑事程序的运行发挥出持续性、全局性的影响，并不断强化着我国刑事诉讼的特有品性。而且，作为一种有深厚传统支撑和强烈现实需求的国家治理模式，专项治理不仅影响着刑事诉讼法的实施方式，也在一定程度上承载着快速推进刑事程序立法完善和制度变迁的使命，一些重大的刑事司法改革也常带有鲜明的专项治理特征。[1]但问题是，以程序法定为基本原则的刑事司法是最注重程序和常规的，而专项治理则通常是以反常规的面貌出现。专项治理虽然具有反应迅速、针对性强和治理效果立竿见影等优势，但由于治理模式的模糊性和开放性，加之制度支撑不足、理论研究欠缺，也存在着纠错出错、维稳不稳等潜在风险和过犹不及等负面影响，使得决策者和公安司法机关对其始终抱有"爱恨交加""犹疑反复"的复杂情结。当前，国家对于"扫黑除恶"等治理运动提出了常态化要求，而我国正处于国家治理模式和刑事程序体系的

---

〔1〕 参见钱大军、薛爱昌：《司法政策的治理化与地方实践的"运动化"——以 2007—2012 年的司法改革为例》，载《学习与探索》2015 年第 2 期。

转型期，在建设法治中国的背景下，一方面要实现国家治理体系和治理能力的现代化，另一方面也在推进诉讼程序的正当化。如何定位与规制刑事司法中的专项治理已成为不容回避的重要议题。而刑事司法中专项治理的优化必然以深入理解其发生逻辑为前提。鉴于此，本章拟对这一问题进行初步探讨，梳理专项治理影响我国刑事司法的历史进路，归纳相关主体专项治理偏好的决定因素，并基于发生学视角的分析，挖掘刑事司法中专项治理常态化悖论的关键点，并为常态化悖论的破解提出些许方向性的建议。

一、治理如何"专项"：专项治理发生的一般机理

（一）专项治理的内涵

作为与常规治理相对应的概念，通常认为，专项治理是指暂时打破按常规程序运作的程序体系，代以自上而下、政治动员的方式调动各方资源，集中力量和注意力完成某一特定任务，亦称动员式治理等。[1]尽管学界对专项治理的正当性认识不一，但基本上都认可其作为一种国家治理方式的客观存在。公共安全、环保治污、反腐败、"扫黑除恶"、精神文明建设等是专项治理的常见领域。一般而言，专项治理具有以下六大特征：一是发起主体权威，通常是掌握一定政治权力的政党或机关；二是参与主体多元，通常不局限于一个部门、一个机关、一个层面的力量，而是集中各条线、各方面的资源，并有较大规模的基层或群众参与；三是治理目标特定，主要针对紧迫、突发或久拖不决的重大疑难社会问题；四是治理思路特殊，即以政治动员方式自上而下发起，打破制度治理的常规路径，以突击运动的方式"暴风骤雨"式地展开；五是治理期限明确，一般设定有确定的进度要求，力求迅速推进，高效完成；六是治理进程模式化，即从运行程式看，专项治理通常按以下步骤进行，即领导批示，成立小组，制订方案，宣传动员，贯彻落实，考核推进，总结评估。上述特征实质上也是从主体、客体、主观、客观等多个视角评价一种治理活动是否成立专项治理的标准。而专项治理亦可从不同维度作类型划分。如以适用领域与目的取向为准，将专项治理区分为政治意识型、

---

〔1〕 参见周雪光：《中国国家治理的制度逻辑：一个组织学研究》，生活·读书·新知三联书店2017年版，第175页。

政治行为型、行政意识型、行政行为型；[1]以发起主体为据，区分为国家专项治理与基层专项治理；[2]以诱发机制为准，区分为偶发型专项治理和常发型专项治理；[3]以发动主体为准，区分为"块状"专项治理和"条状"专项治理；[4]以治理目标与治理对象为准，区分为官僚教化型专项治理、社会教化型专项治理、部门协同型专项治理、社会动员型专项治理等[5]。

对于如何理解专项治理与常规治理的对应关系，特别是二者在现实中的存在状态及相互关系，学界存在一定分歧。一种观点认为，专项治理是常规治理的替代机制，二者之间"有着内在的紧张和不兼容性"，是截然对立的。[6]专项治理一旦进入常规，就将丧失专项治理机制的本质属性，从而转化为常规治理。常规治理一旦以专项治理机制展开，将演变为专项治理。专项治理与常规治理呈现出交替发生、周期更替的状态。在该种研究路径下，专项治理与常规治理"被放置渐变光谱的两端，整个治理过程表现为两端点间的来回摆动"。[7]另一种观点则认为，专项治理的元素是内嵌于常规治理所依托的官僚制机制之中的，政治动员也离不开科层，专项治理机制完全可以"作为一种解决问题的特殊方式被编入日常科层制中"，专项治理与常规治理并不那么泾渭分明，而"更多地呈现为一种程度和级别上的区别"。[8]特别是基层的专项治理，已经成为"基层政府的一种常规化的行政和治理机制"，"而非临时的、任意发动的非常规化的政治机制"。[9]上述两种观点各有其合理性，但都只看到了两种治理模式或对立或统一的一个侧面。诚然，专项治理与常规治理在治理逻辑上有明显的对立性，一个遵循常规，一个强调打破常规，科层与动员在组织学的性质定位上也是相悖的，但在我国政治官僚制的语境

---

〔1〕　参见黄科：《运动式治理：基于国内研究文献的述评》，载《中国行政管理》2013年第10期。

〔2〕　参见欧阳静：《论基层运动型治理——兼与周雪光等商榷》，载《开放时代》2014年第6期。

〔3〕　参见冯志峰：《中国政治发展：从运动中的民主到民主中的运动——一项对110次中国运动式治理的研究报告》，载《甘肃理论学刊》2010年第1期。

〔4〕　参见叶敏：《从政治运动到运动式治理——改革前后的动员政治及其理论解读》，载《华中科技大学学报（社会科学版）》2013年第2期。

〔5〕　参见刘开君：《运动式治理的运行逻辑与现代化转型》，载《江汉论坛》2019年第7期。

〔6〕　周雪光：《运动型治理机制：中国国家治理的制度逻辑再思考》，载《开放时代》2012年第9期。

〔7〕　张玉昆：《运动式治理：对既有研究的回顾》，载《领导科学论坛》2021年第3期。

〔8〕　刘骥、熊彩：《解释政策变通：运动式治理中的条块关系》，载《公共行政评论》2015年第6期。

〔9〕　欧阳静：《论基层运动型治理——兼与周雪光等商榷》，载《开放时代》2014年第6期。

下，专项治理与常规治理也有统一、互补的一面，二者的诸多要素均是以官僚制为载体的，功能上也是各有侧重，专项治理成了官僚制的一部分，多数情况下，是否使用专项治理取决于治理主体基于特定情境的适切抉择。这是我国在治理模式上长期坚持常规治理加专项治理二元构造的重要原因。

（二）治理的专项化：一种历时分析

应当看到，作为一种国家治理方式，专项治理具有鲜明的中国特色，它直接渊源于党的革命动员传统，是中国共产党治国理政的有效手段和重要经验。而要准确理解这一治理方式的性质和效用，就必须从中国共产党革命动员的历史谈起。概而言之，在中国，动员从革命手段变迁为一种治理方式，大致经历了三个时期。

第一个时期，以动员为基础的专项行动是夺取政权阶段的革命手段。按照马克思主义的观点，共产党作为无产阶级政党是"一个不同于其他所有政党并与它们对立的特殊政党"[1]。列宁基于对俄国革命史的认知，很早就认识到，如果说在西方国家，无产阶级政党在理论上尚有通过议会合法角逐国家权力的机会的话，在东方，几乎不存在无产阶级政党合法抗衡的政治空间，共产党只能发展成为"职业革命家"组织，党建学说也在一定程度上表现为革命行动理论。[2]中国共产党成立之初，其所面临的政治环境较之俄国更为恶劣，这决定了中国共产党要实现自己的政治理想和政治价值，只有革命一途，只能依赖体制外广泛的社会动员。毛泽东同志明确指出："要打倒帝国主义和封建主义，只有把占全国人口百分之九十的工农大众动员起来，组织起来，才有可能。"[3]"强调党与群众的密切联系，鼓励在共同的基本价值观的信念基础上的自主性，使用群众动员的方法来实现目的，避免不利于联系和了解群众心声的官僚主义气息"，使得中国共产党革命政权兴起阶段的各项工作在最大程度上获得了人民群众的支持，成为党克服种种困难的强大武器。从香港海员大罢工、安源路矿工人大罢工到京汉铁路工人大罢工，中国共产党领导的工人运动初步显示了党的组织发动能力和中国工人阶级的斗争力量，

---

〔1〕 恩格斯：《恩格斯致格·特利尔》，载《马克思恩格斯选集》（第4卷），人民出版社1972年版，第469页。

〔2〕 参见列宁：《马克思主义与修正主义》，载《列宁选集》（第2卷），人民出版社1972年版，第6页。

〔3〕 《毛泽东选集》（第2卷），人民出版社1991年版，第564页。

并明确了党武装斗争的革命方向。在确定"农村包围城市"的革命发展道路后，中国共产党发起的土地改革运动，通过土地和其他资源再分配的物质激励及农民翻身做主人的精神引领，"成功地激发了农民的斗争勇气和政治热情，赢得了他们对共产党的认同和支持"。[1]而在早期武装起义、反"围剿"、红军转战、抗日战争、解放战争等军事斗争中，中国共产党通过广泛的革命动员，点燃了群众的参战热情，解决了人力、物力与财力的及时有效补充。[2]在武装斗争获取胜利后，在政权特别是基层政权建设中，中国共产党把"迅速的政治动员和迅速的政治制度化结合在一起"，[3]提高了民众的政治参与，将革命观念和革命活动在广大乡村地区推向深入。通过发起延安整风等党内运动，破除了将苏共经验和共产国际指示神圣化的教条主义，纠正上思想路线上的"左"倾或右倾错误，确立了党实事求是的指导思想，实现了马克思主义中国化的理论创新。1943 年以后，党的领导人将革命动员的经验加以综合，"将群众路线的形式和风格加以制度化"，[4]进一步增强了党的组织性和动员能力，动员型政治传统日渐成型。

第二个时期，以动员为基础的专项行动是"革命式现代化"阶段的执政方略。新中国成立后，中国进入了一个"追求国家财富"的现代化建设时期。中国现代化的要义是实现两个转变，即由农业国转变为工业国，以及由新民主主义国家转变为社会主义国家。"与英国等早发内生型现代化相比，中国的现代化属于后发外生型"，[5]中国现代化的动力不是来自社会的自组织力量和市场的自然发育，而积贫积弱的国情和复杂的地缘政治环境无法为渐进改良式的现代化提供应有支撑，再加之，中国现代化的社会主义改造性质。在此背景下，"中国共产党在长期革命中积聚起来的巨大的政治权威、对革命中人的主观能动意志的创造性的深刻记忆和自信，以及对社会主义理想的普遍渴

---

〔1〕 李里峰：《运动式治理：一项关于土改的政治学分析》，载《福建论坛·人文社会科学版》2010 年第 4 期。

〔2〕 参见钟日兴：《乡村社会中的革命动员 以中央苏区为例》，中国社会科学出版社 2015 年版，第 113-137 页。

〔3〕 ［美］塞谬尔·亨廷顿：《变革社会中的政治秩序》，李盛平等译，华夏出版社 1988 年版，第 260 页。

〔4〕 Carl E. Dorris, "Peasant Mobiliazation in North China and the Origins of Yenan Communism", The China Quarterly, No. 68, 1976, pp. 697-719.

〔5〕 徐勇：《国家治理的中国底色与路径》，中国社会科学出版社 2018 年版，第 153 页。

望产生了对这种发展瓶颈本能地采取政治解决而不是经济解决的要求"。[1]政治动员成为中国特殊现代化逻辑之下发展现代化的必然路径，即"将整个社会，实质是分散的农民社会通过政治动员的方式带入现代化"，[2]"执政党通过诉诸以意识形态合法性为中心加之的一波紧接一波的政治运动，来实现经济、政治和社会发展计划"[3]，运动成为一种全面的治国方略，成为新中国成立后政府运作的一种主要方式。据统计，自1949年至1976年，中国开展各类政治运动67次，平均每年2.5次。在运动高潮的20世纪50年代，10年间各类运动达到31次之多。[4]这些运动通常表现为自上而下的集中、全面动员，并在多个层级发动和实施，通过统一精神引领下的集体行动，达到在官僚程序之外迅速解决某一个重大问题的目标。这一时期的专项行动目的多样，涉及内容广泛，有的着眼于巩固政权，如"土地改革"运动、"镇压反革命"运动、"肃清反革命分子"运动、"剿匪"运动等；有的偏重于纯洁队伍，如"整风"运动、"三反"运动、"五反"运动、"新三反"运动等；有的侧重发展生产，"增产节约"运动、"工业学大庆"运动、"农业学大寨"运动等。事实上，这种以阶级斗争为支点、以广大干群为对象、以大民主为形式的政治动员本质上都属于革命范畴。[5]在这一时期，革命的思维事实上依然是国家建设的主旋律，融合了国家理性、领袖意志、意识形态与历史现实的政治运动不仅成为政治生活和文化改造的常态，也成为发展经济、推进现代化的基本手段。而通过专项行动所实现的社会主义改造在为政治、经济、社会的发展进步开辟道路的同时，也为群众参与政治和社会公共生活提供了广阔空间。

第三个时期，以动员为基础的专项行动是"市场型现代化"阶段的治理方式。改革开放以后，中国的发展进入一个新的时代，中国的现代化逐步由

---

〔1〕 陈明明：《在革命与现代化之间——关于党治国家的一个观察与讨论》，复旦大学出版社2015年版，第10页。

〔2〕 徐勇：《国家治理的中国底色与路径》，中国社会科学出版社2018年版，第154页。

〔3〕 陈明明：《在革命与现代化之间——关于党治国家的一个观察与讨论》，复旦大学出版社2015年版，第11页。

〔4〕 参见胡鞍钢：《中国政治经济史论（1949—1976）》，清华大学出版社2008年版，第723页。

〔5〕 参见毛泽东：《在第十五次最高国务会议上的讲话》，载中央文献研究室编：《建国以来毛泽东文稿》（第7册），中央文献出版社1992年版，第398页。

"革命式现代化"转变为"市场型现代化"。[1]国家在政治上开始推进与市场经济相适应的政治民主化改革，开始践行"党政分开"这种政治结构上的创新，开始提倡"党必须在宪法和法律范围内活动"的依法治国原则，在经济上则推行开放社会、"放权让利"、培植市场。在"市场型现代化"的孕育下，社会作为一种独立力量开始复苏、成长，以往国家与社会的高度合一关系开始有所改变。而党也"越来越重视在既定的政治框架内，运用制度提供的资源，按照合法的程序来运作国家机器、组织社会生活"，无论是对国家的领导，还是对社会的领导，都日益走向制度化和法律化，主要不再采取群众运动的方式，而是注重促成、引导社会与国家的理解与协作。[2]有学者将其概括为"回应型政治"，以与"革命式现代化"下的动员型政治相对应，并认为，该种政治形态的特点是"市场社会推动政治"，治理者需不断回应社会的要求和压力，主动调适自己的政治行为，整合各方面利益，达到社会与政治、权力与权利的相对均衡。[3]从整体上看，这种发展趋势暗合了域外扭转政府过度膨胀现象的改革。以此为背景，国家治理取代统治、管理，在中国开始成为一个新兴概念和不断流行的国家话语。党在总结多年执政经验的基础上，在十八届三中全会上更是明确提出了一种全新的政治理念，即"推进国家治理体系和治理能力现代化"。治理强调协调、互动、多元参与、多维展开，追求对公共事务的高效、公平处理，而法治是治理的基本方式，治理的现代化首先就是要实现治理的法治化。从表面上看，崇尚政策贯彻、自上而下、暴力激烈、群众动员的运动与上述治理理念似乎是格格不入的，治理的兴起就应该意味着运动的退场。但事实上，国家治理理念的确立并不是建立在对专项行动的彻底否定基础之上的，恰恰相反，在我国，治理理念是在与专项行动理念的共生、互动中成长起来的。改革开放后，中国社会发展迅速，经济、社会和政治制度之间呈现出一种"非均衡结构之间非共时的变迁顺序"，[4]面对体制外资源日益增生的社会现实，在国家治理资源依旧匮乏的条件下，执

〔1〕 陈明明：《在革命与现代化之间——关于党治国家的一个观察与讨论》，复旦大学出版社2015年版，第52页。

〔2〕 陈明明：《在革命与现代化之间——关于党治国家的一个观察与讨论》，复旦大学出版社2015年版，第53-57页。

〔3〕 参见徐勇：《国家治理的中国底色与路径》，中国社会科学出版社2018年版，第156-157页。

〔4〕 杨志军：《当代中国政府"运动式"治理模式的解释与反思》，载深圳大学当代中国政治研究所编：《当代中国政治研究报告（第10辑）》，社会科学文献出版社2023年版，第203页。

政党和政府试图引入各种体制外市场资源和社会资源并纳入国家治理体系，在旧的治理方式体系中不断引入现代治理机制，进而形成了包容专项治理与现代治理手段在内的综合治理机制。[1]在很多时候，专项治理依然是综合治理机制形成的主线，而专项治理往往在综合治理的框架下得以贯彻、执行。专项治理成为与常规治理并列、对应的国家治理方式之一。在"市场型现代化"阶段，虽然政治领域的专项行动明显减少，但国家治理层面专项行动的总量还有增加趋势，特别是在各类社会问题的治理上，专项行动仍然发挥着难以替代的作用。

（三）发生的机理

专项治理何以成为当前国家治理的非常规手段，并在一定程度上呈现出"常规化"的趋势。我们认为，可以从五个方面理解。

（1）作为革命经验的专项行动传统和对专项治理的路径依赖。作为革命经验，专项行动是特殊年代党在恶劣环境下团结最广大群众取得革命和建设胜利的强有力武器。在革命时代和继续革命时代，无论在什么问题、什么目标、什么地点上，党通过动员群众都能使革命力量迅速赢得广泛支持，在斗争中取得成功。党不仅在专项行动中成功地动员了群众，而且，还成功地维持了群众对专项行动的长期支持，并将专项行动转化为一种持久的政治力量，使之成为党领导群众战胜一切困难的法宝。而且，在一波波专项行动、一次次成功之后，作为革命策略的专项行动被不断发展并珍藏在党的意识中，进而具有了某种方法论意义上的神圣性。党在革命式现代化阶段对专项行动的推崇和依赖真切地反映了对专项行动这一政治遗产强大效果的坚定信念：只要善于发动群众、引导群众、组织群众，就可以战胜看似不能克服的客观困难。而且，对专项行动的频繁运用还带有自我强化的倾向，从而容易形成对专项行动的依赖：本来是通过专项行动来突破制度和程序实施的瓶颈，进而实现发展、有序和稳定，然而，专项行动的实质是斗争，专项行动本身带有极大的反程序性、反制度性，当以专项行动手段非程序性地、权威性地解决某一问题时，可能会给制度实施制造出更多问题或隐患，进而要求组织更大、更多的专项行动去解决问题，直到最终以不确定性和震荡性架空制度和程序，

---

〔1〕 参见唐皇凤：《社会转型与组织化调控——中国社会治安综合治理组织网络研究》，复旦大学 2006 年博士学位论文。

使得专项行动成为唯一可提供的解决问题的政治资源。改革开放后，虽然政治领域的专项行动退出了历史舞台，但专项行动中隐藏的能够快速解决特定问题的动员机制则被保留了下来，用以解决常规治理难以解决的棘手问题，"社会建设依靠有效的社会动员"的观念依然深入人心。有时候，各层级的治理主体即使在主观上有不再搞专项行动的愿望，但由于意识形态和组织制度的强大惯性，一旦在治理中遇到需要短时间内迅速攻克的重大疑难问题，"路径依赖仍推搡着它以运动式治理开展工作"，[1] 即以"集中整治""专项整治""会战"等为名，发动干群，打破"条""块"，展开突击行动。虽然此时的治理与彼时的专项行动相比，在动员主体、动员对象、动员范围等方面有一定的差异，但它所遵循的特事特办逻辑，所倚赖的权威推动，所强调的整体参与与资源整合，所表现出的快速突破的运行特征，均与政治领域的专项行动有相同之处，从历史来源上看，"它们都是革命动员传统在不同历史阶段的遗留"。[2] 因此，可以说，专项治理方式之所以现在仍然被反复使用，成为国家治理逻辑的重要组成部分，绝不是偶然的，而是一整套带有连续性的制度设施与环境的必然产物，[3] 体现了后革命时代对革命时代政府运作方式的路径依赖。[4]

（2）维护政治合法性的客观需要。每一个政权都极为重视作为其存续法理根基的政治合法性。虽然是一种盛行、常用的治理手段，但专项治理归根结底是一种政治行动，它并不是任意发动的，而是遵循着一定的政治底线。在绝大多数情况，专项治理都是为了应对政治合法性上的危机，即仅当一些重大紧急突发性事件或影响恶劣、久拖不决、积重难返式的社会问题的出现，导致党和政府的政治合法性受到紧迫挑战时，才会产生专项治理的倾向。就此而言，专项治理可以视为一种政权政治合法性的危机应对机制，它的主要目的就是通过对某一问题的迅疾治理，修补受损的政治合法性，"维护社会稳

---

〔1〕　冯志峰：《中国政治发展：从运动中的民主到民主中的运动——一项对 110 次中国运动式治理的研究报告》，载《甘肃理论学刊》2010 年第 1 期。

〔2〕　叶敏：《从政治运动到运动式治理——改革前后的动员政治及其理论解读》，载《华中科技大学学报（社会科学版）》2013 年第 2 期。

〔3〕　参见周雪光：《运动型治理机制：中国国家治理的制度逻辑再思考》，载《开放时代》2012 年第 9 期。

〔4〕　曹龙虎：《国家治理中的"路径依赖"与"范式转换"：运动式治理再认识》，载《学海》2014 年第 3 期。

定、树立政府形象和建构国家权威"。[1]而且，专项治理的这一政治目的其实并不隐晦，通常都直接表达于每一次专项治理的官方文件或说明中。如，2021年2月，全国政法队伍教育整顿运动拉开帷幕，中央政法委郭声琨书记在动员部署会上强调，作为党中央的一项重大决策部署，开展政法队伍教育整顿就是要针对政法队伍中存在的、人民群众反映强烈的突出问题，坚决清除害群之马，彻底整治顽瘴痼疾，刀刃向内，刮骨疗毒，更好回应人民群众新期盼，树立政法队伍新形象，提高执法司法的公信力，"不断增强人民群众的获得感、幸福感、安全感，进一步树立政法机关执法司法为民的良好形象"。再如，2018年1月，中共中央、国务院发出《关于开展扫黑除恶专项斗争的通知》，以群众反映最强烈、最深恶痛绝的黑恶犯罪作为集中严厉打击的重点，发起了一场"事关人心向背、治乱兴衰"的斗争，[2]并以人民满意作为专项斗争成果的检验标尺，[3]其重要目的之一就是在增强人民群众安全感的同时，增强人民群众对于党和政府国家治理能力的信心。在这些专项行动中，执政党和政府通过对这些反体系的破坏性力量进行有效打击，"可以恢复执政党和国家的政治权威，重新实现国家对社会有效的政治性支配"，从而使专项治理成为塑造国家权力合法性的重要机制之一。[4]不仅国家层面如此，地方层面的专项治理也同样与政治合法性的重塑有关。例如，在2022年6月10日唐山烧烤店打人事件引起全国关注后，6月12日，唐山市委、市政府就决定从即日起开展为期半个月的夏季社会治安整治"雷霆风暴"专项行动，针对"群众反映强烈、社会影响恶劣的犯罪活动，出重拳，用重典，惩恶务尽，绝不手软，以"进一步净化社会治安环境，全力保障人民生命财产安全，切实提高人民群众安全感、满意度"。不难看出，该次专项治理带有"危机公关"的

---

〔1〕 杨志军：《运动式治理模式研究：基于三项内容的考察》，载《厦门特区党校学报》2013年第2期。

〔2〕 熊丰：《让人民群众带着满满的安全感决胜全面小康——全国扫黑除恶专项斗争开局之年综述》，载 https://www.chinacourt.org/article/detail/2018/12/id/3634156.shtml，最后访问日期：2022年9月10日。

〔3〕 参见李阳：《陈一新在全国扫黑办第四次主任会议上强调　把握好"时度效"推动全面纵深发展　掀起扫黑除恶专项斗争新一轮强大攻势》，载 https://www.chinacourt.org/article/detail/2018/12/id/3600473.shtml，最后访问日期：2022年9月10日。

〔4〕 唐皇凤：《常态社会与运动式治理——中国社会治安治理中的"严打"政策研究》，载《开放时代》2007年第3期。

性质，其着力解决的就是群众对于地方党委、政府治理能力的信任危机。

（3）超常规的绩效需求。每一个国家都不可避免地要面对一些重大紧急突发性事件或重大社会问题，但是同样的问题在不同的国家呈现出的严重性和紧迫性并不相同。许多在其他国家以常规治理机制足以消解的问题在我国则可能演变为优先甚至只能以专项治理应对的复杂议题。改革开放后，在市场经济的冲击下，我国的社会结构、社会观念、社会利益分层等发生了诸多变化，党和政府"必须面对一种更加复杂、更加难以对付的社会系统"，面临的治理压力巨大。[1]而事实上，复杂的不仅仅是需要治理的问题本身，还有对治理该问题寄予的超乎常规的绩效需求。概而言之，这些超常规的绩效需求主要来源于以下几个方面：①超强的政治合法性需求。上已述及，可以说，每一个政治系统都注重群众的需要，从而赢取群众的支持，这是政治系统运转的驱动力。在此意义上，专项治理可以理解为"社会治理的官方组织与民间社会之间持续互动，努力寻求供需平衡的理性行为"。[2]然而，在中国，由于人民民主专政的政权形式，通过治理社会问题满足群众需求有着额外的、特定的政治内涵。党和政府坚持人民至上及以人民为中心的发展思想，坚信"民心是最大的政治"，奉行"民之所忧我必念之，民之所盼我必行之"，"把人民对美好生活的向往作为始终不渝的奋斗目标"，[3]这决定了解决影响民心的重大问题是一项需要最先最快安排的政治任务，也使得以专项治理宣誓政治合法性更为紧迫和必要。而且，党和政府还可以通过专项治理，建立起与社会间的对话机制，改造社会成员的思想，形成"认同聚合"。[4]②群众对党和政府的超高期待。从革命阶段，到革命式现代化阶段，再到市场型现代化阶段，群众的自主意识被逐渐唤醒，特别是在党和政府"为人民服务"的政策及实践潜移默化的影响下，当家作主的意识不断增强，突出表现在，群众越来越难以容忍政府及公务人员的渎职滥权以及由此引发的社会问题，成为对相关问题启动专项治理的诱因。而且，在后权威主义时代，群众在

---

〔1〕　叶敏：《从政治运动到运动式治理——改革前后的动员政治及其理论解读》，载《华中科技大学学报（社会科学版）》2013 年第 2 期。

〔2〕　王连伟、刘士竹：《运动式治理的中国逻辑："需求　供给"的分析视角》，载《天津行政学院学报》2018 年第 5 期。

〔3〕　《习近平谈治国理政》（第四卷），外文出版社 2022 年版，第 53—67 页。

〔4〕　孔繁斌：《政治动员的行动逻辑——一个概念模型及其应用》，载《江苏行政学院学报》2006 年第 5 期。

对官僚制易于表现出某种不满的同时，对党和政府还是有较强的信任和依附心理，相信、期待并支持党和政府用雷霆手段迅速铲除特定问题。③压力型体制和锦标赛晋升机制。有学者指出，中国的官僚制是"政治官僚制"，[1]也有人将其概括为以目标管理责任制和项目制为核心的压力型体制。[2]与此相适应，在专项治理的动员方式上，也是在"绩效导向下，上级政府通过政治激励……"，由此实现对下级的政治动员，[3]也就是所谓的锦标赛模式。在压力型体制和锦标赛晋升机制下，有些政府和官员很容易产生"政绩工程思维"，倾向于寻求既能实现自身利益，又能在短期内取得成果的"形象工程"。[4]

（4）常规治理的低效。从本质上而言，对专项治理的需要还是产生于常规治理能力的缺陷与不足。对此，可以从四个角度理解：其一，治理资源的整体贫弱。国家治理资源长期处于匮乏的状态，远不能满足中国超大规模转型期社会治理的需求，这直接决定了我国的治理能力和治理方式。[5]在此背景下，集中有限资源解决突出的社会问题，无疑是理性选择。其二，常规治理制度本身的不健全。改革开放以后，通过全面的制度建设，包括官僚系统的复杂化、规范化，以及其据以运行的法制、规则体系的完善，党和政府的常规治理能力显著提升。但总体来看，常规治理制度还没有达到健全的程度，还没有完全实现现代化和体系化。其三，常规治理存在一些固有局限。在以官僚制为基础的常规管理体制运行中，存在着中央政府与地方政府、上级政府与下级政府、公权机关与公职人员等多层"委托——代理"关系。信息不对称会导致这多层关系中的逆向选择和道德风险。而政策指令在自上而下的逐级传递中也容易出现流失和失真，加之各层级官僚基于自身利益对政策指令

---

〔1〕 倪星、原超：《地方政府的运动式治理是如何走向"常规化"的？——基于S市市监局"清无"专项行动的分析》，载《公共行政评论》2014年第2期。

〔2〕 参见杨志军：《三观政治与合法性基础：一项关于运动式治理的四维框架解释》，载《浙江社会科学》2016年第11期。

〔3〕 潘泽泉、任杰：《从运动式治理到常态治理：基层社会治理转型的中国实践》，载《湖南大学学报（社会科学版）》2020年第3期。

〔4〕 毛新伟：《运动式治理的原因分析——基于行政思维的视角》，载《经济师》2014年第11期。

〔5〕 参见王沪宁：《社会资源总量与社会调控：中国意义》，载《复旦学报（社会科学版）》1990年第4期。

的权宜变通，最终导致控制效应递减，以致政策执行失控。[1]而且，对确定性的偏好很容易导致官僚制的运行陷入自我封闭的循环，死板僵化，排斥监督和变革。[2]其四，政府部门机构林立、职能交错、多头执法、政出多门等也是导致政府治理制度性能力不足的重要原因之一。而专项治理则是行政合作的一种高级形式，[3]其采用"很多时候是在缺乏政府间合作的情况下回应环境变化的不得已手段"，治理主体"希望经由运动式执法能达到部门间合作的目的，哪怕是甚为短暂的合作"。[4]以上分析表明，单靠常规治理无法实现治理的预期目标，因而，专项治理确有必要作为常规治理的补充。但需要注意的是，这并不是说专项治理与常规治理总是处于非此即彼、水火不容、格格不入的状态，相反，二者在我国的治理实践特别是在基层治理实践中有时很难截然分开。常规治理可能需要专项行动的形式去推动，而专项治理可能需要在一定程度上借助常规治理机制实施。从其运作机制看，"运动式治理原有的'政治动员'的表现形式被组织严密的专业化官僚机构逐步消解吸收后，被重塑转变为更为精密的目标责任制和绩效考核等表现形式，以'任务驱动'作为新的动员模式而得到精细化的发展"，专项治理"逐渐被科层常规治理所消解吸纳，逐步成为并创造出更多的稳定的'仪式'"，由此实现了专项治理的常规化。[5]也有学者将这一过程概括为"行政吸纳运动"态势，即本应排斥此组织方式的科层行政，却在现实中"吸纳"了专项行动，专项行动式策略借助科层结构转换为具体的行动，由此完成了专项治理的基层实践。[6]也就是说，专项治理在实践中可能是以"专项行动式"与"科层制"结合的复杂逻辑运行的。

（5）专项治理与党和国家的权力结构及其运行方式有紧密关系，后者为

---

〔1〕　参见［美］安东尼·唐斯：《官僚制内幕》，郭小聪等译，中国人民大学出版社2006年版，第144—145页。

〔2〕　参见刘开君：《运动式治理的运行逻辑与现代化转型》，载《江汉论坛》2019年第7期。

〔3〕　参见李延、罗海峰：《行政合作新论》，载《前沿》2006年第1期。

〔4〕　唐贤兴：《中国治理困境下政策工具的选择——对"运动式执法"的一种解释》，载《探索与争鸣》2009年第2期。

〔5〕　倪星、原超：《地方政府的运动式治理是如何走向"常规化"的？——基于S市市监局"清无"专项行动的分析》，载《公共行政评论》2014年第2期。

〔6〕　狄金华：《通过运动进行治理：乡镇基层政权的治理策略——对中国中部地区麦乡"植树造林"中心工作的个案研究》，载《社会（社会学丛刊）》2010年第3期。

专项治理提供了现实条件。首先，高度集中的权力结构可以成为专项治理的体制基础。运动本质上是以政治发动、引导和推动社会，需要建立在权威主义政治的基础之上。而党在历史中所形成的强调领导核心的一元化领导体制有利于形成政治的主导地位，强化自身的动员能力，是开展专项治理的独特优势。党的权力结构可以成为专项治理的有力依托，而反过来，专项治理也能强化权力系统的服从意愿和行动能力，从而巩固党的权威和集中统一领导。其次，党的全面领导地位和庞大系统的组织网络为专项治理的开展提供了组织保障。国家层面的专项治理通常需要跨越部门鸿沟，集中多方力量，协调多元利益，有时仅靠一个机关、一个部门的力量是不现实的，需要有强大动员能力的政治权威推动和引领。而中国共产党作为国家的全面领导者，作为最广大人民群众利益的代表者，有着上下贯通、执行有力的严密组织体系，较为适合专项治理中运筹帷幄、协调各方、统筹推进的角色。再次，专项治理符合党的群众路线。群众路线是中国共产党处理同人民群众关系问题的最基本的思想认识路线和工作方法。它的核心内容就是：为了群众，相信群众，依靠群众，采取"从群众中来，到群众中去"的方法，"将群众的意见（分散的无系统的意见）集中起来（经过研究，化为集中的系统的意见），又到群众中去作宣传解释，化为群众的意见，使群众坚持下去，见之于行动，并在群众行动中考验这些意见是否正确。然后再从群众中集中起来，再到群众中坚持下去。如此无限循环，一次比一次地更正确、更生动、更丰富"。[1]也就是说，专项行动本身就是党体现群众路线的执政方式。最后，党的路线、方针、政策的宣传、传达方式是干群动员的有效途径。宣传动员是专项治理的必要环节，在该环节，需要将动员对象组织起来，集中地、高强度地学习领会相关文件，以充分调动起动员对象的运动情绪和使命感，促进动员对象的内心认同和广泛参与，形成有利于专项行动开展的社会氛围。而党的一项重要历史使命就是对群众进行马克思主义教育，"尽一切力量来提高广大群众的觉悟，引导人民群众前进"，[2]因此，宣传一直以来都被中国共产党视为一项极端重要的工作，党的领导干部要求"要做实干家，也要做宣传家"。[3]在

---

〔1〕《毛泽东选集》（第3卷），人民出版社2009年版，第899页。
〔2〕贾松青主编：《马克思主义中国化研究》（第3卷），四川人民出版社2007年版，第416页。
〔3〕习近平2017年10月27日在十九届中央政治局第一次集体学习时的讲话。

革命、建设、改革等各个历史阶段，党都将通过报纸等的宣传"作为组织一切工作的一个武器，反映政治、军事、经济并且又指导政治、军事、经济的一个武器，组织群众和教育群众的一个武器"。[1]而且，除了通过宣传引导舆论，面对面的会议学习也是党传达路线、方针、政策，开展思想教育的重要手段。此外，党对意识形态问题的重视不仅可凭藉"革命理想主义"激发动员对象的热情，也有助于维护专项治理正确的政治方向；党的民主集中制则有利于党和群众、治理主体和治理对象在专项治理中保持良性的互动关系，确保治理主体及时吸收干群意见，调整治理策略，平衡利益冲突，扩大运动成果。

二、刑事司法场域专项治理的源起、特点与根基

（一）源起：专项治理中的刑事司法和刑事司法中的专项治理

在新中国成立前的夺取政权阶段，党领导下的刑事司法工作基本围绕每个时期革命任务的特定主题而展开，刑事司法工作服务于革命事业，刑事司法活动自然也成为革命运动的一部分。党成立之初，领导工人运动是当时的中心任务，而当时成立的带有刑事司法性质的组织如会审处和制定的相关文件如《会审处组织法》也是着力服务于实现每次工人运动的诉求。例如，省港罢工委员会曾致函广东国民政府，要求"立即明令派员与弊会会审员共同组织特别法庭，审断此等卖国人犯"，之后，广东国民政府组织起了特别军事法庭。[2]第一次国内革命战争时期，随着党领导的农民运动的蓬勃兴起，惩治土豪劣绅和其他反革命分子成为革命运动的主题之一。1927 年 3 月 15 日，在对董必武领导下起草的《湖北省惩治土豪劣绅暂行条例》和《湖北省审判土豪劣绅特别法庭组织条例》的审议会上，毛泽东同志指出："土豪劣绅必须以革命手段处理之，必须有适应革命环境之法庭。"[3]而工农民主政权时期的刑事司法，则主要服务于镇压地主资产阶级和反革命分子。苏维埃法庭是以严

---

〔1〕　中共中央文献研究室、新华通讯社编：《毛泽东新闻工作文选》，新华出版社 2014 年版，第156 页。

〔2〕　沈玮玮、赵晓耕：《论革命时期中国共产党对法院工作的指导及其对当代的影响》，载《朝阳法律评论》2011 年第 1 期。

〔3〕　张希坡、韩延龙主编：《中国革命法制史》（上），中国社会科学出版社 1987 年版，第 379-383 页。

厉镇压地主资产阶级和反革命分子的活动，"消灭敌对阶级的反革命阴谋，建立苏维埃内的革命秩序"为目的，"是工农民主专政的重要武器"，在巩固苏维埃政权中发挥了重要作用。据司法人员委员部统计，在 1932 年 7 月、8 月、9 月三个月间，全苏区所判决的犯人中，政治犯（反革命犯）约占 70%。〔1〕特别是 1933 年 3 月《关于镇压内部反革命问题》的训令发布以后，随着肃反运动"左"倾错误路线的形成及肃反运动的扩大化，各级肃反委员会和政治保卫局日渐成为享有直接拘捕、处决犯人权力的特殊审判机关，法院也以完成各类肃反任务为工作重心。到了抗日战争时期和解放战争时期，镇压汉奸和消灭土匪成为刑事司法的中心任务。除充分发挥刑事审判职能服务这一革命大局外，刑事司法也在整风运动中经历了革命的洗礼和涤荡。1943 年 7 月，在延安整风运动进入"审干"及"抢救失足者"阶段时，陕甘宁边区政府成立了边区司法检查委员会，彻查边区高等法院成立以来的司法工作，涉及司法政策、司法制度、司法组织和人事等各个方面。虽然"审干"后来也出现了扩大化倾向，但不可否认，经过"整风"及"审干"运动，中国共产党统一并明确了坚持以群众路线指导的人民司法的建设方向，对于我国政法传统的最终成型起到了至关重要的作用。〔2〕值得一提的是，在雷经天担任陕甘宁边区高等法院院长期间，为了塑造人民司法的代表性法官和经典案例，其对陇东专员兼边区高等法院分庭庭长马锡五审理刑民案件的经验进行了调查总结，经上报边区政府及党中央，通过广泛的宣传、动员，在陕甘宁边区及其他根据地发起了一场学习推广"马锡五审判方式"的司法改革运动，在人民司法的发展史上产生了重要影响。

自新中国成立以后到改革开放以前的这段"继续革命"时代，由于党的政治使命已从夺取政权转变为巩固政权，党和政府对刑事司法工作的重视程度有所提升。正如董必武同志在第一届全国司法会议上所指出的，"在革命胜利的初期，武装斗争也还有很大的重要性。可是社会一经脱离战争的影响，那么司法工作和公安工作，就成为人民国家手中对付反革命，维持社会秩序最重要的工具"。〔3〕然而，由于刑事司法制度的不健全，政治动员的频繁，以

---

〔1〕 杨木生：《苏区司法制度探析》，载《江西公安专科学校学报》2001 年第 2 期。

〔2〕 参见侯欣一：《雷经天与人民司法制度关系研究——以陕甘宁边区高等法院为中心》，载《法学》2022 年第 4 期。

〔3〕 董必武：《董必武政治法律文集》，法律出版社 1986 年版，第 99 页。

及革命经验强大的实践惯性，可以说，这一时期的刑事司法工作并未摆脱旧有的运作模式，基本上还是延续了革命根据地的实践做法，[1]刑事司法工作始终以同时期的政治领域的专项行动和政策为引领，并积极参与其中，成为专项行动的一部分，甚至完全被运动所湮没。在新中国成立前后的"土地改革"运动及新中国成立初的"镇压反革命"运动中，刑事司法工作成为最锐利的斗争武器。1947 年通过的《中国土地法大纲》规定："对于一切违抗或破坏本法的罪犯，应组织人民法庭予以审判及处分。"毛泽东同志对该条规定中"经过人民法庭审讯判决的这一斗争方式"给予了高度评价。[2]1950 年颁布的《人民法庭组织通则》再次强调："人民法庭的任务是运用司法程序，惩治危害人民与国家利益、阴谋暴乱、破坏社会治安的恶霸、土匪、特务、反革命分子及违抗土地改革法令的罪犯，以巩固人民民主专政。"直至 1953 年 4月，《第二届全国司法会议决议》还是认为，继续同敌人的暗害破坏行为作斗争依然是当前刑事司法工作的中心任务之一。1951 年底，中央发起"增产节约"的号召，政法部门首先响应，最高人民法院、最高人民检察院、司法部等五个政法部门实行合署办公，而在地方上，有的直接裁掉了检察署，没有裁掉的，也"暂时停止发展"。[3]在"三反""五反"及知识分子思想改造运动中，"人民法庭也起到了很大的作用"。[4]在 1955 年夏发起的继续肃清反革命分子斗争中，公安司法机关办理的反革命案件成倍增长，据统计，在黑龙江省，自 1955 年 7 月至 11 月，短短 4 个月间，仅群众协助破获的反革命案件就达到 379 件；1956 年，仅最高人民法院处理的反革命案件就有 333 件，占其处理的所有刑事案件的近一半。[5]而且，一般来说，同其他国家机关一样，当时司法机关参与专项行动的情形是，"凡属大规模运动一开始，许多机关工作人员都投入了运动，机关本身的工作，除必要的和必须进行的以外，其他的一般工作差不多都停了"[6]。但也应当看到，1957 年之前，在董必武等人的鼓与呼之下，司法机关也开始对专项行动与法制的关系进行了反思，即便

---

〔1〕 参见沈玮玮、赵晓耕：《论革命时期中国共产党对法院工作的指导及其对当代的影响》，载《朝阳法律评论》2011 年第 1 期。

〔2〕 《毛泽东选集》（第四卷），人民出版社 1991 年版，第 1271 页。

〔3〕 参见董必武：《董必武政治法律文集》，法律出版社 1986 年版，第 301 页、第 315 页。

〔4〕 董必武：《董必武政治法律文集》，法律出版社 1986 年版，第 239 页。

〔5〕 董必武：《董必武政治法律文集》，法律出版社 1986 年版，第 449 页、第 493 页。

〔6〕 董必武：《董必武政治法律文集》，法律出版社 1986 年版，第 316 页。

参与专项行动，也越来越强调要遵守法制。但在 1957 年至 1976 年间，由于受极"左"思想和法律虚无主义的影响，刑事司法制度开始遭受运动的冲击与破坏，直至被完全架空。

在"继续革命"时代，司法机关除按中央要求，配合其他机关，参与大规模运动以外，也会主动响应中央的相关政策，以运动的方式，整治司法机关和司法工作本身存在的问题。其中，最为典型的就是 1952 年 6 月发起、1953 年 2 月结束的司法改革运动。"三反"运动中暴露出的旧司法人员的诸多问题是直接导火索，当然，从政权建设和法制发展的角度看，司法改革运动也是废除国民党的六法全书后，构建人民司法制度的必然选择。本次司法改革运动的主要内容是批判旧法观点、整顿旧司法人员、纠正旧的司法作风。[1] 该次运动先是在中央司法机关层面展开。在中央层面完成改革后，各地纷纷成立了司法改革会或司法改革办公室，并一般按以下环节将运动逐步推进深入，即宣传动员、学习文件、打通思想、层层检讨、检举揭发、查案办案、改判处理、整顿组织、调整机构。[2] 应当说，司法改革运动基本达成了预期效果，初步解决了司法机关组织不纯、思想不纯、作风不纯问题。除这类内容较为综合的专项行动以外，司法机关的专项行动也经常会围绕某个较为具体的问题展开，如"肃反"案件复查纠错运动。1956 年下半年，最高人民法院、最高人民检察院、司法部、公安部，按照毛泽东同志"有反必肃，有错必纠"的指示，在全国范围内对所有办理的肃反案件进行了一次全面的错案复查运动，纠正了一大批错捕错押错判的案件，同时也是一次对公安司法人员的深刻的思想教育和法制教育。[3]

党的十一届三中全会后，随着社会主义建设各项事业逐步迈向正规，刑事司法制度也进入了新的发展时期。1979 年，在全党全社会"人心思法""人心思治"的背景下，[4]《刑法》[5]、《刑事诉讼法》颁布。9 月 9 日，中

---

〔1〕 参见陈光中等：《中国现代司法制度》，北京大学出版社 2020 年版，第 52-53 页；公丕祥主编：《当代中国的法律革命》，法律出版社 1999 年版，第 120 页。

〔2〕 参见李耀松主编：《社会主义时期宁夏党史专题文集》，宁夏人民出版社 2008 年版，第 88-89 页；武汉地方志编纂委员会主编：《武汉市志 政法志》，武汉大学出版社 1993 年版，第 416-417 页。

〔3〕 参见董必武：《董必武政治法律文集》，法律出版社 1986 年版，第 508-511 页。

〔4〕 陈光中等：《中国现代司法制度》，北京大学出版社 2020 年版，第 141 页。

〔5〕 为了行文方便，本书中涉及我国的法律法规均省略"中华人民共和国"字样，例如《中华人民共和国刑法》简称为《刑法》。

共中央还专门出台了《关于坚决保证刑法、刑事诉讼法实切实实施的指示》（以下简称"64 号文件"）。该文件强调，刑法、刑事诉讼法的严格执行"是衡量我国是否实施社会主义法制的重要标志"，"是一个直接关系到党和国家信誉的大问题"；公安司法机关处理违法犯罪问题，应严格依法办事；严禁公、检、法以外的机关和个人僭越刑事司法权力或者指令公安司法机关违反实体法和程序法的规定办案；党对司法的领导主要是方针、政策的领导，取消党委审批案件制度。[1]"64 号文件"为我国社会主义刑事司法制度的建立健全指明了正确的发展方向。此后，在刑事法制不断完善的基础上，我国的刑事司法体制改革也不断向纵深推进。但值得注意的是，就在"64 号文件"出台四年后，中共中央就发布了《关于严厉打击刑事犯罪活动的决定》，拉开了"严打"序幕，自 1983 年的第一次"严打"，至 2014 年的第五次"严打"，周期性的"严打"几乎成为刑事司法的旋律之一。除"严打"之外，公安司法机关还要参与以司法或政法为规范对象的专项治理，如"政法队伍教育整顿"，而专门以刑事司法问题为治理对象的行动也不少见，从"反腐风暴"到"扫黑除恶"，从"专项追逃""清理积案"到"治理超期羁押"，专项治理已然成为刑事司法场域中一种常见的治理方式。此外，一些重大的刑事司法改革，如认罪认罚从宽制度改革、推进非羁押诉讼、企业合规等，也通常以中央决策、宣传动员、指标考核、评估奖惩等专项治理的方式推进，形成了颇具特色的专项治理式改革模式。

（二）刑事司法中专项治理的特点与根基

党的十一届三中全会前后，社会上曾经开展了一场有关革命群众运动与社会主义法制关系的大讨论。一种颇占主流的观点认为：两者是相辅相成的、辩证统一的，不是截然对立的；社会主义革命和建设是群众的事业，必要的时候大搞群众运动才能胜利完成，而社会主义法制，则来自于社会主义革命和建设的经验，是革命群众运动有效开展的保障。真正的群众运动绝不是干扰破坏法制，而是按照党章国法办事的。[2]群众运动和法制建设的统一，是在具体历史条件下的统一，在不同的历史时期，到底主要采取群众运动的斗争形式，还是采取按照法律程序去处理反革命案件和其他刑事案件的斗争形

---

〔1〕 侯欣一：《百年法治进程中的人和事》，商务印书馆 2020 年版，第 166-167 页。
〔2〕 《陈春龙法学文集》编选组编：《陈春龙法学文集》，法律出版社 2004 年版，第 243 页。

式，都应当从当时的具体历史条件出发。上述观点从马克思主义辩证法的角度看，是没有问题的，强调了运动与法制相统一的一面，但却有意无意地淡化了运动与法制相冲突的一面。相比而言，邓小平同志、董必武同志等老一辈革命家对运动与法制关系，特别是二者对立性方面的认识还是相当清醒的。邓小平同志在谈及同各种破坏安定团结的势力进行斗争、解决思想战线上的问题、反对资产阶级自由化等多个问题时，均指出："进行这种斗争，不能采取过去搞政治运动的办法，而要遵循社会主义法制的原则"，"对待当前出现的问题，要接受过去的教训，不能搞运动"，表明了其对不再搞政治运动的坚决态度，主张健全社会主义法制，通过法制手段解决社会中的各种矛盾问题。[1]而董必武同志则谈得更为直接和风趣："运动不是依靠法律，而是依靠发动广大群众搞起来的。运动有一个特点，就是突破旧的法律"；"要解放生产力没有群众运动是不行的"，"要保护和发展生产力，就必须进一步健全人民民主法制"；"群众运动是个法宝，是创造法的。但不能经常搞运动，因为震动太大，八级以上的风，刮一阵是自然现象，经常刮就受不了，把树吹倒了，人不能出门，经常刮是不行的。情况变了，我们的工作方法也要随之改变"。[2]

自根本上而言，专项行动的逻辑与法制的逻辑是有差异的。前者是疾风骤雨式的革命逻辑，而后者则是和风细雨式的建构逻辑。而刑事司法的程序法治特性决定了，刑事司法与专项行动的抵牾要比其他法制领域与专项行动的对立更为突出，表现在从理论基础、价值取向、行动模式到原则、规则的各个层面，理论基础层面的政策与法律、治理与审理、政治威权与司法权威、多中心与审判中心，价值理念层面的惩罚与保护、安全与自由、公益与私权、趋同化与差别化、结果导向与过程中心，行动模式层面的政治动员与程序响应、一体协同与分工制约、横向配合与线型作业、集中高效与层层把关，原则层面的目标预设与无罪推定、手段灵活与程序法定、政策贯彻与独立行使审判权及检察权，以及规则性质层面的应急性与前瞻性、变通性与稳定性、模糊性与确定性、开放性与封闭性等。而且，更为复杂的是，当专项行动成为一种治理方式，还要遵循治理的逻辑。这就意味着，刑事司法中的专项治理

---

〔1〕 贾继勇主编：《邓小平稳定思想研究》，文心出版社1999年版，第249页。

〔2〕 董必武：《董必武政治法律文集》，法律出版社1986年版，第518页。

其实是在运动逻辑、刑事司法逻辑以及治理逻辑等三重逻辑的支配下展开的。再加上，刑事司法中专项治理内部的不同行动者在各自的行动逻辑上各有侧重，治理过程表现为多元利益主体在多重逻辑下互动博弈的"政—法对话过程"。

如果说在"继续革命"时代，在此起彼伏的政治运动大潮中，刑事司法与专项行动的密不可分尚易理解的话，那为何在十一届三中全会将党和国家的工作中心转移到社会主义现代化建设特别是经济建设上来以后，在党发出"64号文件"之后不久，以"严打"为代表的专项治理就开始在刑事司法中出现，并发展成为一种常见的治理模式呢？诚然，运动经验的实践惯性对此有一定的解释能力，但肯定不是唯一的或最为重要的原因。我们认为，在经历了对政治运动的深刻反思之后，专项行动之所以还能在刑事司法场域立足并形成一种治理手段，是有着坚实的实践基础的。具体而言：

1. 不断增强的专项行动合法性

党的十一届三中全会，由中央自上而下发动，以广大群众为动员对象和执行主体，以意识形态为统领，作为阶级斗争形式的政治运动基本退出了历史舞台，运动主要转型为由各级党委或政府部门发动，以公权机关或干部为动员及参与对象，以解决社会治理中的棘手问题为目的的一种突击性行动。[1]刑事司法场域也同样如此。转型后的专项治理不再追求彻底摧毁旧法秩序、彻底打破常规司法，而是旨在维护社会主义法制秩序，强调依法进行，并且在定位上只是作为常规司法的并用或补充手段，从而在彰显专项行动与法制统一性的同时，大大减弱了专项行动与法制的对立性，增强了专项行动的合法性。以"严打"为例，其本身就是针对破坏法制秩序的严重危害社会治安的犯罪分子的，有利于维护社会秩序，保护公民生命财产安全，有利于加强社会主义法制建设。诚然，在中央发布的有关"严打"的决定中规定了两个突破现行法的措施，即"应当迅速及时审判，可以不受1979年《刑事诉讼法》第110条规定的关于起诉书副本送达被告人期限以及各项传票、通知书送达期限的限制"，以及"犯罪分子的上诉期限和人民检察院的抗诉期限，由1979年《刑事诉讼法》第131条规定的10日改为3日"，有学者认为该决定"使有关期限大为缩短，严重限制了被告人的辩护权和上诉权，不符合党和国

家对适用死刑一贯采取的政策，不利于保证死刑案件的质量"。〔1〕但应当看到，这一决定是由全国人民代表大会常务委员会这一享有立法权的机关作出的，由立法机关发布"决定"本身就体现出对于法制的尊重。而立法机关根据特定时期的社会治安形势，就严重暴力犯罪和恶性案件的打击问题，授权在一定期限内暂时调整或停止适用《刑事诉讼法》的部分规定，也是基本符合立法基本原理的。更何况，"决定"严格限制了上述例外规定的适用范围，即必须同时具备三个条件：犯杀人、强奸、抢劫等严重危害社会治安犯罪，应当判处死刑且需立即执行，主要犯罪事实清楚、证据确凿、民愤极大，对于例外规定的严格谨慎恰恰反映出对于常规的重视。因此，尽管"严打"中的例外规定有对常规的突破，在实践中也暴露出"先定后审"等弊端，但整体上看，"严打"还是依法开展的，是以强化法制秩序为目的的专项治理。

2. 刑事司法的行政化和公安司法机关的同质化

《中共中央关于全面推进依法治国若干重大问题的决定》提出了完善"司法权力运行机制"的改革要求，并提出了包括完善刑事诉讼中认罪认罚从宽制度、推进以审判为中心的诉讼制度改革等多项重大举措。但构建规范有序的司法权力运行机制，是以权力结构的合理配置为前提的。由于对刑事司法权性质认识上的偏差，司法机关长期实行行政化管理模式，刑事司法权的行使方式与经济社会发展的要求还不能完全适应。与行政机关一样，公安司法机关承担着较多的国家治理任务，发挥着"与其在更为合理的权力结构中极不相同的作用"，〔2〕行政化现象严重。于是，在某些问题上，政策、命令、指示、考核指标很容易替代刑事法律成为专门机关决策或行动的依据，这为专项治理的启动提供了极大的方便。在刑事司法行政化的氛围之下，各个层级的专项治理，有的是公安司法机关直接基于党和政府的指示展开的，有的则是为了应对上层的指标考核而采取的应急策略。另外，我国1979年《刑事诉讼法》构建起来的诉讼结构"流水作业"的特征较为明显。之后，《刑事诉讼法》的三次修改不断加强了对被追诉者权利特别是辩护权的保障，强化了控方的举证责任，适度限制了法官的职权调查，但线性结构依然没有根本改

---

〔1〕 陈光中等：《中国现代司法制度》，北京大学出版社2020年版，第151页。

〔2〕 [美] 罗纳德·德沃金等：《认真对待人权》，朱伟一等译，广西师范大学出版社2003年版，第6页。

变。这种诉讼结构虽然也看重专门机关的分工、制约，但客观的运行结果是更加容易凸显专门机关"互相配合"，共同完成"惩罚犯罪，保护人民"和"保证准确有效地执行法律"的使命。[1]政策目标的一致性和对共同使命的强调，使得专门机关之间事实上形成了"分工不分家"、"协同作战"的关系，相互之间配合有余、制约不足，出现了一定程度上的同质化。刑事司法实践中的"逮捕中心主义"也好，"侦查中心主义"也罢，同曾经的"一长代三长"、"一员顶三员"[2]可能主要是程度上的差别。而同质化乃至一体化下的专门机关之间很容易形成一种利益共生关系，统一指挥、部门联动、资源整合等都不存在大的障碍，这无疑可以为规模化专项治理的开展提供组织基础。

3. "结果导向"的刑事司法理念

显而易见，较之于常规治理，专项治理是更容易在短期内见到成效的治理手段。所以，专项治理也较为符合我国"结果导向"的刑事司法观。所谓的"结果导向"，就是以治理犯罪的实际成效作为评价刑事司法制度的最高标准，以结果论成败。我国传统社会自给自足的小农经济以及近现代的曲折发展经历造就了国人直观和具体观察与把握世界的方式，即，注重经验和实用，排斥抽象和超越，从而形成了对待刑事诉讼程序乃至法律时的工具主义的价值取向，也助成了刑事司法思维上重实体、轻程序，重结果、轻过程，重打击、轻保护的鲜明特点。新中国成立后相当长的一段时期内，"打击敌人、惩罚犯罪"都被视为我国刑事诉讼的主要任务和主要目的。包括"严打""命案必破""限期破案"等在内的不少刑事司法政策易给人以忽略程序和不计成本的印象。而公安司法机关也流行以目标管理责任制为核心的绩效考核机制，立案数、逮捕率、破案率、起诉率、定罪率长期以来都曾是非常重要的考核指标，体现出唯实体的价值取向。立法机关和民众对于刑事司法工作的监督与评价，也习惯于主要着眼控制犯罪的成效。在此背景下，专项治理体现出常规司法所无可比拟的优势：常规司法强调程序法定，强调公安司法机关严格按照法定程序进行刑事诉讼活动，强调以程序控制权力而不是相反，不仅诉讼过程较长，而且难以控制诉讼结果，带来过程与结果上的双重不确定性，

---

〔1〕　顾昂然：《〈中华人民共和国刑法〉〈中华人民共和国刑事诉讼法〉讲话》，法律出版社1997年版，第45-46页。

〔2〕　张憨、蒋惠岭：《法院独立审判问题研究》，人民法院出版社1998年版，第145页。

从而很难满足目标考核的要求；而专项治理则强调权力的积极主导，强调时效，强调目标导向和全程管控，非常适合结果导向的考核方式。而且，改革开放以来，在处理改革、发展、稳定的关系上，"付出了代价才取得的共识"是，"稳定是改革和发展的前提，发展和改革必须要有稳定的政治环境和社会环境"。[1]因此，"维稳"成为党和政府及各级司法机关的工作重心之一。所以，一旦出现了影响稳定大局的刑事司法问题，特别是常规司法中长期积累而成的沉疴顽疾时，专项治理就理所当然地成为可以速见"疗效"的"一剂猛药"。

4. "政在法前"的政法传统与司法为民的宗旨

坚持党的领导是我国刑事司法之魂，群众路线则是我国刑事司法之根。在刑事司法领域发起专项治理，自根本上而言，一方面是对党特定时期刑事司法政策的贯彻落实，体现党对我国刑事司法发展路向的新安排新指示，服务于党和政府在某一时期的中心工作，另一方面则是为了尽快消弭群众对刑事司法工作的质疑或不满，在刑事司法工作这一关系群众切身利益和社会和谐稳定的重要领域，回应新时期人民群众的新要求新期待，"让人民群众在每一项法律制度、每一个执法决定、每一宗司法案件中都感受到公平正义"。[2]专项治理既是为了群众、保护群众，也是来自群众、依靠群众，是群众路线的集中体现。革命根据地时期，在"司法向何处去"的问题上，曾经发生过两条路线间的斗争，一条路线是淡化司法政治属性的西化路线，另一条则是强调"政治领导法律，政治在前，法律在后"[3]的人民司法路线，最终的共识是，人民司法才是更符合中国实际的发展方向。所谓的人民司法，简言之，"就是民主集中制，领导一元化，群众路线，从群众中来，到群众中去，这就是说我们的司法要同群众结合，要成为群众的东西"，[4]就是坚持党对司法的

---

〔1〕 江泽民：《正确处理社会主义现代化建设中的若干重大关系（一九九五年九月二十八日）》，载《江泽民文选》（第一卷），人民出版社 2006 年版，第 460–461 页。

〔2〕 参见《中共中央关于党的百年奋斗重大成就和历史经验的决议》（2021 年 11 月 11 日中国共产党第十九届中央委员会第六次全体会议通过）。

〔3〕《雷经天、李木庵院长关于司法工作检讨会议记录》（1943 年 12 月 10 日），陕西省档案馆档案，全宗号 15。转引自侯欣一：《雷经天与人民司法制度关系研究——以陕甘宁边区高等法院为中心》，载《法学》2022 年第 4 期。

〔4〕《雷经天、李木庵院长关于司法工作检讨会议记录》（1943 年 12 月 10 日），陕西省档案馆档案，全宗号 15。转引自侯欣一：《雷经天与人民司法制度关系研究——以陕甘宁边区高等法院为中心》，载《法学》2022 年第 4 期。

绝对领导与群众路线的统一。人民司法发展至今，经过不断地探索与实践，已经形成了相对健全的理念与制度，而两大核心要义也传承至今并不断得到强化。党的十八届四中全会专题研究、专门部署全面依法治国问题，党的十九届三中全会决定设立中央全面依法治国委员会，并由习近平总书记亲自担任委员会主任。此后，中共中央又印发了《法治中国建设规划（2020—2025年）》，制定了《中国共产党政法工作条例》，多次对包括刑事司法在内的政法工作作出重要批示指示和一系列重大部署，实现了党对政法工作的"集中领导、高效决策、统一部署、统筹推进"，[1]"确保刀把子牢牢掌握在党和人民手中"。[2]同时，更加重视司法的人民性，更加坚定司法应以人民为中心的发展思想，更加关注解决人民群众反映强烈的司法问题，以公正司法不断增强人民群众的获得感、幸福感、安全感，将"体现人民利益、反映人民愿望、维护人民权益、增进人民福祉"[3]落实到司法全过程，并且提出，要把解决了多少问题、人民群众对问题解决的满意度作为评判司法体制改革成效的标准。[4]刑事司法中的专项治理可谓是对人民司法两大要义的直接体现，刑事司法的各个层面"都渗透着浓厚的政策实施色彩"。[5]习近平同志曾直接指出，"要善于把党的领导和我国社会主义制度优势转化为社会治理效能，完善党委领导、政府负责、社会协同、公众参与、法治保障的社会治理体制"，"统筹好政法系统和相关部门的资源力量，形成问题整治、工作联动、平安联创的良好局面"。[6]这里描述的统筹模式非常适合专项治理的开展。

最后是刑事司法队伍的革命化。刑事司法权的运行方式在一定意义上取决于刑事司法主体的能力与素质，治理者的素能情况也在一定程度上决定了治理的方式。自革命根据地时期开始，革命性都是对司法者的基本和最重要的要求，这意味着司法者一般都有较高的动员能力，同时自身也具有较强的

---

〔1〕 廖文根、张璁、苏超：《让人民群众切实感受到公平正义就在身边》，载《党员文摘》2022年第 C1 期。

〔2〕 中共中央文献研究室编：《习近平关于全面依法治国论述摘编》，中央文献出版社 2015 年版，第 118 页。

〔3〕《习近平谈治国理政》（第三卷），外文出版社 2020 年版，第 284 页。

〔4〕 参见《习近平谈治国理政》（第二卷），外文出版社 2017 年版，第 131 页。

〔5〕［美］米尔伊安·R. 达玛什卡：《司法和国家权力的多种面孔：比较视野中的法律程序》，郑戈译，中国政法大学出版社 2004 年版，第 19 页。

〔6〕《习近平出席中央政法工作会议并发表重要讲话》，载《旗帜》2019 年第 2 期。

可动员性，这些因素都是开展专项治理的有利条件。革命根据地时期，遴选司法人员的标准是"既红又专"。如 1941 年边区高等法院提出的新型司法人员的任用标准包括"忠实于革命事业"，"奉公守法"，"能够分析问题、辨别是非"，"刻苦耐劳、积极负责"，"能看得懂法律条文及工作报告"。1943 年调整为"忠实于中国共产党"，"坚定人民大众的立场"，"决心为边区政权服务"，"愿意为中国革命奋斗"，"密切联系群众"，"廉洁刻苦、积极负责"，"奉公守法、持正不阿"，"才干相当，品质正派"。其对司法人员革命性的要求越来越高。[1]新中国成立以后，与革命根据地时期的做法一脉相承，极为重视对司法人员政治素质的要求，相对轻视对专业素质、司法技能的培养。特别是经过 1952 年以批判旧法观点、整顿旧司法人员为目的的司法改革运动之后，"司法机关的职位大都由政治立场坚定但不懂法律的非职业人员担任，强调司法人员的阶级立场，而在法律业务水平上却没有起码的要求"，导致了司法的非职业化现象。[2]改革开放后，特别是近年来，开始重视司法人员的正规化、职业化、专业化建设，但同样强调司法人员的革命化。每年的司法人员培训都将政治教育作为重中之重，如 2014 年党的群众路线教育实践活动及"增强党性、严守纪律、廉洁从政"专题教育活动，2015 年"三严三实"专题教育，2016 年"两学一做"学习教育，2017 年党的群众路线教育实践活动及"三严三实"专题教育，2018 年习近平新时代中国特色社会主义思想和党的十九大精神专题教育，2019 年"不忘初心、牢记使命"主题教育，2020 年习近平法治思想学习教育，2021 年党史专题教育等。党的相关政策也习惯于将司法人员纳入"政法队伍"的宏大话语体系，惯于将法官、检察官统一放进"政法十警"的观察视阈，强调政法队伍要"永葆忠诚纯洁可靠的政治本色"，将政法队伍打造为党和人民可以永远信任的"政法铁军"。[3]可以说，革命性决定了刑事司法的人民性，同时也决定了专项治理与刑事司法的紧密联系。

---

〔1〕 侯欣一：《雷经天与人民司法制度关系研究——以陕甘宁边区高等法院为中心》，载《法学》2022 年第 4 期。

〔2〕 陈光中等：《中国现代司法制度》，北京大学出版社 2020 年版，第 54 页。亦可参见熊小欣：《中华人民共和国成立初期江西司法改革运动研究》，载《党史文苑》2017 年第 24 期。

〔3〕 张璁、亓玉昆：《锻造忠诚干净担当的新时代政法铁军》，载《人民日报》2022 年 1 月 16 日，第 4 版。

三、专门机关的专项治理偏好及其核心逻辑

（一）刑事司法中的专项治理：历久弥新的政策偏好

近年来，党在治国理政策略上的两次重大调整可能会进一步影响专项治理在刑事司法领域中的生存空间和存在形式。第一次是党的十八届三中全会提出"推进国家治理体系和治理能力现代化"，并强调其核心就是"实现党、国家、社会各项事务治理制度化、规范化、程序化"，注重按制度办事、依法办事，善于运用制度和法律治理国家。[1]第二次是党的十八届四中全会明确作出"全面推进依法治国"的战略部署，将法治确定为党领导人民治理国家的基本方略，提出"要更加注重发挥法治在国家治理和社会管理中的重要作用"。[2]可以说，这两次战略创新在一定程度上都是出于对包括专项治理在内的旧有的国家治理方式的反思。因此，都至少会对专项治理构成根本性、方向性的限制，即专项治理要想继续存在，必须依存于依法治国和国家治理体系现代化的框架之下。而且，这种指导思想上的变化对专项治理带来的影响并非仅仅停留在抽象层面，而可能是现实的、全面的、具体的。就刑事司法领域而言，在这两大改革框架之下，专项治理的开展面对着诸多不容回避的限制性条件：首先，刑事司法体制改革深入推进。在中央的引领下，围绕完善刑事司法权力运行机制的改革全面铺开并取得了一定成效，主要包括完善专门机关各司其职、各种刑事司法权相互配合、相互制约的体制机制，推进以审判为中心的诉讼制度改革，认罪认罚从宽制度改革，职务犯罪追诉体制改革，刑罚执行体制改革，检察监督制度完善等，改革后的刑事司法权力以更符合司法规律的方式运行。其次，刑事司法制度不断健全。经 1996 年、2012 年、2018 年对《刑事诉讼法》的三次修改以及《律师法》《人民陪审员法》等的完善，在加强辩护权保障的同时，强化了对于刑事司法权的约束和控制，法院统一定罪、证据裁判、疑罪从无、非法证据排除等原则、规则的确立均以规范刑事司法权的行使为重点，旨在保障刑事司法权的依法、严格、公正行使。再次，刑事司法理念明显完善。伴随着 2012 年《刑事诉讼法》将

---

〔1〕 习近平：《切实把思想统一到党的十八届三中全会精神上来》，载《人民日报》2014 年 1 月 1 日，第 2 版。

〔2〕 参见《习近平谈治国理政》（第一卷），外文出版社 2018 年版，第 138 页。

"尊重和保障人权"明确为刑事诉讼法的任务及此后程序违法法律后果机制的完善，人权保障理念、程序公正理念、公正优先兼顾效率理念渐成主流，刑事诉讼中重实体轻程序、重打击轻保护、重配合轻制约的现象有所好转。复次，保障专门机关依法履职的体制机制逐步建立。《中共中央关于全面推进依法治国若干重大问题的决定》提出，要"建立领导干部干预司法活动、插手具体案件处理的记录、通报和责任追究制度，建立健全司法人员履行法定职责保护机制"。随后，中共中央办公厅、国务院、中央政法委、最高人民法院、最高人民检察院等出台了以"三个规定"为代表的一系列保护司法人员依法独立履职的规范性文件。特别是《保护司法人员依法履行法定职责的规定》，可谓"首个全面加强司法人员依法履职保护的纲领性文件"。[1]二十七条规定中，既有原则性的宣示，又有实施细则式的列举，旨在以可操作性的规定确保"司法人员履职保障工作机制化、常态化"。[2]该规定的主要内容2019年又被吸收进了新修正的《法官法》《检察官法》之中。最后，刑事司法的职业化、专业化程度有所提高。近年来，国家立足于司法职业的特殊性，通过人员分类管理、司法官遴选、单独职务序列、职业保障体系等改革，初步建立起了符合司法职业特点的司法人员管理制度，提高了司法队伍的正规化、专业化、职业化水平。自理论上而言，上述改变完备了刑事司法的制度供给，改善了常规司法（或常规治理）的效能，弱化了刑事司法人员的可动员性，增加了刑事司法资源跨部门调配的难度，降低了相关利益主体对专项行动的依赖感和认同度，减少了适合专项治理的议题范围，其对专项治理产生的深刻影响应当是体系性的。

然而，必须指出，虽然专项治理的存在空间受到了限制，但并没有完全丧失。而且，耐人寻味的是，对最高人民检察院、最高人民法院工作报告统计后发现，自2013年以来，仅中央主导的层面，刑事司法领域以"行动""专项"等命名的专项治理依然频频出现，部分专项治理持续多年，还有一部分则呈现出周期性的反复，专项治理的发生频次并没有明显的下降势头。以

---

〔1〕《首个全面加强司法人员依法履职保护的纲领性文件印发 干预司法应如实记录并通报追责》，载《北京青年报》2016年7月29日，第A09版。

〔2〕 胡仕浩、何帆：《解读最高法保护司法人员依法履行法定职责实施办法》，载 https://www.sohu.com/a/125671376_117927，最后访问日期：2021年8月19日。

刑事检察领域为例，[1]2013 年至 2017 年依次开展的带有专项治理性质的活动主要包括但不限于：积极投入严厉打击暴恐活动专项行动，深入推进"扫黑除恶"、缉枪治爆、禁毒扫黄等专项斗争，部署打击涉医违法犯罪专项行动，积极投入互联网金融风险专项整治，专项部署涉产权刑事申诉案件清理，开展核查纠正监外执行罪犯脱管漏管专项检察，连续 4 年开展环境资源犯罪及危害食品药品安全犯罪专项立案监督，持续开展查办和预防发生在群众身边、损害群众利益职务犯罪专项工作，会同国务院扶贫办推进为期 5 年的集中整治和加强预防扶贫领域职务犯罪专项工作，共同推进职务犯罪国际追赃追逃专项行动，在中央政法委统一领导下牵头对政法各机关久押不决案件进行专项清理，会同公安部、司法部专项清理判处实刑罪犯未执行刑罚案件。2018 年积极投入"扫黑除恶"专项斗争，积极参与互联网金融风险专项整治，积极参与污染防治攻坚战，会同水利部组织开展"携手清四乱、保护母亲河"专项行动，深化财产刑执行专项监督。2019 年依法推进"扫黑除恶"专项斗争，开展涉企"挂案"专项清理，持续推进 2018 年防治校园性侵"一号检察建议"落实，大力落实认罪认罚从宽制度，常态化清理久押不决案件，落实"案件比"质效评价标准。2020 年持续推进"扫黑除恶"专项斗争、涉企案件"挂案"专项清理，开展企业控告申诉专项清理、重大错案专项问责，共同推进网络秩序及非法捕捞等的综合整治，与国家市场监督管理总局等联合开展"四个最严"专项行动。2021 年及 2022 年的常态化"扫黑除恶"，推进涉案企业刑事合规改革，会同公安机关对涉企案件长期"挂案"的专项清理活动，推行少捕慎诉慎押，配合公安机关开展"打拐""团圆"行动，联合公安部、中国证监会专项惩治证券违法犯罪，协同推进针对电信网络诈骗犯罪的"断卡""断流"等专项行动，共同推进为期半年、有 12 个部门参与的全国打击整治养老诈骗专项行动。其实，除所谓的专项监督活动外，上述刑事检察领域的治理运动多有最高人民法院、公安部参与，公安部自己发起的针对各类型犯罪的专项行动更是不在少数，更遑论在地方层面专门机关在刑事司法领域开展的各类专项行动。

从以上对最高人民检察院专项治理的罗列中不难看出，单从作为发起或推动主体的专门机关的视角看，刑事司法场域中的专项治理大致可以分为四种类型：一是中央发起、本机关参与型，二是与平行机关共同发起或牵头多

---

[1] 主要的数据源为最高人民检察院自 2014 年至 2022 年的工作报告。

机关发起型，三是主动单独发起型，四是配合发起机关参与治理型。这些治理活动均匀分布、多点展开的情况，能在一定程度上反映出国家对刑事司法场域开展专项治理的政策偏好。当然，这种政策偏好的形成会受到党和政府、专门机关、民众、社会组织等各种政治行为体的影响，体现出各个行为体对特定政策的需求和期望，从而使得国家的这一政策偏好表现为各个行为体政策偏好博弈的结果。[1]但毋庸置疑，公安司法机关是刑事司法领域国家专项治理政策偏好形成中最重要的行为体，在这一偏好形成及实现的各个环节均居于主导性的地位，在一定意义上甚至可以说，国家的这一政策偏好主要源于专门机关对专项治理的政策偏好。对于一些刑事司法问题，采用常规的制度之治、规则之治、程序之治，还是采用专项行动模式，在全面推进依法治国的语境下，其实并不是可以随意选择的，常规司法理应成为原则，运动模式只可作为补充和例外。但事实表明，刑事司法中的专项治理频次似乎已经超出"例外"的限度，特别是，部分专项治理还以常态化的机制而日渐"原则"化。这表明，如果开展专项治理可以视为公安司法机关的一种理性选择，公安司法机关的选择必然是建立在对常规司法与运动模式效用的比较之后的，尽管所谓的效用其实很难精确测量，主要是一种主观感受，但也足可显示出公安司法机关对专项治理模式的主观偏好。在上述主动单独发起型和牵头多机关共同发起型的专项治理中，公安司法机关的主动性、积极性是不言而喻的，不管是治理问题的选择，还是对专项治理效用的较高期待，都是公安司法机关专项治理偏好的直接反映。即便是在中央发起本机关参与型、协同推进型和配合参与型的专项治理中，最高人民检察院工作报告在大多数情况下是以"以高度的责任感积极参与""积极投入""深入持续推进""全力配合"等描述自己的参与态度，由此不难看出，完全违背公安司法机关意愿的被动参与少之又少。这些参与型的专项治理整体上也是符合和反映公安司法机关的政策偏好的，只不过发起、牵头或参与主体上略有差异而已。

（二）不同主体的偏好：基于组织合法性的一个本源解释

如果把刑事司法中专项治理的主体简单化为一个组织，则从本质上而言，专项治理的发起可以理解为该组织在面对常规司法积累的突出问题时对利益

---

[1] 参见余亚梅：《政府偏好与制度变迁 以收容遣送制度为案例的研究》，上海人民出版社2018年版，第65页。

相关者群体评价压力的一种能动回应。对于作为行动者代表的公安司法机关而言，利益相关者群体主要包括各级党委、人大、政府及相关部门、自己的上级或下级机关、群众和当事人等。这些利益相关者群体对该公安司法机关的认同程度决定了该机关在社会建构的规范体系、价值观体系、信念体系和定义体系内具有组织合法性。[1]利益相关者群体对公安司法机关组织合法性的评判会经由不同的渠道对该机关产生合法性压力，这会在约束该机关行为的同时，诱导该机关采取符合或者改善合法性评判标准的行动策略。[2]尽管利益相关者群体对公安司法机关的合法性评价是总括性的，通常依赖于一系列组织行为或事件，而不是某个具体的组织行为或事件，但丝毫不能小觑类似于专项治理的特定行为对于组织合法性评价的影响。实践表明，对于公安司法机关而言，在常规司法不可能立竿见影地解决自身积累的顽疾时，主动以专项行动方式迅速消减病症，不啻为其满足利益相关者群体对刑事司法工作的紧迫需求和期待、维护和修复自身合法性的极具针对性的有效策略。

　　值得注意的是，较之于司法工作的其他领域，刑事司法中的专项治理最为密集。从组织合法性的视角看，这是因为，公安司法机关和刑事司法领域更容易为作为评判主体的利益相关者群体所关注。刑事诉讼法素有"小宪法"之称，一方面，该法涉及的国家机关多，刑事司法权的运行机制直接牵涉国家权力配置问题，与政治的关系殊为紧密。另一方面，刑事诉讼法调整的是刑事责任的追究问题，必然涉及财产权、自由权乃至生命权等诸多公民基本权利的剥夺问题，因此，许多刑事诉讼法的基本原则和制度如三机关分工负责、相互配合、相互制约原则，辩护原则，逮捕制度等都被同时规定在宪法之中。而且，刑事司法是公权力与私权利最易发生冲突的领域之一，而对犯罪的有效控制、对被追诉人权利的充分保障也同社会的安定、群众的安全感紧密相关。所以，刑事司法的利益相关者群体更加广泛，司法的利益相关者群体通常也会对刑事司法工作给予更多关注。

　　事实上，刑事司法中的专项治理之所以复杂，就在于其内部存在着不同行动逻辑的行动者，治理过程是一个多元利益主体互动博弈的"政—法对话

---

　　〔1〕　参见刘云、Wang G. Greg：《基于评价者视角的组织合法性研究：合法性判断》，载《外国经济与管理》2017 年第 5 期。

　　〔2〕　参见周雪光：《组织社会学十讲》，社会科学文献出版社 2003 年版，第 74–75 页。

过程"。以"扫黑除恶"专项斗争为例，这一行动由党中央、国务院通过发布《关于开展扫黑除恶专项斗争的通知》直接发起，由中央政法委牵头成立全国扫黑除恶办公室进行统筹协调，由最高人民法院、最高人民检察院、公安部、司法部等协同推进，全国各级政法机关积极参与。在该专项斗争中，既有发起者，又有主导者、协调者，还有推进者、参与者及具体的行动者，这些主体的利益相关者群体并不相同，而且，他们相互之间还互为利益相关者，这决定了他们对治理效果的不同期待和在专项治理中的不同逻辑。但一般来说，作为专项治理的一个参与主体，它所期待的组织合法性评价不外乎四个方面，即群众（社会）认可、上层满意、同级肯定、下级认同。当然，囿于有限理性，参与主体不可能完美平衡组织环境中不同受众的合法性压力，[1]不同层级、不同职能的参与主体在回应不同受众的合法性压力时肯定会有主次之分，甚至有可能产生矛盾。每一个参与主体都有一个相对而言更为看重的合法性压力类型，也因此以最大程度疏解该类型的压力作为确定自身参与治理的目标、策略及方法的核心逻辑。

（1）作为发起者、协调者的政法委：对刑事司法基于政治需要的协调引领。当刑事司法领域的一个专项治理涉及多个政法部门时，通常离不开政法委的作用。中国特色的政法传统，"究其本源是在'救亡图存'和'富强民主'的双重历史诉求下杂糅马列主义、传统治理模式、现代西方法治元素以及党的革命经验而形成的独特社会治理模式"。[2]而该传统最重要的组织载体或制度载体之一即为政法委。按照《中国共产党政法工作条例》的规定，"党委政法委员会是党委领导和管理政法工作的职能部门，是实现党对政法工作领导的重要组织形式"。上已提及，作为一个有丰富内涵的传统概念，"政法"一词本身便是对法律作为政治上层建筑一部分故而应服从政治工作大局之强调，因此，政法委的最重要使命就是要保证党的路线方针政策和党中央重大决策部署在法律领域的贯彻落实。但需要特别注意的是，由于被定位为"党管政法"的一种议事协调、集体领导机制，政法委的事权主要限定于政法领域的重大实践和理论问题，协调应对影响社会稳定的法律实施工作，而并非

---

〔1〕 参见侯学宾、陈越瓯：《人民法院的运动式治理偏好——基于人民法院解决"执行难"行动的分析》，载《吉林大学社会科学学报》2020 年第 6 期。

〔2〕 段瑞群：《党委领导政法工作法治化的路径选择——以党委政法委功能定位为视角》，载《法学杂志》2016 年第 3 期。

在所有执法司法领域平均发力，"晚近日益专门化为以刑诉、维稳等事务为中心工作"，在委员的构成上也主要是直接参与刑事案件办理工作的各政法机关负责人。[1]这反过来可以解释为什么与执法司法有关的跨部门大型专项治理主要发生在刑事司法领域。政法委通常都是刑事司法领域大型专项治理的发起者。其在此类运动中最基本的行动逻辑就是基于党在特定阶段的路线和政策，协调统一公安司法机关的思想和行动，迅速破解影响社会发展和稳定的矛盾、风险和问题，确保在党的领导下，公安司法机关有效发挥出应有的专政职能、管理职能和服务职能。"为构建功能性相互依存的社会，执政者需要发挥整合机制的作用"。[2]本质上，政法委就是一套非常适合于专项治理的整合机制，在面对可能影响执政效果评价的重大刑事司法问题时，其依托于体制优势，整合既有的刑事司法资源，作出及时有效的回应，以维护国家政权的有序运行和社会的良性发展。较之于单纯依赖常规刑事司法机制，这套体现政策贯彻的整合机制体现出灵活、高效、果断的优势。当然，政策可以作为法律的补充，但不可能替代或架空法律。政法委整合优势得以发挥须以对常规刑事司法机制的尊重为前提，否则，该优势可能就会变为权力缺乏约束的劣势。专项治理中的政法委，主要工作还是统筹、协调和引领，以此为各公安司法机关提供一个目标明确、各方重视、保障到位、衔接顺畅的工作氛围，而在具体案件的办理中各公安司法机关还是要依法履行职责，公正行使职权。

（2）作为推进者、参与者的公安司法机关：以刑事司法服务国家治理大局。专项治理中公安司法机关的行为属于组织行为。组织行为的最终目的是实现组织的存续和发展，这就要求组织将对外平衡作为自己行为的首要目标，即组织能够实现其应有的预设功能和社会使命，证明其存在的意义，从而能够获得更充分的预算拨款、政治支持等资源流入，进而能够适应社会要求与环境变化而得以维续。[3]所以，虽然同级肯定、下级认同等也是公安司法机关组织合法性的压力来源，但公安司法机关还是会把更多的精力放在满足群众（社会）认可和上层满意方面。群众（社会）认可是对人民司法工作的最根本的要求。群众（社会）对公安司法机关及其工作的满意度尽管可以通过

---

〔1〕 刘忠：《政法委的构成与运作》，载《环球法律评论》2017 年第 3 期。

〔2〕 ［英］马丁·洛克林：《公法与政治理论》，郑戈译，商务印书馆 2002 年版，第 152 页。

〔3〕 参见姚宝燕：《权责发生制政府会计改革问题研究——基于政府绩效治理的视角》，厦门大学出版社 2010 年版，第 89 页。

舆论报道、信访、调研等途径予以客观反映，但这些途径很难全面、准确反映民意，而且，这些途径也很难形成对于公安司法机关的刚性影响或直接的不利后果。相比而言，公安司法机关更为看重民意的代表机关——人民代表大会对自己工作的评价，其对民意的反映尽管是间接的，但对公安司法机关的评价和影响却是直接的。因此，专门机关的组织合法性压力的偏向最后落于广义上的上层满意，即将党委、人大等资源分配的权威部门作为刑事司法工作优先满足的利益相关者群体。专项治理的推行，使得公安司法机关能够以浩大的声势和可观的数据展现其为国家治理大局所作的贡献，从而可以博得相关部门的认同和信任。资源分配的权威部门不可能时刻关注公安司法机关的工作，但在专项治理期间，特别是中央发起的国家层面的专项治理期间，所涉及的工作领域会集中吸引权威部门的注意力，这就是公安司法机关可以把握用以充分展现组织合法性的"政策窗口期"。[1]这一点可以集中反映在公安司法机关向人民代表大会所作的工作报告中。以最高人民检察院 2022 年的工作报告为例。其在 2021 年工作回顾的开篇所确定的主基调便是"更加自觉融入国家治理，依法能动履职"，各项检察工作取得新进展。工作回顾的第一部分也以"服务大局，以检察履职助推高质量发展"为题。而各专项治理当然也是以服务国家治理大局为导向展开的。常态化"扫黑除恶"以及配合公安机关开展"打拐""团圆"行动等着眼于"坚决维护国家安全、社会安定"，涉企"挂案"专项清理、涉案企业合规改革活动等是"着力营造安商惠企法治化营商环境"，专项惩治证券违法犯罪是"积极推动金融风险防范化解"，协同推进"断卡"行动等则是"积极推进网络依法治理"。而该报告提及的 2022 年的三项工作安排，即"坚持稳进，切实担当服务保障高质量发展政治责任"，"狠抓落实，切实担当助推全面依法治国新征程法治责任"，以及"持续提升，切实担当实现检察工作自身高质量发展检察责任"，前两项也都是在强调服务国家治理大局的担当和责任，再次凸显了公安司法机关在专项治理中的核心逻辑，即以紧跟当前政策要求的刑事司法工作服务于国家治理大局。

（3）作为具体行动者的公安司法人员：适从于刑事司法考核机制。公安司法机关是刑事司法领域专项治理的当然主体，但公安司法机关的行动说到

---

〔1〕 参见侯学宾、陈越瓯：《人民法院的运动式治理偏好——基于人民法院解决"执行难"行动的分析》，载《吉林大学社会科学学报》2020 年第 6 期。

底是由作为其成员和代表的公安司法人员的个人行为所构成的。而公安司法机关的利益和追求与公安司法人员的利益和追求显然不完全相同，这也决定了二者在专项治理中的行动逻辑也不尽相同。那公安司法人员到底在其中践行着怎样的逻辑呢？按照公共选择学派的创始人、美国著名经济学家詹姆斯·布坎南的看法，人在政治领域中的行为动机与在经济领域中的行为动机是基本一致的，和政府官员一样，公安司法人员也同样适用"自利的理性的效用最大化者"，他们根据受到的约束，为追求效用极大化而行动。[1]而公安司法机关为此也要创造必要的"诱因"，并把这些"诱因"分配给公安司法人员，使其愿意为组织的发展作出贡献，并获得一种贡献与满足的平衡。[2]当然，所谓的"诱因"——公安司法机关所能提供的吸引成员的因素，绝不仅限于物质待遇、经济利益，同时还有声誉、地位、共同理想等精神层面的利益。事实上，即便对"诱因"作如此宽泛的理解，完全把公安司法人员视为只追求个人效用最大化的自利人也是不妥当的。对于任何组织而言，实现对内平衡，要求组织必须形成一个以组织目标为成员共同目标的协作系统，也就是组织成员必须认同组织目标，并将其作为个人目标的一部分。更何况，在我国，政治素养高是对公安司法人员的基本要求，而革命化也是公安司法机关队伍建设的首要目标，因此，公安司法人员的理想人格是革命人、道德人、法律人、经济人的"四位一体"，这些因素共同决定着公安司法人员在专项治理乃至一般司法工作中的行为动机。但应当看到，随着社会大环境的改变以及对依法治国和确保司法人员依法独立履职的强调，对于一项专项治理的推进而言，单纯的政治动员对公安司法人员的作用日渐式微，而目标管理和绩效评价考核正日益成为核心的动员激励机制，发挥出专项治理"指挥棒"的作用。产生于现代企业管理手段的绩效考核虽然可能会与刑事司法因凿枘不入而产生一些冲突，但它能"提高控制"，"推动竞争"，"促成上下一体"，促进配合，"计量方便、监督成本低"，[3]因此，非常适合专项治理目标的贯

---

〔1〕 ［美］詹姆斯·M. 布坎南：《自由、市场与国家——80年代的政治经济学》，平新乔、莫扶民译，上海三联书店1989年版，第36页。

〔2〕 参见姚宝燕：《权责发生制政府会计改革问题研究——基于政府绩效治理的视角》，厦门大学出版社2010年版，第89页。

〔3〕 朱桐辉：《刑事诉讼中的计件考核》，载苏力主编：《法律和社会科学》（第四卷），法律出版社2009年版，第272-283页。

彻和效果的展示。通过绩效考核，不仅可以引导公安司法人员以治理目标作为个人最重要的工作目标，而且，还可以将公安司法人员的满足与贡献直接挂钩，从而在最根本的行为动机层面确保动员效果。而事实也表明，专项治理的质效与考核指标的具体、明确程度直接相关，严格的考核指标通常会引发基层工作模式的转换，甚至导致基层密集的政策变通以增强工作成效进而满足考核要求。[1]

四、非常规治理方式的常态化："悖论"的可能破解

专项治理的常态化可以在两种意义上使用。一是指整体意义上作为治理手段的专项行动或者针对某一具体问题采取的专项治理频度较高，而成为一种常见的治理方式。该种意义上的常态化通常只是对专项治理运用现状的客观描述，基本不涉及对专项治理及其与常规治理关系的评价及主观改造问题。被频繁引用的所谓的"制度化运动悖论"，即"改革意味着中国生活的常规化，但它却是以动员的方式进行的"，[2]其所折射的就是此种意义上的专项治理常态化现象。二是指对专项治理这种非常规化的治理手段进行适度的调整与改造，尽力限制其所固有的一些缺陷，减少其对常规治理机制的冲击，使其成为一种可以和常规治理机制和谐共存的长效治理机制。目前常见诸报端的"扫黑除恶"的常态化、"扫黄打非"的常态化等大致都在该种改良专项治理的意义上使用。可以说，第一种意义上的常态化反映出的其实就是专项治理的突击性、短效性、反复性，多像刮阵风，下暴雨，下一阵儿，歇一阵儿，一会儿大水漫灌，但过一会儿又尘土飞扬，有时候虽然能按下旧的问题，但可能又冒出新的问题。而第二种意义上的常态化则恰恰是基于对专项治理短效性等的深刻反思，而提出的对专项治理"否定之否定"的辩证发展之道。我们在本节讨论的常态化主要就是改良、改造意义上的常态化，当然也离不开对作为治理现象的专项行动常态化的省察和梳理。

实现刑事司法领域专项治理的常态化，从宏观层面说，就是要在专项治理中集中体现党的权威与宪法法律权威、司法权威的统一，党的领导与司法

---

〔1〕 参见刘骥、熊彩：《解释政策变通：运动式治理中的条块关系》，载《公共行政评论》2015年第6期。

〔2〕 ［美］詹姆斯·R. 汤森、布兰特利·沃马克：《中国政治》，顾速、董方译，江苏人民出版社1995年版，第283页。

机关依法独立行使司法权的统一，政策治理与依法治国的统一，进而实现专项治理与常规治理的有机融合。考虑到专项行动的高效性、体制契合性等诸多优势，我们当然期待经过改造，专项治理能够成为刑事司法领域既高效又长效的治理手段，从而弥补常规刑事司法机制的不足。但问题是，常态化的本质是制度化，而专项行动却多多少少带有反制度的天性，制度化专项行动必然需要直面一些不容回避的抉择困境。这些困境至少可以概括为七个方面：（1）专项行动的资源整合与稀缺刑事司法资源的均衡分配。（2）专项行动的反常规、反程序性与严格依法司法、罪刑法定及程序法定。（3）专项行动的治标导向与刑事司法的本源治理。（4）专项行动的斗争属性与刑事司法的价值平衡。（5）专项行动的"一元领导"与司法机关依法独立行使职权。（6）专项行动的多层级、多部门协同与公安司法机关相互之间及各自内部的分工制约。（7）专项行动的高效动员与基层司法机关及其工作人员的注意力分配和政策变通。以"扫黑除恶"常态化为例。2021年，中央颁布《关于常态化开展扫黑除恶斗争巩固专项斗争成果的意见》，围绕常态化开展"扫黑除恶"斗争，提出了需要建立健全的六大机制，包括源头治理的防范整治机制、智能公开的举报奖励机制、打早打小的依法惩处机制、精准有效的督导督办机制、激励约束的考核评价机制、持续推进的组织领导机制。[1]防范整治机制、举报奖励机制、打早打小机制主要针对上述第三种困境，督导督办机制、举报奖励机制旨在解决第一种和第七种困境，组织领导机制则是为了应对第五种、第六种困境。六大机制着力解决的问题基本都在上述七大抉择困境之内，尽管其还只是停留在方向而非方法层面。只有寻找到突破七大困境的可行举措，才有可能真正破解制度化专项行动的悖论。

（一）以合理的程序简化突破刑事司法资源分配困境

专项治理是刑事司法资源不足的典型体现。由于资源贫弱，导致常规化的刑事司法可能出现低效或失灵，当刑事司法中积聚问题的严重程度接近或达到政府所能承受的最高阈值，该问题就会进入决策者的政策议程，迫使决策者作出特殊反映，即在短期内集中有限的资源迅速解决这一突出问题。就此

---

〔1〕　参见《全国扫黑办有关负责人解读〈关于常态化开展扫黑除恶斗争巩固专项斗争成果的意见〉》，载 http://www.gov.cn/zhengce/2021-05/20/content_ 5609694.htm，最后访问日期：2022 年 10 月 1 日。

而言，刑事司法中的专项治理是刑事司法资源贫弱条件下的一种理性抉择。[1]专项治理最大的特征和最核心的环节就是动员，而动员的本质就是通过政治任务下达和意识形态宣传而实现的一个资源集中和形成合力的过程。而各种治理资源的集聚可以解决常规治理面对特定问题时的资源供给困境，确保达成治理目标。但在刑事司法资源总量确定的情况下，在特定问题上倾斜分配治理资源势必削弱常规治理的资源支撑，这种状态一旦持续，可能加剧常规治理的失灵，进而陷入失灵——专项行动——失灵的恶性循环。当然，资源的高度整合不一定意味着专项治理的高成本、高投入。就特定问题而言，如电信诈骗犯罪的治理，该类犯罪空间分散、结果分散，依靠常规司法的分散治理可能需要付出高昂的成本，而且，效果有限，[2]相比之下，专项治理效能更高。但从短期内治理资源整体分配的视角看，专项治理还是一种高耗费的治理手段。因此，建立在资源高度集中基础上的专项行动很难长期维系，而且，持续的时间越长，治理资源越是匮乏，治理的边际效应不断递减，对常规治理的负面影响也会不断增大。有人据此认为，虽然作为一种治理手段的专项治理仍会在治理实践中经常出现，但单个的专项治理，抑或说某个专项治理的过程不会持续。[3]而现在提出专项治理的常态化，需要首先克服的瓶颈就是治理资源的稀缺问题。当前，公安司法机关案多人少的矛盾日益突出，从长远看，单纯地依靠增加刑事司法资源的投入以保障专项治理常态化后治理资源的供给是不现实的，而最为可行的途径可能就是对现有刑事司法资源的合理配置。事实上，我国正在进行的以认罪认罚从宽制度为核心的多项司法改革措施也正是以优化资源配置为目的的，[4]即通过简化在刑事案件中占较大比重的认罪认罪案件、轻微刑事案件的办理程序，健全繁简分流机制，保障绝大多数司法资源用于占较少比重的疑难复杂案件的办理。简易程序适

---

〔1〕 参见唐皇凤：《社会转型与组织化调控——中国社会治安综合治理组织网络研究》，武汉大学出版社 2008 年版，第 158−159 页。

〔2〕 参见安永军：《常规治理与运动式治理的纵向协同机制》，载《北京社会科学》2022 年第 2 期。

〔3〕 方熠威：《变化与争鸣中的运动式治理———一个研究综述》，载《中共青岛市委党校（青岛行政学院学报）》2020 年第 3 期。

〔4〕 改革精神的相关表述可参见孟建柱：《完善司法管理体制和司法权力运行机制》，载《人民日报》2014 年 11 月 7 日，第 6 版；最高人民法院《关于全面深化人民法院改革的意见——人民法院第四个五年改革纲要（2014—2018）》第 13 条；最高人民检察院《关于深化检察改革的意见（2013—2017 年工作规划）》第 26 条。

用范围的扩大，速裁程序的建立，刑拘直诉程序等极速办案程序的探索等，都在改善刑事司法资源的利用效率上取得了一定效果。但整体而言，我国的多元简化审程序还不成体系，特别是在审前程序方面，还是有很大的简化空间。而专项治理所需要解决的重大突出问题，在资源配置的原理上与需要精审的疑难复杂案件一样，都需要政策倾斜。如果简化程序、简化工作流程、强化职能衔接等增速提效的刑事司法改革能够取得预期效果，无疑可以为专项治理的常态化提供更有力的资源保障。当然，"开源"的同时还需要"节流"，即遵循"二八原理"，对专项治理进行总量控制，严格其治理议题的确定程序，确保作为例外的专项治理与常规治理处于合理的比例关系。

（二）"常规"吸收"专项"：专项治理悖法倾向的祛除

专项治理曾因反常规、非制度化表征受到学界的广泛批评。在批评者看来，专项行动的悖法倾向是其与生俱来的天性，即使其可以在常规治理失败的情况下成为探索新的、更为有效的常规治理机制的重要工具，[1]可以推进制度的变迁或创新，但以之为唯一动力源的、强制的、封闭的制度创新也很容易带来教条主义、机会主义及不合理集权，从根本上遏制制度创新的生命力，[2]因此，实现国家治理的法治化、现代化就必须彻底告别专项行动。但随着研究的精细化发展，特别是对国家治理实践中国国情和特色的强调与关注，专项治理所扮演的积极角色得到越来越多的认同，对专项治理的评价也趋于理性化。不可否认，"国家治理、政府治理、社会治理的基本方式必然是法治，国家治理、政府治理、社会治理的现代化有赖于各个领域的法治化"，[3]推进全面依法治国是国家治理体系转型的基本方向。党的二十大报告再次明确，"全面依法治国是国家治理的一场深刻革命"，"必须更好发挥法治固根本、稳预期、利长远的保障作用"，"坚持法治国家、法治政府、法治社会一体建设，全面推进科学立法、严格执法、公正司法、全民守法，全面推进国家各方面工作法治化"。但国家治理从来就没有一个固定不变的模式。我国的法治是中国特色的社会主义法治。中央提出"推进国家治理体系与治理能力

---

〔1〕　参见任星欣、余嘉俊、施祖麟：《制度建设中的运动式治理——对运动式治理的再思考》，载《公共管理评论》2015 年第 2 期。

〔2〕　徐晓林、朱国伟：《解释与取向：运动式治理的制度主义视野——以"治庸问责"风暴为背景的分析》，载《学习与实践》2011 年第 8 期。

〔3〕　江必新、鞠成伟：《国家治理现代化比较研究》，中国法制出版社 2016 年版，总序第 4 页。

现代化"这一重要命题既不是对以往及当前国家治理方式的简单否定，更不是对西方治理方式的模仿，更多的是出于理性的自主意识，寻找一条解决"怎样治理社会主义社会这样一个全新的社会形态"问题的中国道路。把专项治理与法治对立，完全无视专项治理的积极意义并不是实事求是的态度。更理性的选择是将专项治理融入新的治理体系，既克服专项治理的局限性，又能保持和发扬专项治理的优势。当然，融合的方向必然是常规治理吸收专项治理，而不是相反，或者只是将专项治理视为与常规治理分立并存的补充机制。换言之，应将法治作为专项治理的底线，在法治框架下依法开展专项治理，即使是以推动制度创新为目的的专项治理也要于法有据。循此思路，专项治理的常态化就是要实现专项治理的常规化、制度化、法治化，最终逐渐淡化专项治理作为相对于常规治理的独立治理工具的意义，使其成为常规治理的一部分或常规治理的一种特殊形态。作为社会正义的最后一道防线和国家刑罚权的实现机制，刑事司法尤为重视法定原则，注重以法律控制权力，故而，刑事司法领域中专项治理更应遵循罪刑法定和程序法定原则。需要指出的是，虽然"常规"吸收"专项行动"最终的结果可能是治理工具不再有常规与非常规之分，但该思路并不是对专项行动的彻底抛弃，而是在刑事司法权的运行中，对于某些有政策关注意义的突出问题，在严格依法的前提下，适当发挥专项治理中某些关键要素如"动员机制""资源整合机制""协调机制"等的作用，予以有效治理。

（三）从"事本主义"转向"事源主义"

与其他领域一样，刑事司法场域的专项治理通常也遵循"事本主义"的运作逻辑，即以解决某一已经发生的事情或存在的问题为目标展开行动，通过将整合的治理资源分配给与问题解决相关的各个方面，合力攻坚，目标完成即收场。为了获得突出的治理绩效，专项治理往往只能确定单一或较少的治理目标，只能聚焦于少数突出问题。它的生成线索一般是："某个社会领域问题的持续积累，然后经由焦点事件的诱发，引起民意的关注和政府部门的重视，该事件成为公众关注的议题，最后在政府部门和民意的合流之下，专项治理的'机会之窗'应声开启。"[1]而某一问题之所以能成为政策关注的

---

[1] 曹龙虎：《国家治理中的"路径依赖"与"范式转换"：运动式治理再认识》，载《学海》2014年第3期。

议题和专项治理的对象，就在于问题外在的突出性、严重程度。反过来，能否在短期内降低乃至扭转这些反映问题严重性的外在指标则成为评价一项专项治理是否有效的标准。这在某种程度上决定了专项治理的治标导向及其应急性、补救性。这种"头痛医头""脚痛医脚"的显性治理思路，"过度张扬工具理性的价值，缺乏对真实的世界作细致入微的人文关怀和理性思考，忽视了社会问题的多维复杂背景"，[1]经常陷入久治不绝、屡治屡现、频繁发起专项行动的治理困境。因此，如果不改变专项治理重结果、轻过程，重表象、轻根源，重指标、轻实质的倾向，即便实现所谓的常态化，也必然是时而紧张、时而放松的常态化，必然是反复运动、不得已而为之的常态化，必然从改良、改造意义上的常态化转变为不合理治理现象意义上的常态化。所以，在治理的基本思路上能否实现从"事本主义"到"事源主义"的转变，是制约"扫黑除恶"等刑事司法领域专项治理常态化成效的关键。质言之，面对黑恶势力犯罪等突出问题，力度空前的打击固然重要，但对于一个长效化、常态化的专项治理机制而言，更重要的是探究问题的根源，在初始责任界定环节即厘清专门机关之间及其与相关部门间的权责，并督促各个主体尽职尽责，尽力通过常规途径及时消除隐患，避免复杂问题的产生，即通过事前管理，从根本上防范问题，或者将大问题解决于萌芽时期，将治理重心由事后补救转移至事前防控。这要求专项治理的考核指标也应从结果导向转向过程导向。当然，如果专项治理的常态化是有效的，长远来看，其所治理的问题必然从突出问题变为一般问题直至不成问题。就某一具体问题而言，通过逐步激活常规治理，常态化的专项治理也将逐步丧失继续存在的必要。这一消亡自我的倾向并未否定专项治理常态化的价值，反而凸显了其促进常规治理机制不断完善的重要意义。当然，不管是"事本主义"，还是"事源主义"，"事"始终是具体的，但不能是随机的、任意的，这不仅仅是刑事司法资源利用的有效性问题，还直接影响到利益相关者群体的各种利益，故而，在"事"的确定上需要有一套健全的机制，以防范治理议题选择上的机会主义。

（四）准确厘定运动的斗争性

如果说动员是专项行动的基础，则斗争可谓是专项行动的精髓。"斗争"

---

〔1〕　杨志军：《当代中国政府"运动式"治理模式的解释与反思》，载深圳大学当代中国政治研究所编：《当代中国政治研究报告（第10辑）》，社会科学文献出版社2023年版，第203页。

是马克思主义哲学的一个重要概念，而"敢于斗争、敢于胜利"也被中国共产党视为"不可战胜的强大精神力量"。[1]党的十八大以来，习近平总书记也多次强调，党员干部要"发扬斗争精神，增强斗争本领，敢于斗争，善于斗争"。[2]所谓斗争，往往是指通过规模化的、直接的、公开的、激烈的乃至暴力的手段摧毁旧有秩序、突破顽固障碍或改变错误的社会认同。专项治理贯穿着斗争理念，是斗争的一种重要形式。需要启动专项治理的问题通常都是顽瘴痼疾，仅靠温和手段很难打破这类问题赖以维系的多种禁锢。以黑恶势力犯罪为例，其一般都有貌似合法的经济基础支撑及保护伞的护佑，牵涉一个地方复杂的政商关系，很少有个人能产生与之对抗的勇气，而依赖制度理性的常规司法也很容易在法外因素的影响下流于表层治理。而通过气势磅礴的专项斗争则可以形成对黑恶势力犯罪人人喊打的社会氛围，借此团结行动者，并赋予每一个行动者以掌权感和优势感，使其面对黑恶势力犯罪敢于"亮剑"，从而迅速改变行动者和治理对象的力量对比，确保治理对象依法得到惩治。当然，"激烈"是斗争的主要面向，斗争必然伴随着对治理对象的"严厉打击"。如果将斗争扩大化、绝对化，就会激起群体非理性的"破坏力量"，[3]极易突破法律、道德等的限制，甚至演变成"以暴治暴"，无视治理对象的合法利益，制造新的矛盾，引发无序和混乱。而新时代的刑事司法注重价值平衡，强调要在"司法为民""司法公正"的主线下，努力实现惩罚犯罪和保障人权的统一。因此，专项治理要想实现法治化，某项专项治理要想实现常态化，必须对专项治理的斗争性有所框定和节制。具体而言，一是要明确斗争的对象。"斗争是为解决各种矛盾问题而进行的创造性社会实践"，"斗争的过程就是直面矛盾的过程"[4]。因此，斗争的对象是问题和矛盾，而不宜理解为问题和矛盾中的具体个人。斗争哲学倡导的是对问题的"知难而进""壮士断腕""刮骨疗毒"，而不是具体个人的无限打击、彻底消灭。在"扫黑除恶"专项斗争中，黑恶势力犯罪这一社会现象和问题才是斗争的对象，但对于涉嫌黑恶势力犯罪的具体被追诉人仍要注意维护其合法权益，

---

〔1〕 参见习近平同志 2021 年 7 月 1 日《在庆祝中国共产党成立 100 周年大会上的讲话》。

〔2〕 晓山：《新时代高素质党员干部三十六观》，东方出版社 2020 年版，第 67 页。

〔3〕 参见［法］古斯塔夫·勒庞：《乌合之众》，亦言译，中国友谊出版公司 2019 年版，第 6-14 页。

〔4〕 晓山：《新时代高素质党员干部三十六观》，东方出版社 2020 年版，第 68 页。

坚持宽严相济的方针。二是要限制斗争的手段。斗争不是盲目蛮干，而应有理有节，既在法理上、道义上争取到制高点，又要严格遵守法律规定，尊重司法规律，使用合法合理的斗争策略，保持原则性和灵活性的统一，在充分发挥斗争优势的同时，守住法治底线。

（五）在"借力"与"自立"间良好平衡的非常规组织

刑事司法中的专项治理在一定意义上而言产生于常规治理的"失灵"。而常规治理失灵的一个重要原因就是一些时候公安司法机关常规分工配合机制的低效。过于细化的专业分工使得刑事司法权力呈现碎片化状态，这虽然有利于权力间的相互制约，但由于官僚制的固有惰性、不同机关的不同绩效偏好及相互间的不合作等，从而逐渐累积出超过单个机关能力边界的跨领域刑事司法难题。有鉴于此，有关主体打破常规结构化的组织方式，成立起较高规格的非常规组织，如领导小组、委员会、办公室、工作组、指挥部等，通过积极发挥议事协调功能，着力解决治理中的"权威落实困境"和"资源供给困境"，推动相关政策和治理思路的有效落实。毋庸置疑，非常规组织在专项治理中发挥着极为关键的枢纽作用，其可以借助特殊的组织结构将精英个体的政治压力吸纳入组织内，通过将本属于牵头部门'条'的常规任务转化为精英个体的政治任务，继而转化为'块'的中心工作，使得原有的刑事司法系统内的制度性壁垒以及利益部门化和权力碎片化现象得以通过政治机制的介入而解决。[1]但值得注意的是，非常规组织的存在意味着对于常规刑事司法体制权力、功能体系的重新整合，一旦常态化，刑事司法系统的独立性和专业性很可能在不断的"问题化"导向的权力组合中受到侵蚀和损害。[2]特别是对于人民检察院、人民法院而言，依法独立行使检察权、审判权是实现刑事司法公正的基本保障。因此，作为专项治理的组织保障，非常规组织的常态化设置必须首先解决好协调指导与保障司法机关依法独立行使司法权的关系问题。有学者将非常规组织的运行逻辑归纳为"借力"与"自力"的双重逻辑。"借力"逻辑指的是非常规组织借助于常设组织体系中的各种要素来保持运转和发挥作用，"自力"则是指非常规组织构建起自身相对对立的一

---

〔1〕　参见原超：《"领导小组机制"：科层治理运动化的实践渠道》，载《甘肃行政学院学报》2017 年第 5 期。

〔2〕　参见曹龙虎：《国家治理中的"路径依赖"与"范式转换"：运动式治理再认识》，载《学海》2014 年第 3 期。

套运行机制，如督促检查机制、考核评比机制。在"借力"程度高而"自立"程度低的情况下，非常规组织呈现出间歇性运行，在"借力"程度低而"自立"程度高时，非常规组织呈现出实体化运行，甚至与常设机关别无二致，在"借力"程度和"自立"程度都比较低的情况下，非常规组织将被虚置，只有在"借力"程度和"自立"程度都比较高的情况下，非常规组织才能常态化运行。[1]换言之，专项治理的常态化需要非常规组织的常态化，而非常规组织的常态化既要求该组织有一套健全的运行机制，以强化其权威性和正当性，确保其议事协调的效果，同时也要求充分借力于常规刑事司法体系的作用。非常规组织的存在不是以政治权威压制司法权威，恰恰相反，其是在尊重和彰显司法权威的前提下，发挥政治权威的保障作用。非常规组织在平衡"借力"与"自立"的关系时，应以充分"借力"作为主导性的运行逻辑。

（六）重视协同行动中的分工制约

刑事司法场域专项治理的开展，通常遵循"多部门协同联动"的治理逻辑。其中，非常规组织往往发挥着统揽全局的核心作用，其利用手中的"指挥棒"进行调度和安排，以共同的任务目标为指向，引导"上下左右"的"条块关系"格局，使得"碎片化"的权力关系被悄然塑造为"全局性"的配合关系，[2]从而最大化地发挥出刑事司法的治理潜能。无疑，治理资源的整合是专项治理的最大优势，面对条块分割、精细分工的不利影响，通过政治权威实现资源汇聚与协同行动，减少常规司法中的部门主义、本位主义以及相互推诿、扯皮的现象，可以大大提升司法效能。但这一过程也存在着重配合、轻制约的潜在风险。该风险与专项治理的国家主义倾向及其所蕴含的重集权、轻分权的内在精神有关，即相信"集权能够体现快捷和方便的优越性，而分权则必然要求互相制约、互相监督，给权力的行使带来诸多不便"。[3]因此，在专项治理之协同行动的思路下，专门机关之间明确的职责分工主要着眼于更加高效的协作配合，而不是权力分割后产生的制约效果。参与专项治理的各个专门机关需要"念一本经，唱一台戏"。而非常规组织则是这台戏的

---

〔1〕参见周望：《理解中国治理》，天津人民出版社 2019 年版，第 22 页。

〔2〕参见原超：《"领导小组机制"：科层治理运动化的实践渠道》，载《甘肃行政学院学报》2017 年第 5 期。

〔3〕吕世伦：《理论法学经纬（吕世伦法学论丛：第 3 卷）》，黑龙江美术出版社 2018 年版，第 28 页。

总导演。扮演不同角色的专门机关需要坚决贯彻非常规组织的决策，与其他机关密切配合，协同作战，"不能分台唱戏，更不能唱对台戏"。[1]而且，专门机关相互间的配合性还会在刑事司法队伍革命性的要求下得到大幅强化。作为具体的行动者，专门机关的负责人及公安司法人员在行动中既要依法司法，还要密切关注行动的政治性。而政治性的身份要求其在专项治理中必须相向而行，尽快采取一切可能的行动，实现治理的目标，甚至可能主动层层加码或超额完成任务。[2]事实上，专项治理不仅容易有排斥专门机关相互制约的倾向，其对超常规绩效的目标需求、结果导向的运行机制还可能与刑事司法中以防止权力恣意行使为核心的程序法定原则程序产生紧张关系。然而，对于刑事司法而言，专门机关之间的相互制约不仅是《刑事诉讼法》的明确要求，还是一项宪法原则，而程序法定也是立法、司法中需要严格遵循的基本准则。缺少了相互制约，我国"层层把关"的刑事诉讼模式将无以维系，专门机关职权同构乃至同质化将进一步加剧，把守刑事案件公平正义的防线将更加单薄。故此，要想构建起专项治理常态化后与常规刑事司法的良性互动关系，有必要在常态化协同行动机制中加入保障专门机关相互制约的机制，特别是在推行"公、检、法联合办案"或"检、法提前介入"时，需要谨慎把握好协同的尺度，力求互有制约的协作、保有独立性的配合，确保专门机关不相互僭越职责权限。

（七）张弛有度的推进机制

从注意力分配理论的视角看，专项治理的启动本质上就是因为在某个议题上触发了更多的注意力分配。其一般过程是，某个焦点问题引发了决策者的重点关注，决策者发起权威动员，随后，政治激励的方向转变带来各个层级的注意力转向，进而促使政策执行者重新进行利益评估，针对焦点问题调适偏好，调整权力架构和运作方式，将注意力的聚焦转化为对政策超出常规的执行强度与执行节奏。但问题是，"由于个体理性的存在，加之制度、体制和机制的约束，注意力是一种稀缺性的政策资源"。[3]和同样稀缺的其他治理

---

〔1〕　杨易辰：《杨易辰回忆录》，中央文献出版社 1996 年版，第 391 页。

〔2〕　参见宋维志：《运动式治理的常规化：方式、困境与出路——以河长制为例》，载《华东理工大学学报（社会科学版）》2021 年第 4 期。

〔3〕　陈晓运：《运动式治理的注意力触发机制探析——以北京空气污染治理为例》，载《福建行政学院学报》2019 年第 4 期。

资源一样，在某个治理议题上倾注过多的资源，就必然削弱在其他所谓的非中心的治理议题上的资源配置。一旦将这种不平衡的资源配置的根据长期化、常态化，本来充当常规治理失效之应对手段的专项治理本身反而可能成为常规治理失效的原因，改良意义上的专项治理常态化最终会演变为不良现象意义上的专项治理常态化，从而陷入常规治理专项行动化和专项治理反复化的双重困境，使治理始终摇摆于常规与运动之间。而且，事实上，长期维持对某一治理议题高强度的注意力分配也是极不现实的。注意力分配的外部、本位及制度触发机制都带有不稳定性，决策者的主要注意力可能随时转向其他领域或议题，政治激励机制会随之调整，各方参与主体也会根据压力源和压力强度的变化重新制定行动策略。退一步而言，即便决策者对某一议题保持长久的高强度注意力，并为此制定了长期而稳定的政治激励机制，也极有可能面对三重负面效果：一是各级参与主体和群众逐渐陷入注意力疲劳，治理效用随时间延续而递减，利益相关者开始质疑治理策略，甚至质疑决策者的权威；二是由于在治理议题上的资源倾斜和非常举措（包括层层加码的举措），导致非中心议题上出现诸多问题，直至催生一些恶劣影响超过治理议题本身的次生灾害；三是面对强激励机制带来的压力，政策执行者借助政策变通与共谋的手段，实现治理过程的"目标替代"，[1]或者采取"剧场化"操作，导致"忙而不动"、执行虚化。[2]鉴于此，推动专项治理的常态化，必须降低注意力分配的强度，弱化政治激励的力度，形成一种力度适中、输出稳定的动力源，将专项治理的考核评比融入常规治理的考核机制之中，在确保常规治理有序展开的前提下，适当发挥政治权威的动员、协调作用，并且，尽量减少其对中心议题的常规治理以及非中心议题治理的影响。一言以蔽之，就是要实现运动的"温和化"，将专项治理的核心要素限定在常规治理的框架之下。

---

　　〔1〕　参见潘泽泉、任杰：《从运动式治理到常态治理：基层社会治理转型的中国实践》，载《湖南大学学报（社会科学版）》2020年第3期。

　　〔2〕　参见魏志荣、李先涛：《国家治理现代化进程中运动式治理的困境与转型——基于"拆违"专项行动的分析》，载《理论月刊》2019年第9期。

第二章

CHAPTER 2

刑事司法中专项治理的历史观察

近年来，随着刑事司法领域各类专项斗争、集中整治行动如火如荼地开展，专项治理再次成为学界关注的焦点。在刑事司法的发展进程中，专项治理已然成为司法机关清除社会痼瘤的常用手段，也映射出我国刑事政策的历史流变。专项治理展现出极强的针对性、时效性以及较为显著的治理效果等优势和特点。专项治理与刑事司法之间具有很强的伴生性关系，前者因非常规特性所源生出打击犯罪、秩序维稳等积极便利效果被放大，对后者在权力法治化建设、权利保障以及司法秩序稳定等方面造成一定的影响。专项治理既有国家宏观战略层面的整体性治理，也有地方或某一领域的局部专项治理，而专项治理中一些固有的非规范化现象以及因权力运行的程序失序而出现的乱象，应当引起实务的总结和理论的反思。

司法实践中的专项治理所取得的社会性反馈事关刑事司法制度内生与外控的辩证统一。故而，在国家治理体系和治理能力现代化的推进中，如何提升专项治理的程序正当化，应当成为学界关注的重要问题。基于此，本章尝试以国家刑事司法治理的历史维度为观察视阈，对新中国成立七十多年来刑事司法历程中专项治理的刑事政策依据、形式特征等要素，以时间轴线为基点进行综合提炼分析，梳理专项治理与刑事程序法治化的二元互动关系，深度探究刑事司法中专项治理常态化困境的社会性根源和理论渊源，以期实现刑事司法与专项治理间的融合发展，助力我国刑事司法构造理论与刑事程序的法治化研究。

一、1949～1978 年：刑事政策的政治动员性

1949～1976 年间，专项治理的刑事政策主要以政治运动形式开展。政治运动主要表现为政治化斗争的博弈。鉴于政治动员在革命战争时期所发挥的重要作用，这一阶段的政治运动沿袭了革命年代的治理惯性，并在全国范围内开展。有学者认为，强大的教化权力使国家能够充分贯彻自己的革命意志，从而保证社会改造的有效性。[1]从治理的宏观整体性看，政治运动是国家机器为维护权力基础而进行的社会化改造。易言之，社会裂隙对于国家政体组织与合法性秩序造成的内生性障碍是政治运动生成的主要因素。刑事政策是一个国家和社会的稳定秩序受到挑战时，国家作出的本能反应，是最及时地对社会症结作出的回应。[2]新中国成立之初，国家治理依托于事关政权安全的反革命惩治活动，政治运动以特有的政治站位特性成为当时刑事政策的必然进路，这也形成了政治斗争主导刑事司法的现实情势。

（一）政治动员本质：卡理斯玛权威

从政治动员的决策视角看，当政治官僚制的常规化治理让位于权力集中者的革命性刑事政策，政治运动的决策与实施将取决于权力集中的领导者。有学者提出，政治运动的基本特点是魅力驱动，或者说运动的能量来自于领袖魅力和意识形态合法性。[3]领导者之所以会成为国家运动的倡导者，根源在于政治官僚制的合法性逻辑和结构性特征，即卡理斯玛权威的合法性。政治动员需要刑事政策以政治为导向，而每一次政治运动都不自觉地带有领导者个人的规训目的，故此时的刑事政策表现出政治规训的意识形态化特征。在国家现代化赶超的目标之下，领导者因社会资源效率差异产生的超常的政治绩效压力，必然会要求打破常规化治理手段，其中，政治官僚制的规训性发挥了极大的作用。细言之，领导者因革命战争时期所创造的功绩，在建立国家政权后成为民众的意识信仰，由此形成了从上层权力者到社会民众均以领导者为核心的机制。当领导者认为需要恢复其建立的政治秩序时，便借助

---

〔1〕 冯仕政：《中国国家运动的形成与变异：基于政体的整体性解释》，载《开放时代》2011 年第 1 期。

〔2〕 王伟：《"严打"政策的理性分析》，山东大学 2011 年硕士学位论文。

〔3〕 叶敏：《从政治运动到运动式治理——改革前后的动员政治及其理论解读》，载《华中科技大学学报（社会科学版）》2013 年第 2 期。

刑事政策发动政治运动，从官僚内部到社会外部展开全国性动员。如此一来，这一时期的刑事司法发展的特性便有了合理解释。

（二）"二元一体"化的政治动员主体

从刑事政策的实施主体视角看，这一时期政治运动需要从上层权力造势，发动民众以达到群众直接参与的社会效果。政治运动是一种激进的动员政治，它意味着国家在剧烈地塑造着社会。[1]新中国成立后，国内反动势力活动猖獗，生产生活秩序混乱，严重危害了我国权力的社会根基。与此同时，单一计划经济体制展现出政治对经济高度干预的独特性。为维护政治秩序，快速重建国民经济，领导人决定在社会各领域开展政治运动。政治动员性是政治运动以刑事政策的表现形式进行社会改造，即以发动群众通过政治动员来实现对社会的有效治理。当国家机构专业化、制度化程度较低，无法以常规路径实现国家现代化发展的目的时，便只能希冀于官僚体制动员民众的革命意志。由此可知，政治动员运动呈现出"官僚—民众"的二元一体化特点。一方面，国家依据陆续颁布的《人民法院组织法》（1954年通过）等法律文件展开司法机关建制，为政治运动奠定了权力层级主体的根基。另一方面，在反动罪行的高发实践维度下，为激发、动员民众的针对反革命活动的斗争意识，稳固新生政权，1950年公布的《关于严厉镇压反革命分子活动的指示》和1951年批准公布的《惩治反革命条例》以刑事政策的规范形式明确了打击对象，存在强烈的政治指向性。[2]

（三）刑事政策的有限政治效用

新中国成立初期，国家建设的紧迫性和政治运动的必要性遮蔽了专项治理自身的一些弊病。当国家的治理能力滞后于社会内生动力的转型时，政治运动的强制高效性成为有效走出治理困境的权力工具，而刑事政策为政治运动提供了合法性手段。政治动员对国家常规治理能力的改善仅仅是一种外部的

---

〔1〕　叶敏：《从政治运动到运动式治理——改革前后的动员政治及其理论解读》，载《华中科技大学学报（社会科学版）》2013年第2期。

〔2〕　《关于严厉镇压反革命分子活动的指示》明确提出：积极领导人民坚决地肃清一切公开的与暗藏的反革命分子，迅速地建立与巩固革命秩序，以保障人民民主权利并顺利地进行生产建设及各项必要的社会改革，成为各级人民政府当前重要任务之一；经中央人民政府主席批准对四类反革命行为作出指示。《惩治反革命条例》第2条规定：凡以推翻人民民主政权，破坏人民民主事业为目的之各种反革命罪犯，皆依本条例治罪。

改善路径，其功效存在边际界限，且具有很大负面效应。[1]国家支配刑事政策发挥政治运动的超常绩效性，尤其在政治建设与社会生产联动过程中强化了权力的社会规训，最终达到了维护政权稳定性的目的。而事实上，刑事政策在此期间除为政治运动提供合法性支撑这一形式作用外，也仅存在群众动员的实质效用，即刺激群众出于合法性考量而参与政治运动。因此，政治运动对当时国家建设具有进步性历史意义，但国家治理对政治运动的依赖性主导了刑事政策的嬗变，并形成了路径依赖的意识惯性和经验主义思维。

二、1979～1995 年：改革开放初期的"严打"刑事政策

"文化大革命"结束后，混乱的社会秩序尚未恢复，"我国社会结构正处于从一种社会模式向另一种社会运行模式转变的变革过程"[2]。"打砸抢"、流氓犯罪等危害社会治安的刑事犯罪呈现出爆发式增长，"1979 年刑事立案636 222 起，犯罪率为万分之六点六，而 1981 年刑事立案达到 890 281 起，犯罪率为万分之九"[3]，犯罪活动猖獗严重威胁人民生命财产安全。尽管法制建设重新起步，但各项法律制度尚未真正建立，国家治理资源的匮乏与政治体系的脆弱难以遏制严峻的犯罪形势，社会治理亟需新机制来改善运作失灵的状况。专项治理集中有限资源解决突出的社会治安问题是执政党与政府在"实用理性"主导下、面临资源瓶颈问题的理性选择。[4]

1981 年 5 月彭真针对社会治安形势首次正式提出的"严打"方针，[5]成为专项治理的新样态。尽管专项治理存在革命形态的惯性，但由于社会各要素变动的制约，政治运动的泛政治化与意识形态作用渐渐淡出国家治理的舞台，即，国家赋予专项治理内涵的差异形成了不同的治理形态。在新时期，科层制权力体系代替政治官僚制成为国家管理社会的新样态，"严打"这一刑事政策激发了现存科层制度的"权力"生产机制，成为当时维护政治秩序稳

---

〔1〕 参见黄小勇：《现代化进程中的官僚制——韦伯官僚制理论研究》，黑龙江人民出版社 2003 版，第 304 页。

〔2〕 卜晓佳：《1980 年代以来中国刑事政策的变迁与理论探究》，中南大学 2007 年硕士学位论文。

〔3〕 刘复之：《"严打"就是专政》，载《人民公安》2000 年第 1 期。

〔4〕 唐皇凤：《常态社会与运动式治理——中国社会治安治理中的"严打"政策研究》，载《开放时代》2007 年第 3 期。

〔5〕 何挺：《充分认识严打方针的历史作用 努力构建落实严打方针的长效机制》，载《中国人民公安大学学报（社会科学版）》2006 年第 3 期。

定最有力的保障。通过专项治理实现国家权力的再生产与再扩充，确保政治秩序合法性的延续和维系是转型中国家治理的内在逻辑。[1]

（一）社会转型期诱发运动式治理

众所周知，国家总是会试图通过合适的政治机制以稳定社会秩序。在卡理斯玛权威时期的政经一体化制度中，无论是生产运动还是政治规训均以政治动员之形式展开，使得泛政治化的本质弱化了政治的民主化要素。政治民主化是从旧政治制度向新政治制度实现政治制度化的彻底转变。[2]因此，伴随卡理斯玛权威的消退，政治主导从个人意识形态变为政治民主化要素。民主政治恰好适应社会转型的需求，是社会主义市场经济体制的内在要求。[3]质言之，改革开放政策实质是打破了原有政经一体化结构，转向建立政经分离的权力科层制结构。权力科层制要求通过常态化、制度化的治理形态追求政治秩序的可控性。但是，当权力科层制面对新社会病态，凭借常规化治理无力应对此现实时，国家治理资源的有限性势必导致社会病态的积累与恶化。当病态积累达到一定量化时，必须依靠专项治理才能恢复权力科层制的政治绩效，即"严打"是社会转型期科层制贯彻绩效最大化逻辑和政治合法性的产物。

专项治理若要在特殊时间点中断常规化治理，集中体制内外力量完成高效的"释压"任务，必然要求科层制具备权力的集中性和强制性。从政治结构的划分来看，无论是司法型国家还是立法型国家，横向层面与纵向层面的分权趋势十分明显，只有行政型国家在纵向和横向层面的行政集权趋势十分明显。[4]从权力结构视角观察我国的专项治理，其在横向维度上体现为以治理机关为中心、其他机关服务于治理机关的现象；在纵向维度上显示出自上而下，层层下达治理任务的纵向领导特征。由此可见，"严打"刑事政策表现出明显的权力集中性与强制性。故，我国的行政型国家权力形态是专项治理

---

[1] 唐皇凤：《常态社会与运动式治理——中国社会治安治理中的"严打"政策研究》，载《开放时代》2007年第3期。

[2] 转引自[英]戴维·赫尔德：《民主的模式》，燕继荣等译，中央编译出版社1998年版，第269页。

[3] 冯志峰：《中国政府治理模式的发展：从运动中的民主到民主中的运动》，载《领导科学》2010年第5期。

[4] 丁轶：《权利保障中的"组织失败"与"路径依赖"——对于"运动式治理"的法律社会学考察》，载《法学评论》2016年第2期。

得以有效实施的政治前提。值得警惕的是，行政型国家为保护已定型的政治秩序，公民面临政府的权力压制将无法获得保障性权利救济。以刑事辩护权为例，1979 年《刑事诉讼法》等刑事规范的出台标志着律师辩护制度的法律化、程序化，但在"严打"过程中，辩护制度并未完全得到贯彻，"一些严打案件的被告人没有律师为之辩护"[1]，依法"从重从快"的"严打"刑事政策极度挤压了律师辩护的空间，辩护秩序遭受冲击。[2]由此可见，专项治理以异化行政权来弥补政治绩效合法性生产不足时，行政型国家权力未能对公民权利保持高度敏感，而仅将其阻滞于规范文本之上。在保障逻辑和合法性生产方面，科层制治理会在尽可能的程度和范围内将政治问题转化为行政问题。[3]换言之，"严打"刑事政策针对打击对象的权力指向呈现出行政强制性，其实质上仍未彻底摆脱运动的权力工具属性。

(二) 偶发型治理的权力交互与司法失衡

"严打"究其本质是以政治秩序的合法性治理为逻辑起点，通过科层制动员的形式，化解社会的突出矛盾。有学者将专项治理依照发生频率划分为偶发型和常发型。偶发型治理是由外部不可抗拒的力量引发的突发事件，必须借助于专项治理的高效有序才能妥善地进行有效治理；常发型治理是由执政者主观意志采取的治理行为，其目的是解决社会上存在的疑难问题。[4]从治理缘由视角看，偶发型治理的开展源于社会外部压力，而常发型治理取决于执政者个人主观意志要素。可见，专项治理从常发型向偶发型转化，治理所依赖的政治结构要素尤为重要。政治体制改革将权力科层制逐步取代了卡理斯玛权威，受权力结构的限制，专项治理不再是常发型，"严打"具有偶发性特点。

---

〔1〕 马克昌：《特别辩护回顾——为林彪、江青反革命集团案主犯辩护反思》，载《上海政法学院学报》2006 年第 6 期。

〔2〕 参见孙长永主编：《中国刑事诉讼法制四十年：回顾、反思与展望》，中国政法大学出版社2021 年版，第 48-50 页。《刑事诉讼法》第 27 条规定了指定辩护、第 110 条规定了辩护人介入刑事诉讼的时间；《律师暂行条例》第 7 条规定了律师的调查取证权和保密义务；《关于律师参加诉讼的几项具体规定的联合通知》规定了阅卷权、会见通信权等权利。

〔3〕 丁轶：《权利保障中的"组织失败"与"路径依赖"——对于"运动式治理"的法律社会学考察》，载《法学评论》2016 年第 2 期。

〔4〕 冯志峰：《中国政府治理模式的发展：从运动中的民主到民主中的运动》，载《领导科学》2010 年第 5 期。

在行政型国家形态下，专项治理需要权力科层制的各层级权力之间形成"生产—再生产"的良性互动，以此为维系政治秩序合法性获得更多治理资源。专项治理在目标责任制结构下，科层制内部权力资源与外部社会资源得以优化、协调和互动，即上层赋予下层一定的激励性权力生产，下层依靠上层的权威进行权力再生产，完成专项治理的政治绩效。"严打"正是遵循了该逻辑，起到良好的社会效果，发案量和犯罪率呈下降趋势，社会治安取得明显好转。

但是，从法律效果视角审视专项治理会发现，因行政型国家权力的积极作用方式使得"严打"需要权力科层制为制度支撑，却在权利保护的结果上又偏离绩效合法性的初衷。"严打"刑事政策在"基本事实清楚，基本证据充分"原则引导下，为追求"依法从重从快"目标，行政权干预司法权致使错案易发。同时，"严打"过程中的执行机关为完成政治绩效，在实体与程序两个维度皆影响司法公正，与罪刑法定原则和正当程序价值关系紧张。如1983年颁布施行的《关于迅速审判严重危害社会治安的犯罪分子的程序的决定》，修改了1979年《刑事诉讼法》关于上诉、抗诉期限的规定。[1]由此可见，"严打"刑事政策在法律实效维度放弃了规范束缚，而是以刑事政策遮饰"重刑"手段背后的政治效果。如此，刑事政策不仅无法满足形式合法性，而且内容和刑事价值等实质合法性层面亦存在不合理。故而，专项治理反倒将政治秩序合法性推向更加艰难的境地，从而埋下权力科层制出现失灵的隐患。

三、1996～2003年："严打"刑事政策的发展

伴随经济体制改革的进一步深化，经济发展大踏步转型，新犯罪高峰期也随之而至。1983年"严打"后，社会治安形势快速恢复，国家权力的政治合法性得以维系。但自1988年起，犯罪发案率又呈高发态势，尤其在1995年，刑事案件数量高达169.04万起，比上年上升1.8%。[2]1996年，国家决定再

---

〔1〕《关于迅速审判严重危害社会治安的犯罪分子的程序的决定》规定："一、对杀人、强奸、抢劫、爆炸和其他严重危害公共安全应当判处死刑的犯罪分子，主要犯罪事实清楚，证据确凿，民愤极大的，应当迅速及时审判，可以不受刑事诉讼法第一百一十条规定的关于起诉书副本送达被告人期限及各项传票、通知书送达期限的限制。""二、前条所列犯罪分子的上诉期限和人民检察院的抗诉期限，由刑事诉讼法第一百三十一条规定的十日改为三日。"

〔2〕 公安部办公厅统计处：《1995年全国报警案件统计数据》，载《中国人民公安大学学报（社会科学版）》1996年第3期。

次开展"严打"运动并取得成效。在 2000 年前后，我国社会治安环境再一次恶化，给社会秩序与安定带来隐患。对此，2001 年党中央决定开展第三次"严打"运动。

首次"严打"刑事政策映现出权力主导的政治性权利保障特征，此归因于科层制匮乏的治理资源与刑事权利立法的缺憾。治理的绩效合法性在不同时期、不同阶段，会因科层制资源配置与社会发展逻辑的错位呈现起伏变化的状态。由于 1996 年与 2001 两次"严打"刑事政策出现常态化治理与专项治理相结合的趋势，故而，笔者依此形势差异将这两次专项治理视为"严打"刑事政策的新发展，而这一发展趋势源于"严打"刑事政策的根本性要素发生变化。相较于 1983 年"严打"中政治的强制性要素而言，政治民主化中权利的制度性治理价值在后两次"严打"中彰显得更为明显。在权力科层制的治理资源向专业化发展时，权利保障的法制诉求也在刑事政策领域得以开花结果。如此一来，在"严打"的新发展时期，权力科层制的专业化分工和刑事权利立法的普遍性使"严打"刑事政策具备制度化属性。

（一）专项治理的制度式治理依赖

从动员型治理形式的视角看，"严打"刑事政策（尤其在新发展时期）并未对体制外治理资源的依赖性逐渐弱化，而是在权力科层制与社会民众动员之间形成了珠联璧合的能动型治理形态。这种形态大体上属于一种"能动型国家"，一种介于行政型国家和立法型国家之间的国家形态——汉堡型法治的状态，这种状态具体表现为无所不能的"行政权"转化为服从立法和司法的"执法权"而展开。这意味着，能动型治理模式不同于行政型国家形态的"严打"运动。尽管我国的"能动型治理"继承了此前行政主导的权力生产机制，但在权利保障维度借立法权与司法权排斥行政权的干预，力求达成权利在程序与实体的制度化。

从民主化进程的手段看，制度式治理是内生型治理模式，专项治理是外控型治理模式，不存在纯粹的专项治理和制度式治理，制度化治理也需借助专项治理来予以完善。[1]一方面，科层制在目标责任制的任务结构下，需要依靠专业化官僚的制度化保障，即权力科层制内部通过职能专业化分工以缓

---

〔1〕 冯志峰：《政治民主化研究文献述评——基于中国运动式治理与政治民主化进程互动关系的观察》，载《厦门特区党校学报》2010 年第 4 期。

和社会治理压力。当"严打"刑事政策单纯依靠体制内资源时，科层制专业化的优势在于，下层权力可依照上层权力的宏观目标决策进行细化分工。当"严打"刑事政策需要依靠体制外资源时，科层制专业化显现出行政权或司法权优势，能以分工负责、权责明确的资源整合机制满足社会民众获得相对稳定的期待。另一方面，1996年《刑事诉讼法》等法律文件的出台表达了刑事立法权、司法权对行政权的规训与回应。最高人民法院于1998年公布的《关于执行〈中华人民共和国刑事诉讼法〉若干问题的解释》，最高人民检察院于1999年公布的《人民检察院刑事诉讼规则》和最高人民检察院会同最高人民法院、公安部发布的《关于严格执行刑事诉讼法关于对犯罪嫌疑人、被告人羁押期限的规定坚决纠正超期羁押问题的通知》等规范从辩护、逮捕和羁押等多方面强化了治理对象的即时性权利保障。这意味着，政治秩序合法性更加重视实质性权利保障。

（二）权力治理懈怠与权利虚化

专项治理的常态化趋势从侧面反映出权力科层制的惰性。从社会治理角度来说，专项治理往往不能激发社会的能动性，会导致"上面运动，下面不动"的局面，这与我国目前的社会管理体制相悖。[1]科层制各层级权力在"生产—再生产"良性互动中，上下科层权力存在博弈关系。当下层权力获取的治理激励不足以抵消超常政治绩效带来的责任压力时，其可能采取懈怠措施应付上层权力。另外，科层制职能的专业化加剧了权力惰性，为犯罪高发提供可乘之机。从犯罪学角度看，犯罪人存在投机心理。当"严打"风头正盛时，为躲避刑罚等不利因素，被迫暂时停止实施犯罪；当"严打"松懈或风头过后，犯罪再次盛行。因此，"严打"善治标，但治本效果堪忧。若要在本质上治理，则所涉的范围依据所要从事的工作均较治标性的更深入广泛，其工作推展也常需数种不同类属或不同层次的机构相互配合，并且要足够的经费从事长时间工作，才可收到根本性的成效。[2]

在我国目前的权力框架下，如果"法治"不能获得同等和同步的推进，则"严打"政策的推行必将导致国家刑罚权与法治的紧张关系。[3]从法治视

〔1〕 刘梦岳：《治理如何"运动"起来？——多重逻辑视角下的运动式治理与地方政府行为》，载《社会发展研究》2019年第1期。

〔2〕 侯宏林：《刑事政策的价值分析》，中国政法大学出版社2005年版，第292页。

〔3〕 曲新久：《刑事政策的权力分析》，中国政法大学出版社2002年版，第269页。

角审视"严打"刑事政策，其出于超常政治绩效的考量，回避了治理对象的权利诉求，刑事司法的权利保障并未成为政治合法性的实质内涵。尽管1996年《刑事诉讼法》的修正使刑事政策对实体与程序正义获得关注，但其实施效果却不尽如人意。以辩护制度为例，通过确立法律援助制度及允许律师自侦查阶段介入刑事诉讼等权利强化了犯罪嫌疑人、被告人的权利保障，但律师在阅卷权和调查取证权等律师履行职务时仍有障碍，超期羁押、刑讯逼供问题突出。[1]"严打"中明显超越当时现有法律界限的种种表现，就不可以只归因于法律资源匮乏，或刑事法律制度不健全这一点上来，更主要的是由于长期法律虚无主义的影响，政策与法律不分、以政策代法律的实际状况仍然存在。[2]

四、2003~2012年：刑事诉讼之局部性专项治理

随着经济体制改革的深入进行，社会不稳定因素增加，具有应急性与即时性特征的全国"严打"运动难以形成长效的局部防控秩序。自2004年，我国整体社会治安形势良好，但也存在部分地区、领域影响社会秩序的稳定，为强化社会控制力，专项治理的目光转向局部性专项治理。如2006年，全国公安机关共立"两抢一盗"案件364.6万余起，比上年下降1.6%，多年来大幅度上升的盗抢汽车犯罪案件首次出现下降。[3]专项治理已成为常规性权力治理手段，但其超常政治绩效的属性依然存在。社会完成转型后，制度化的科层制权力治理资源增加，可及时关注并治理社会局部不良现状，再以全国性动员模式开展局部性专项治理实属浪费资源。值得注意，权力治理资源的有限性并未根本改变，国家治理无法跳出专项治理的路径依赖。正如学者所言，在社会动员模式发生现实变化的情况下，专项治理恰恰弥补了政府社会动员能力的可能性，是当代中国治理困境下的一种有效的政策工具。[4]与此

---

〔1〕 参见《全国人大常委会执法检查组关于检查〈中华人民共和国刑事诉讼法〉实施情况的报告——2000年12月27日在第九届全国人民代表大会常务委员会第十九次会议上》，载http://www.npc.gov.cn/wxzl/gongbao/2001-03/09/content_ 5132037. htm，最后访问日期：2022年2月25日。

〔2〕 衣家奇、姚华：《从运动到法治："严打"刑事政策的理性趋势》，载《甘肃政法学院学报》2004年第4期。

〔3〕 参见宋岩：《深入开展打击"两抢一盗"犯罪专项斗争》，载http://www.gov.cn/ztzl/2006gagz/content_ 582547. htm，最后访问日期：2022年2月25日。

〔4〕 唐贤兴：《政策工具的选择与政府的社会动员能力——对"运动式治理"的一个解释》，载《学习与探索》2009年第3期。

前不同的是，专项治理形态实现了从整体性向局部性、偶发性向常态化的更迭。

（一）"宽严相济"刑事政策的现实发展

当专项治理形态发生转变，刑事政策在科层制政治结构中表现出极大的变通性，因"严打"运动带有较强的权力强制特征，刑事政策由"严打"转为"宽严相济"。2006 年 11 月召开的中央政法工作会议提出实行"宽严相济"的刑事政策，是对我国长期坚持"严打"政策的重大调整。[1]这意味着，"依法从重从快"的极端化政治权力趋向缓和，刑事司法理念摒弃了权力的支配属性，转向以普适的权利配置获取政治秩序的合法性。从法的实效性视野看，刑事政策之初衷实际存在法治效果与社会效果的统一，只不过因专项治理的特性，"严打"刑事政策在取得良好的社会效果时，法治效果尚有提升空间。"宽严相济"刑事政策既主张权利救济，又强调权力秩序，以此规避权力的极端化倾向，在设计与运作中更彰显着人权保障的主流价值，为局部性专项治理提供公民认同型刑事价值追求。

在权力科层制的政治结构之中，局部性专项治理要满足社会对绩效合法性的盼望，也必然追求法治效果与社会效果的同一。从政治民主化视角重新审视局部性专项治理，"司法共识性与公民认同性对其显得尤为重要"[2]，这便要求专项治理需要谋求社会多元价值观中关于权力治理的合法性价值。随着我国政治生态的不断改善，主导政治力量的政治主张逐步趋合于公众的社会理想，公众更为关注的是与其生存及生活状态直接相关的那一部分政治活动。[3]反映至刑事司法中，就是刑事司法所追求的价值形态，即专项治理的权力姿态事关社会公众对于刑事政策的可接受度。"严打"刑事政策之所以造成形式法治，其根源在于为达到社会效果而重构刑事法治。最高人民法院、最高人民检察院和公安部于 2009 年联合印发的《办理黑社会性质组织犯罪案件座谈会纪要》中明确要求"不能因为强调严厉打击而将不构成此类犯罪的共同犯罪案件'拔高'认定"，这一规定表明，刑事司法不能为了专项治理的社会效果牺牲法治效果。因此，"宽严相济"的刑事政策遵循自法治效果内化

---

〔1〕　参见孙长永主编：《中国刑事诉讼法制四十年：回顾、反思与展望》，中国政法大学出版社 2021 年版，第 48-50 页。

〔2〕　马荣春：《司法政策变迁中的刑事司法》，载《法治现代化研究》2017 年第 5 期。

〔3〕　顾培东：《公众判意的法理解析——对许霆案的延伸思考》，载《中国法学》2008 年第 4 期。

至社会效果的路径，以纠偏政治权力在社会效果认知的错误，呈现社会效果与法律效果兼顾的平衡局面。

因此，局部性专项治理的刑事政策必须被赋予形式权利与实质权利双重要求。当专项治理与权利思维在社会公众中产生交互作用，方能真正引导刑事政策从权力秩序贬损正当权利到权力秩序与正当权利的融合。

（二）局部性治理的自我优化特征与权利形式化

从犯罪防控的意义上讲，局部性专项治理是对全国性"严打"运动的反思和进步形态。社会控制理论认为，犯罪是社会控制不当造成的。社会控制力是多因素综合作用的产物，与经济发展当然有一定的线性关系，但更直接因素在于社会结构变迁的规律性。经济体制改革使社会结构处于流动和变化中，新旧社会结构的相互排斥对抗势必引起社会阶层和多元化利益格局的调整。当社会个体能力不足以支撑提升其社会地位时，便存在采取偏差行为的可能性。国家为维持社会秩序，必然会以社会治理来纠正个体行为的偏差。事实上，因政治权力在横向与纵向的分配差异，治理资源存在不平衡特征，造成不同领域、不同地区对社会控制的不同治理需求。而"严打"无力化解社会控制的长期矛盾。由此可见，局部性专项治理安定社会控制力弱的地区、领域，从微观上防微杜渐，以维持宏观上政治秩序合法性。

此外，"宽严相济"刑事政策之初衷便是纠偏法律效果与社会效果的错置，显然，专项治理未能将这一刑事政策严格贯彻落实。首先，2003～2007年间，全国检察机关5年纠正超期羁押33 398人。[1]2003年最高人民检察院印发《关于在检察工作中防止和纠正超期羁押的若干规定》后，2008～2012年仍依法纠正羁押人数1894人次[2]。尽管超期羁押人数下降，但从这一时期超期羁押人数来看，刑事司法并未走出"边清边超""压而不绝"的误区。其次，与既往任何时代相比，国家在新世纪遏制刑讯逼供、推动刑事司法程序正当化方面压力却前所未有增大。[3]在专项治理过程中，公安机关受"口供中心主义"、超常政治绩效的压力及讯问制度规范的缺失的影响，无视刑事

---

〔1〕 彭于艳、赵阳：《全国检察机关5年纠正超期羁押33398人》，载《法制日报》2007年11月17日，第1版。

〔2〕 参见《高检院：五年来各项检察工作取得新进展》，载 https：//www. spp. gov. cn/zdgz/201303/t20130310_56834. shtml，最后访问日期：2022年2月25日。

〔3〕 陈如超：《刑讯逼供的国家治理：1979—2013》，载《中国法学》2014年第5期。

诉讼程序，对讯问过程录音录像采取选择性执法，回应治理的政治秩序合法性。最后，刑事司法并未有效改善辩护环境。法治理论下的刑事政策主要包含形式意义上的刑事政策法治化和实质意义上的刑事政策法治化。[1]形式意义的法治化要求公民权利应由相应规范和法定程序予以保障，实质意义的法治化则需要将应然权利在司法实践中变为实然权利。2007 年，律师法欲通过增加律师辩护权内容的形式强化律师辩护意愿，化解制度环境为辩护人带来的人身风险，但在司法实践中，未达到预期效果。专项治理之下的"宽严相济"刑事政策无法从制度维度平衡"权力—权利"，过度从严而忽视从宽的意识占据主导，其结果依然是法律效果仍受制于社会（政治）效果。直至 2012 年《刑事诉讼法》修正，这一现状才真正得到改变。

五、2012~2019 年：刑事诉讼之权利法治发展

2012~2019 年间，两次刑事诉讼法修改和刑事司法改革为权利法治带来发展的重大机遇期。2012 年《刑事诉讼法》将辩护制度等与公民权利密切相关的事项作为重点改革领域，以尊重和保障人权为主线进行多方面修改，此举意味着保护个体权利成为刑事诉讼迈向法治化的重要任务。十八届四中全会通过的《中共中央关于全面推进依法治国若干重大问题的决定》中明确提出了制度建设，尤其是推进深化政治体制改革前进方向和全面推进依法治国的决议，为"以审判为中心"的诉讼制度改革提供了政治性支撑。2018 年《刑事诉讼法》修改除与监察制度对接外，新增"认罪认罚从宽处理制度"为刑事司法的人权发展添砖加瓦。如此一来，国家为社会个体的权利保障搭建了先决性制度架构，并根据可支配的刑事司法资源确定了权利保障路径。此时，政治秩序合法性由普适的权利配置变为权利法治的合法性产出，若以此为视角审视国家治理，在转变其合法性基础时更应注重权利法治保障的基础性作用。专项治理也应通过常规化的法律法规、制度规范、合法程序来提升国家治理能力，才能摆脱专项治理的路径依赖。正如学者所言，专项治理是我国法治资源缺乏、权力网络与制度建设不健全、国家权利保障不到位等众多因素形成的结果，国家治理能力的不断提升才能助推常规化的治理彻底替

---

[1]　何挺：《"严打"刑事政策研究》，中国政法大学 2008 年博士学位论文。

代专项治理。[1]

（一）专项治理彰显权利法治

权利法治的实效性在专项治理之中体现得最为明显。尽管权利法治发展进入快车道，但刑事司法的社会性压力并未因此减轻。从批捕人次看，2013年至 2019 年被批捕人次从近九十万人次增至一百零八万人次，[2]社会性犯罪对政治秩序稳定造成极大威胁。以 2018 年开始的"扫黑除恶"专项斗争为例，2018 年 1 月，中共中央、国务院发出《关于开展扫黑除恶专项斗争的通知》，"扫黑除恶"专项斗争正式启动。"扫黑除恶"专项行动截至 2019 年 9月，全国公安机关共打掉涉黑组织 2288 个，恶势力犯罪集团 8033 个，破获各类刑事案件 13 万余起，查获涉案资产价值 1474 亿元，社会治安大局持续稳定，人民群众安全感、满意度明显增强。[3]

"扫黑除恶"专项斗争在严厉打击黑恶势力的同时，将依法治理提升至新的高度。《关于开展扫黑除恶专项斗争的通知》明确强调政法各机关要进一步明确政策法律界限，统一执法思想，加强协调配合，既坚持严厉打击各类黑恶势力违法犯罪，又坚持严格依法办案，确保办案质量和办案效率的统一，确保政治效果、法律效果和社会效果的统一，要严格贯彻宽严相济的刑事政策。2019 年 4 月，最高人民法院、最高人民检察院、公安部、司法部《关于办理恶势力刑事案件若干问题的意见》中再次明确指出，坚持依法办案、坚持法定标准、坚持以审判为中心，加强法律监督，强化程序意识和证据意识，确保严格执法、公正司法，充分保障当事人、诉讼参与人的各项诉讼权利。由此可见，新时期的专项治理，无论从实践维度还是从刑事规范政策维度，均坚持权利法治理念与社会（政治）效果并重。尽管在此期间，专项斗争存在不足，但显示出权利法治已成为专项治理的应有之义。

（二）立法权主导下的权利合法性产出

自 2012 年《刑事诉讼法》正式吸纳尊重和保障人权原则后，2016 年，

---

〔1〕 魏程琳、赵晓峰：《常规治理、运动式治理与中国扶贫实践》，载《中国农业大学学报（社会科学版）》2018 年第 5 期。

〔2〕 参见孙长永主编：《中国刑事诉讼法制四十年：回顾、反思与展望》，中国政法大学出版社2021 年版，第 321 页。

〔3〕 参见《全国公安机关推动扫黑除恶专项斗争不断向纵深发展》，载 https://www.mps.gov.cn/n2254314/n6409334/c6830151/content.html，最后访问日期：2022 年 2 月 26 日。

"两高三部"联合发布的《关于推进以审判为中心的刑事诉讼制度改革的意见》第 17 条明确提出，要健全当事人、辩护人和其他诉讼参与人的诉讼权利保障制度。由此可见，专项治理若构筑长效机制必须坚持权利法治理念，严格贯彻"宽严相济"刑事政策，主动适应"以审判为中心"诉讼制度改革。当专项治理的法治程度逐步加深，权利法治的合法性产出变得极为重要。

此前，我国专项治理的形态属于行政权主导的"介于行政型与立法型之间的能动型国家形态"。从"权力—权利"博弈视角看，当前专项治理形态更似于立法权主导的"能动型国家"。传统治理模式的一个突出表现为公共权力资源配置的单极化和公共权力运用的单向性。[1]此时，通常存在着政策优先于法律的窘境，行政权压制立法权的现象被称为行政主导型立法。当前，从权利的法治化可以看出，立法逐渐以权利保障的规范化、制度化为依归，专项治理显现出政策服从于立法的特点。在立法发达时期，必然要充分发挥法律的规制功能，限制刑事政策的作用。[2]或言之，立法主导的能动型国家对于权利法治的合法性表现出积极的权力资源投入，法律效果和社会效果上由此皆可在最大限度内获得专项治理的公众认同。

从法治所调整的社会权利关系来看，群众参与专项治理实际是社会对其一种事前和事中的公众认同，专项治理是多元化社会利益之间冲突无法达成一致时，消解社会病态因素的强制手段。由此，专项治理是刑事司法的一种民主化公力救济。权利法治镶嵌至专项治理不仅能更好地协调"权力—权利"的紧张关系，也能协调个体之间的社会利益关系，这亦是专项治理与权利法治能够产生同频共振的基石。我们选择刑事侦查法治化模式时，既要从事实上强调法律对政策的规制和约束，也要从价值上使政策符合民众对"秩序、自由、正义"的需求。[3]"宽严相济"刑事政策通过"宽"和"严"的辩证把握，在治理中切实做到宽严并用，促使司法机关恰当地运用自由裁量权。只不过，在司法实践中，有些专项治理由于多要素制约最终偏离了法治构想。

综上，专项治理与权利法治牢固结合并相互促进是新时代刑事司法谋求的一种政治民主化形式。国家不仅能够认清公民的利益冲突焦点和利益诉求，

---

[1]　胡祥：《近年来治理理论研究综述》，载《毛泽东邓小平理论研究》2005 年第 3 期。

[2]　荣吉平：《"严打"的社会治理效果分析》，哈尔滨工业大学 2006 年硕士学位论文。

[3]　何挺：《"严打"刑事政策研究》，中国政法大学 2008 年博士学位论文。

完善政治决策活动和其他相关公务活动，也能够通过公民对利益表达途径的认同，乃至对国家的认同，实现社会控制的目的。[1]

(三) 权利法治化仍存在权力越位风险

即便将权利法治镶嵌至常态化的专项治理，其本质仍是事后打击的惩罚性措施，无法发挥如常规性权利保障的效用。权力具有扩张的天性，任何犯罪都存在拔高认定或处罚过度的风险。[2]专项治理具备权力之于犯罪的威慑力，但其治理的出发点便决定了权力威慑的滞后性和治理对象权利保障的恣意性。以 2018 年"扫黑除恶"专项斗争为例，"在司法实践中存在不依法办案、难保办案质量、难以充分保障当事人和其他诉讼参与人各项诉讼权利、对'恶势力'认定程序中被追诉人诉讼权利的保障不到位和黑恶势力涉案财物处置程序不规范等隐忧问题"[3]。由此可见，即使在权利法治建设相对完善的当下，传统权力科层制面对超常政治绩效压力时，治理对象权利受损依然无法避免。专项治理常态化必须坚持法治化，但权力滥觞与权利正当之间的政治关系在法治化进程中愈发模糊。

从权利法治视角看，依靠权力再生产机制实现超强绩效合法性过程中，尤其是在法治健全的背景下，同样容易打破法定程序的常规化状态和刑事司法的规律性机制，进而导致程序保障性权利的虚化，使刑事司法出现走向权力极端的风险。随着专项治理常态化，权力控制失灵和治理资源发展不平衡等弊端也会随之凸显，而这一现象根源于权力科层制结构和职权主义。社会治理以多元、互动、自主作为其价值取向，立足于信任以构建多元参与的互动治理网络，而社会的复杂多样及动态性特征，则使一切治理方式皆存在治理失效的可能性。[4]为此，权力科层制结构和职权主义必须在刑事程序制度内开展专项治理，打好权力法治的基石，塑造"权力—权利"平衡的治理格局，在权力秩序与权利保障的交互中探索权力"合法性"出路。

---

〔1〕 王晓滨、张旭：《创新立体化社会治安防控体系研究——以结构功能相关律为关照》，载《北方法学》2015 年第 2 期。

〔2〕 何荣功：《避免黑恶犯罪的过度拔高认定：问题、路径与方法》，载《法学》2019 年第 6 期。

〔3〕 徐岱、史家家：《论扫黑除恶的法治保障》，载《法治研究》2019 年第 5 期。

〔4〕 岳平：《我国犯罪预防理论有效性的检视与发展进程》，载《上海大学学报（社会科学版）》2014 年第 6 期。

六、刑事司法中专项治理的"程序理性回归"

专项治理从间歇性走向常态化反映出其与刑事司法的契合，同时刑事司法与专项治理的抵牾亦愈发突出。专项治理是国家权力面临治理资源约束和维持政治秩序合法性任务而实施的必然手段。在改革开放前后的间断性特征和改革开放后的完整连续统政党体制条件下，国家专项治理基本方向从专断性权力向建制性权力转变。[1]简言之，由行政权力强制性和刑事司法正当性等外在力量引发了专项治理的变迁，而各时期的专项治理为实现维系政治秩序合法性目的，均沿袭了以行政强制权配合刑事政策与法律适用整合权力资源与社会资源的治理路径。从治理情境的紧迫性与必要性维度看，专项治理以刑事司法为载体，在调度有限司法资源、疏导超常政治绩效压力与催化刑事司法改革等方面具有正面功效；从刑事程序正当维度看，专项治理中过于追求效率与绩效，权力泛化现象严重，造成刑事程序形式化、违背程序正义原则及权利保障不到位等负面影响。基于此，伴随程序法治的理性回归，立足于"结果导向与过程中心"对刑事司法中专项治理进行辩证分析。

（一）刑事司法中专项治理的相对合理性

在讨论专项治理是否具有有效性和合法性时，更应该考虑的是这一行为在当时的现实条件下是否合理和必要，这是发起专项行动的内在前提。[2]当"国家权力—社会秩序"的权力资源供需失衡，常规化治理无法将其恢复时，国家便试图以刑事司法为切入点开展专项治理，以期完成权力的整体性协调目标。在这一过程中，自内向外的国家统合社会逻辑及自上而下的政府集体行动逻辑共同组成了专项治理的生成逻辑。[3]一方面，因常规治理的天然缺陷在于科层制权力分散性加剧了治理资源的匮乏，资源供给不足将引发社会的不稳定，国家为实现社会控制的目的，开展专项治理克服治理资源缺乏的

---

〔1〕 杨志军：《三观政治与合法性基础：一项关于运动式治理的四维框架解释》，载《浙江社会科学》2016 年第 11 期。

〔2〕 方熠威：《变化与争鸣中的运动式治理——一个研究综述》，载《中共青岛市委党校（青岛行政学院学报）》2020 年第 3 期。

〔3〕 方熠威：《变化与争鸣中的运动式治理——一个研究综述》，载《中共青岛市委党校（青岛行政学院学报）》2020 年第 3 期。

不足。另一方面，当科层制内外环境发生改变并产生新的压力时，科层制为避免司法体制合法性生产不足等问题必须借助专项治理对其进行调适，以构建权力再生产机制。是以，专项治理以权力为先导，以刑事司法程序为载体，重整科层制组织内权力资源与多元社会性利益关系，消解社会承载的压力和风险，进而获取政治秩序合法性。因此，刑事司法中专项治理虽是以权力积极主动引导刑事司法进程，但总归是在回应司法权力资源不足、治理绩效需求及司法体制合法性生产不足的治理诉求，即其存在相对合理的"现实理性"。

1. 弥补司法权力资源配置的缺陷

司法权力资源配置有限与超常政治绩效目标之间的矛盾是专项治理产生的原动力。刑事司法中的专项治理已成为不同范围、不同层级的公安司法机关应对刑事司法领域紧迫问题的常态化机制。而司法权力资源受刑事诉讼规范化、刑事程序法治化等因素制约处于"稳定"状态，刑事司法制度蕴含的常规治理工具供给不足。另外，权力科层制内自上而下的层级性与部门专业性带来了层级分权与权力资源配置调度的不协调，权力科层制结构的惰性严重地影响政治绩效目标的达成。基于此，一旦社会机体出现问题时，刑事司法在一定时期内势必呈现高负荷状态。此时，司法权力资源的倾斜与短缺显然无法满足既维持稳定秩序还要治理社会病变的现实需求。权力者面临司法权力资源配置不足的困境，现有资源难以完成政治绩效，为此必然启动专项治理。专项治理动员是资源集中和形成合力的过程。[1]专项治理将超常政治绩效目标自上而下逐层分配传导政治压力，并赋予下级较大自主权，把横向部门分散性权力塑造为总体性支配权力进行权力再生产，以协调司法资源适用。由此可见，专项治理为重塑国家对社会秩序控制权威，调配各方资源弥补司法权力资源的欠缺，体现出权力再生产与再扩充的内在逻辑。

2. 形成刑事犯罪的集中治理效能

刑事司法中专项治理是国家权力为维系政治合法性，向威胁社会稳定的刑事犯罪开展有针对性的集中治理。合法性的最佳获得方式来源于持续的效能，这种效能是政府的实际绩效及其对公众与主要利益集团基本要求的满足

---

〔1〕 汪卫华：《群众动员与动员式治理——理解中国国家治理风格的新视角》，载《上海交通大学学报（哲学社会科学版）》2014 年第 5 期。

程度。〔1〕故而，刑事司法中专项治理获得政治合法性的关键在于治理效能，即超常政治绩效目标的完成度。超常政治绩效使治理压力骤增，享有较大自主权的各级科层制若要在短时间内完成预定绩效目标，依赖于变通治理形态的路径。专项治理是在特定的国家结构中为取得更优的绩效产出和更多的合法性支持而不断进行调适的对象。〔2〕在压力型政治体制下，国家权威持续介入，专项治理展现出难以忽视的临时短效性与高效性，这是其独有的优越性。〔3〕如在 1996 年 4 月 20 日至 7 月末的"严打"中，共破获刑事案件 109 万起，其中重大案件 39 万余起，抓获犯罪嫌疑人 74 万多名，其中逃犯 13 万多名，查获各类违法犯罪团伙 13 万多个，团伙成员 57 万余名。〔4〕同时，专项治理也在顺应犯罪新形势，推进犯罪治理绩效优化。如 2018 年全国检察院共起诉电信网络诈骗犯罪 43 929 人，同比上升 29.3%。〔5〕由此可见，刑事司法中专项治理是国家表达打击犯罪的政治潜意识，反映出对犯罪集中治理效能的特殊要求。

3. 政治权力动态重塑司法运行体制

刑事司法也是社会多元利益博弈互动的场域，一定程度上表现为"政—法"对话的过程。纵观我国的刑事司法实践，专项治理的政治逻辑及话语逻辑也悄然重塑了刑事司法的运行体制，成为推动刑事司法变革的驱动力之一。不可否认，刑事政策以法律规范形式贯彻落实，将合理的政治理念法治化，用法治方式贯彻政治意图，弥补了政治动员程序理性的不足。尤其，司法运行体制"受到政党科层体系一元化领导和一体化行政的影响，在组织行为上更注重整体性的价值追求，在组织运行上更注重整体目标的实现，因而必然更注重整体协调性"。〔6〕以刑事政策的动态政治权力重塑有助于治理行动开展

---

〔1〕 方熠威：《变化与争鸣中的运动式治理——一个研究综述》，载《中共青岛市委党校（青岛行政学院学报）》2020 年第 3 期。

〔2〕 方熠威：《变化与争鸣中的运动式治理——一个研究综述》，载《中共青岛市委党校（青岛行政学院学报）》2020 年第 3 期。

〔3〕 郑璞：《运动式治理向长治机制变迁的路径研究——基于国内文献分析》，载《现代商贸工业》2020 年第 34 期。

〔4〕 孙中国、李健和主编：《中国严打的理论与实践》，中国人民公安大学出版社 1998 年版，第 10 页。

〔5〕 参见《2018 年最高人民检察院工作报告》，载 https://www.spp.gov.cn/spp/gzbg/201903/t20190319_ 412293.shtml，最后访问日期：2022 年 2 月 26 日。

〔6〕 黄科：《组织僵化、调适行为与中国的运动式治理》，载《江海学刊》2019 年第 3 期。

的司法运行体制，司法运行的规训实效在刑事政策指引下产生了权力的共同指向性和政治强制特征，即专项治理中刑事程序制度存在非常规性，具体表现为刑事政策对于司法运行体制的政治性保障。如此一来，刑事政策的政治权力便无形中促成了刑事诉讼专门机关的专门化与专项治理的权力集中之间的逻辑自洽。

（二）刑事司法专项治理的程序匡正

在推进国家治理能力现代化的时代背景下，刑事司法中专项治理向程序法治转型是延续其生命力的最佳进路。有学者指出，在秩序优位的导向下，社会的秩序是外部力量"强加"的，不是自身积极主张的，缺乏深层根基，由此实现的秩序也必然不能长久维持；[1]专项治理采取的决策经验主义思维、带来的不确定性结果实际上导致了其自身所蕴含的权力扩张的逻辑与社会自治的逻辑呈现出一种本质上的二律背反，充分反映出权力规训的"间歇反复"与社会问题的"长效治理"之间的矛盾。可见，在刑事政策与社会情势中，保持治理的合法性是获取长效性的核心要旨。但专项治理动辄把问题"上升高度"，容易导致公共治理的随意性、形式化和政治化，法律不再被作为政府行为的最终规范。[2]尽管刑事司法强调诉讼主体"权力—权利"平等对抗，但随着专项治理不断发展，司法共同体的权力交织成为常态化，职权主义机制使权力失控存在极大可能。专项治理法治化必须常规化，常规化又必须法治化。刑事司法须对专项治理的程序运行进行控权，才能实现程序匡正运动的转型目标。当然，权利不可能直接控制权力，通过权利救济实现的权力控制必定是间接的，最终还是要借助于其他控权机制。[3]

1. 强化侦查权的规范运行

在刑事司法中侦查权在权力资源配置占有优势，同时侦查权是公诉权和审判权的前提，在一定程度上主导了刑事诉讼程序。于是，专项治理对其形成的权力依赖天然造就了治理者与治理对象的不平等，其结果是治理者对治理对象进行权力压制，刑讯逼供等违背程序法治的行为屡禁不止。由此可见，

〔1〕 单鑫：《多维视角下的中国运动式治理》，载《湖北行政学院学报》2008 年第 5 期。
〔2〕 王洛忠、刘金发：《从"运动型"治理到"可持续型"治理：中国公共治理模式嬗变的逻辑与路径》，载《未来与发展》2007 年第 5 期。
〔3〕 闫召华：《公安机关从宽处理机制研究——以认罪认罚案件为中心》，载《中国刑警学院学报》2021 年第 2 期。

侦查权滥用的根源在于缺乏体系化监督规范。尽管我国《刑事诉讼法》分别于 2012 年和 2018 年两次修正，在尊重和保障人权原则指导下加强了侦查的规范运行，但专项治理中直接涉及犯罪嫌疑人人身权利的强制性侦查措施监督规范几近于空白[1]。侦查监督是从属于诉讼监督的下位概念，立法上并没有确立其基本外延和内涵，立法上的缺位对侦查监督的理论体系和实践发展都造成了滞缓和无序的影响。[2]

基于此，以对权力相互制约与合理权利配置观念的遵从替代侦查权的绝对主导是强化侦查权规范运行的可行性思路。一方面，以立法权、司法权强化侦查权的规范运行。不仅要在立法上细化、统一侦查权运行各项规定，还应在强制性侦查措施中明确比例原则与司法审查原则，尤其是侵犯人身权利程度较高的强制措施，"需要赋予消极被动而独立中立的审判权对积极主动的侦查权进行审查、监督及控制的主体权能"[3]，以正当程序推进司法审查的实质化。另一方面，以律师的辩护权强化侦查权的规范化运行。以律师的讯问在场权为例，虽然同步录音录像制度增加了讯问的透明度，但"同步录音录像在实践中出现的不同步、不清晰，看不清、听不见，审后再录等现象"[4]影响了司法真实。故而，律师的讯问在场权能弥补现有规范对侦查权监督不足的缺陷。总之，在尊重权力运行基本规律的前提下，采取"权力—权利"二元控制策略规范侦查权的运行，为专项治理回归正常刑事诉讼程序奠定坚实基础。

2. 落实检察融贯式监督

刑事司法中专项治理在集中权力资源时淡化了刑事专门机关的专业性，故此，如何处理好治理绩效与权力法治的关系是检察监督面临的现实困境。

---

〔1〕　2012 年《刑事诉讼法》增加律师帮助权，同步录音录像制度确立，非法证据排除规则等。2012 年《公安机关办理刑事案件程序规定》第 127 条规定，对被拘留的犯罪嫌疑人审查后，应当追究刑事责任，但不需要逮捕的，依法直接向人民检察院移送审查起诉，或者依法办理取保候审或者监视居住手续后，向人民检察院移送审查起诉。可见，"刑拘直诉"条款未对犯罪嫌疑人权利救济与强制措施的适用等侦查权监督规则予以明确。此外，拘留这一人身强制措施实施来自侦查机关的自我审批，同样缺乏监督。

〔2〕　樊崇义、刘辰：《侦查权属性与侦查监督展望》，载《人民检察》2016 年第 12 期。

〔3〕　张能全：《审判中心视野下的我国侦诉审关系原则调整与制度构想》，载《广东行政学院学报》2020 年第 5 期。

〔4〕　樊崇义、刘辰：《侦查权属性与侦查监督展望》，载《人民检察》2016 年第 12 期。

从刑事诉讼结构的整体性审视专项治理，刑事司法以"线性"诉讼构造完成打击犯罪的政治绩效，反映出检察机关控诉权与法律监督权的程序运行行政化关系，这在程序正义与权利保障方面无疑加剧了专项治理中两造对等的失衡。此外，刑事诉讼规范的不健全在某种程度上弱化了专项治理中检察监督效用。如检察机关的立案监督权，公安机关为追求政治绩效违法立案，检察机关却只能要求公安机关说理并通知立案，仍不纠正时由上级协商，并未规定相关法律性后果。立案监督因缺乏强制约束力而流于形式，无法真正遏制专项治理中侦查权滥用。司法权力一旦无限制地扩张和滥用就必然使权力蜕变为一种危害社会和公众利益的力量，因此，必须对司法权力进行科学合理地配置并使不同权力之间能够相互制约、相互监督。[1]

基于检察机关对司法共同体的程序监督职能，以司法数字化发展为契机，切实落实检察机关在专项治理中融合数字监督与传统监督的融贯式监督制度，以纠偏专项治理的不合理诉讼构造。一方面，挖掘司法数据价值，建构针对于专项治理的数字检察监督机制。大数据将刑事诉讼程序各个阶段以电子数据形式保存，当形成海量司法数据时，通过数据相关性可以"再现"专项治理中刑事程序运行的具体状态，实现治理程序可视化监督；同时借助数据画像探索科学的专项治理超常政治绩效考评体系，以管理促监督。另一方面，以传统检察监督程序规制数字监督，警惕专项治理中权力监督的矫枉过正。专项治理中的数字监督协查机制使检察监督权变得空前强大，但应警惕数据混杂、算法黑箱等监督权泛化的潜在制度风险可能形成新的刑事权力中心，以致"正义"的监督权阻碍专项治理的实施。由于数据过度监控而约束办案积极性，压缩司法权运行空间，司法权只能在监督范围内僵化运行。[2]鉴于此，专项治理应在比例原则指导下将数字监督嵌入现有检察监督规范的框架内，形成以传统监督为主，数字监督协查的融贯式检察监督，助力专项治理的程序正义。

当国家治理资源不足以实现社会控制时，专项治理动员权力体系内资源和社会资源集中力量以化解社会内生性矛盾，成为维系政治秩序合法性的依

---

〔1〕 刘成高、蔡伟民：《刑事诉讼中法检权力配置关系研究》，载《西南民族大学学报（人文社科版）》2016年第6期。

〔2〕 王燃：《大数据司法监督机制研究》，载《湖南科技大学学报（社会科学版）》2021年第3期。

赖路径。在依法治国的背景下，刑事法治必然要求专项治理遵循依法治理原则。因此，对于常态化的专项治理应当健全法律制度，强化执法监督，既要警惕权力再次主导法治，亦要构建符合正当程序的专项治理机制，最终将专项治理吸纳为我国刑事司法制度的一部分。

第三章
CHAPTER 3

刑事司法中专项治理的个例观察

从组织学角度来看，常规机制与动员机制是两个互为替代的治理机制，有内在的紧张和不兼容性。专项治理的对应模式是常规治理。专项治理的突出特点是（暂时）中断、叫停官僚体制中各就其位、按部就班的常规运作过程，意在替代、突破或整治原有的常规机制，代以自上而下、政治动员的方式来调动资源、集中各方力量和注意力来完成某一特定任务。[1]专项治理的启动，往往是发现常规治理存在问题后，通过大张旗鼓、制造舆论声势、全面动员等方式将上层的意图和信号传递到下级，此后，通过考核、检查等方式予以推动。专项治理在我国历史上就曾出现过。[2]中华人民共和国成立后，专项治理方式在我国不同领域中均有一定的体现，[3]刑事司法亦不例外。但刑事司法中专项治理的展开方式，既有一般专项治理的共性，也有自身的特点。本章拟以涉黑涉恶犯罪的专项治理及未决羁押问题的专项治理为例，对刑事司法中专项治理的过程给予一个全景式展示。

一、刑事司法中专项治理的基本分型和运行模式

（一）基本分型

专项治理在刑事司法的各个领域均有体现，根据不同的标准，可以将其

---

〔1〕 参见周雪光：《中国国家治理的制度逻辑：一个组织学研究》，生活·读书·新知三联书店2017年版，第123-129页。

〔2〕 参见周雪光：《寻找中国国家治理的历史线索》，载《中国社会科学》2019年第1期。

〔3〕 有学者将1949年中华人民共和国成立以来的专项治理分为三个时期，即群众运动时期、严打运动时期和专项治理时期。参见杨志军：《运动式治理悖论：常态治理的非常规化——基于网络"扫黄打非"运动分析》，载《公共行政评论》2015年第2期。

划分为不同的类型。

1. 犯罪领域的专项治理和人权保障领域的专项治理

根据专项治理所针对的问题类型，可以分为犯罪领域的专项治理和人权保障领域的专项治理。

（1）犯罪领域的专项治理。犯罪领域的专项治理较为常见，例如，改革开放以后，随着国家对经济社会生活领域管控的放松，加上其他一系列因素的影响，社会治安形势不好，恶性犯罪时有发生。1979 年后，由于新的新闻政策允许对主要犯罪案情进行报道，加之对执行新刑法所作的广泛宣传，人们感觉到的犯罪危险或许比真正的犯罪率还高。[1]恶性犯罪与新闻报道相结合，进一步加剧了社会各界对社会治安形势的担心。社会治安的恶化就曾引起中央的重视，彭真和邓小平对此均有一系列指示。1983 年 8 月 25 日，中共中央发布《关于严厉打击刑事犯罪活动的决定》，要求三年内组织三个战役，严惩犯罪分子，拉开了第一次全国范围内"严打"的序幕。1983 年 9 月 2 日，第六届全国人大常委会第二次会议通过了《关于严惩严重危害社会治安的犯罪分子的决定》和《关于迅速审判严重危害社会治安的犯罪分子的程序的决定》等四项法律，全国政法机关根据上述决定，开展了"三年为期，三个战役"的"严打"运动，主要打击强奸、盗窃、流氓等犯罪团伙。[2]此后，又分别在 1996 年和 2001 年进行了全国范围内的"严打"活动。

大约从 2001 年之后，大规模的"严打"逐步退出了执政舞台，代之以各种各样的专项整治运动。媒体似乎已习惯报道各地警方进行的"百日整治黄赌毒"、3 个月打击"两抢"、一年打击拐卖妇女儿童等行动。[3]一直以来，对某一类型犯罪的"严打"不时见诸报端。例如，1999 年，全国公安机关普遍开展了打击盗抢机动车犯罪、"收枪治暴""追逃"等专项斗争。又如，2011 年 4 月 25 日，应公安部"先打先试"要求，重庆警方决定在全市范围内启动打击食品药品安全犯罪专项行动。[4]近年来，在某一领域的犯罪引发社会关

〔1〕　参见［美］R. 麦克法夸尔、费正清编：《剑桥中华人民共和国史：中国革命内部的革命（1966—1982）》，中国社会科学出版社 1998 年版，第 765—768 页。

〔2〕　参见何立波：《1983：党中央决策"严打"始末》，载《检察风云》2008 年第 17 期。

〔3〕　参见黄秀丽、马小莉：《第四次"严打"：能像过去一样打吗?》，载《南方周末》2010 年 7 月 1 日，第 B09 版。

〔4〕　参见文峰：《"像打黑除恶一样严打食品药品安全犯罪"》，载《重庆日报》2011 年 4 月 27 日，第 A05 版。

注后，公安机关往往会单独或者联合其他机关对某一类或者几类犯罪开展严打专项斗争。例如，徐州"铁链女"事件引发关注后，公安部决定，自 2022 年 3 月 1 日起至 12 月 31 日开展打击拐卖妇女儿童犯罪专项行动。对于这一专项行动，检察机关也积极予以配合。

（2）人权保障领域的专项治理。人权保障是刑事诉讼追求的重要价值之一，2012 年《刑事诉讼法》更是明确将宪法确立的"尊重和保障人权"的原则写入法律条文之中。[1]刑事诉讼中的人权保障问题与一系列具体的制度设计有关，例如，审前羁押、辩护制度，等等。

根据《刑事诉讼法》的相关规定，刑事拘留后报捕的案件才能延长刑事拘留期限，但实践中一些地方的公安机关在刑事拘留后未将案件进行报捕。这一做法存在两方面的问题，一方面是有放纵犯罪之嫌，另一方面是对刑事拘留措施的滥用。对刑事拘留的滥用，侵犯了犯罪嫌疑人的人身自由权。为此，一些地方对刑事拘留未报捕案件进行专项检查，例如，江苏省连云港市人民检察院案对刑事拘留后未报捕案件进行的专项监督，[2]内蒙古自治区人民检察院对刑事拘留未报捕案件进行的专项检查活动，[3]江西省景德镇市人

---

[1] 全国人大立法人士认为，"尊重和保障人权"是我国宪法确立的重要原则。现行《刑事诉讼法》在程序设置和具体规定中都贯彻了这一原则，在这次修改《刑事诉讼法》中也全面贯彻落实了这一原则。考虑到刑事诉讼制度关系到公民人身自由等基本权利，将"尊重和保障人权"的原则明确写入刑事诉讼法，更有利于充分体现我国司法制度的社会主义性质，有利于进一步体现我国对尊重和保障人权的重视，也有利于在刑事诉讼程序中更好地贯彻落实这一宪法原则。参见全国人大常委会法制工作委员会刑法室编：《关于修改中华人民共和国刑事诉讼法的决定：条文说明、立法理由及相关规定》，北京大学出版社 2012 年版，第 2 页。

[2] 江苏省连云港市检察机关通过对 2009 年 1 月至 2010 年 6 月公安机关决定刑事拘留的 7554 人进行全面梳理检查，发现有 3686 人未进入报捕程序，占 48.8%；其中，502 人系公安机关刑事拘留后直接予以释放，3184 人系公安机关刑事拘留后变更为其他强制措施。检查发现包括刑事拘留被扩大适用、不符合刑事拘留条件而刑事拘留、刑事拘留后变更强制措施不当或者变更后未依法处理、延长刑事拘留期限不符合法律规定等多个问题。参见李翔、何素红、刘培志：《公安机关刑拘后未报捕案件之实证研究——以连云港市检察机关开展刑拘后未报捕案件专项监督活动为分析蓝本》，载《中国检察官》2012 年第 13 期。

[3] 2015 年，内蒙古自治区人民检察院开展对公安机关刑事拘留未报捕案件专项检查活动，共发现刑事拘留后未报捕案件存在问题 13 158 个，发现提请批准逮捕案件存在问题 7180 个；对于刑事拘留后未报捕案件，检查办案质量、规范执法方面的 96 个子项目，检查内容细化到每一份法律文书、每一次询问讯问，覆盖侦查活动各个环节。针对发现的问题，内蒙古自治区检察院要求相关检察机关再次调卷审查，提出监督意见，还就评查中发现的公安机关法制部门职能弱化、应当报捕而不报捕、任意撤案等问题，向自治区公安厅发出检察建议。参见其格、刘向华、王宏：《内蒙古：对刑拘未报捕案件进行专项检查》，载《检察日报》2015 年 12 月 25 日，第 2 版。

民检察院对刑事拘留未报捕案件进行的专项调研活动，[1]等等。

2. 全国性的专项治理与区域性的专项治理

根据专项治理实施区域的大小，可以分为全国性的专项治理和区域性的专项治理。

（1）全国性的专项治理。顾名思义，全国性的专项治理，是指在全国范围内进行的专项治理。前面提到的1983年、1996年和2001年的"严打"，就是全国性的专项治理。

2019年12月20日，在最高人民检察院、公安部联合召开的"从严惩处涉未成年人犯罪，加强未成年人司法保护"新闻发布会上，公安部刑事侦查局副局长龚志勇透露称，2020年，公安部刑事侦查局将会同有关部门在全国范围内部署开展为期半年的打击治理性侵违法犯罪专项行动，严厉打击、系统治理、整体防范性侵违法犯罪活动，切实保护人民群众特别是未成年人的合法权益。[2]2022年8月12日，全国打击性侵犯罪专项行动推进会召开，会议强调，要牢固树立以人民为中心的发展思想，按照全国公安机关夏季治安打击整治"百日行动"的部署要求，进一步增强工作责任感、紧迫感，以打开路、惩防并举、综合施策，深入推进打击性侵犯罪专项行动，切实维护妇女儿童合法权益，以实际行动迎接党的二十大胜利召开。[3]这是近年来针对媒体较为关注的性侵犯罪特别是性侵未成年人犯罪所进行的全国性的专项治理。

全国性的专项治理，规模上也有大有小。最大规模的专项治理往往由中共中央发布文件，中等规模的往往是最高人民法院、最高人民检察院和公安部联合发布相应的文件，规模较小的往往是公安部或者最高人民检察院单独发布相应的文件。无论规模大小，往往都是由中央机关发布文件，召开动员

---

[1] 2017年7月，江西省景德镇市人民检察院协同公安机关在该市范围内开展对刑事拘留后未报捕案件的专项调研活动，重点审查刑事拘留后未报捕又未移送起诉的案件。检查调阅卷宗100余册，通过逐一排查，拟监督立案2件3人，监督撤案2件2人，发出纠正违法通知书3份、检察建议8份，督促移送起诉18件，发出口头建议36件次。参见刘鸿斌、朱璀琳、熊文君：《强化刑事拘留专门化检察监督——以江西省景德镇地区专项调研数据为分析样本》，载《人民检察》2017年第22期。

[2] 参见单鸽：《公安部：将部署开展打击治理性侵违法犯罪专项行动》，载 https://www.spp.gov.cn/spp/zdgz/201912/t20191220_450809.shtml，最后访问日期：2022年11月14日。

[3] 参见《公安部部署推进打击性侵犯罪专项行动》，载 https://www.mps.gov.cn/n2255079/n8310277/n8568134/n8568141/c8657340/content.html，最后访问日期：2022年11月14日。

大会，通过公安系统、检察系统和法院系统层层传递文件精神和上层要求，然后通过督导检查、考核指标等予以推动。

（2）区域性的专项治理。由于种种因素的影响，中央制定的政策可能在某些地方无法得到完全的实施，或者由于某些原因，某些地区的特定犯罪问题可能较为严重。在这种情况下，中央或者地方往往会通过各种方式予以纠偏。一般情况下，中央政府治理地方性或局部性偏差的一个重要手段是专项治理机制，即通过政治动员的方式和渠道来贯彻落实自上而下的政策意图。[1]这样的专项治理，往往局限于特定的区域。

区域性的专项治理，范围大小不确定，有的是在某一个省市内进行，例如，2022年3月6日起至2023年2月底，重庆市高级人民法院、重庆市人民检察院、重庆市公安局、重庆市司法局在全市范围内统一部署开展严厉惩治性侵害未成年人犯罪专项行动。[2]有些可能涉及多个地区，例如，国家安全部于2014年10月发起为期半年的专项活动"百城禁毒会战"，该行动以108个城市为重点，围绕打击制毒犯罪、开展堵源截流、查控吸毒人员、打击集散分销、整治外流贩毒、打击网络涉毒活动六个方向，针对毒品消费和供给链条，同时在全国范围展开拉网式排查、清理和处置的活动。[3]又如，2016年，山东大学生徐玉玉被电信诈骗骗取9000元学费而自杀，引发全社会震动。公安部牵头的电诈治理部际会议采取挂牌督办的方式，对电信诈骗犯罪传播较为突出的重点地区进行集中治理。[4]此外，全国性与区域性的专项治理也可能同时进行，但又对某地特别重视。例如，广东省茂名市电白区从事电信诈骗的人数较多，引发公安部和国务院关注，2019年上半年，电白区对电信诈骗进行突击整治。[5]与全国性的专项治理一样，区域性的专项治理，

---

〔1〕 参见周雪光：《权威体制与有效治理：当代中国国家治理的制度逻辑》，载《开放时代》2011年第10期。

〔2〕 参见《重庆政法机关联合开展严惩性侵害未成年人犯罪专项行动》，载https://baijiahao.baidu.com/s？id=1726548618949760782&wfr=spider&for=pc，最后访问日期：2022年11月14日。

〔3〕 参见揭萍、王利荣：《毒品治理模式：运动式应服务于制度化——基于"全国百城禁毒会战"实效评估》，载《中国人民公安大学学报（社会科学版）》2016年第3期。

〔4〕 参见安永军：《常规治理与运动式治理的纵向协同机制》，载《北京社会科学》2022年第2期。

〔5〕 参见陈那波等：《城市化进程中的县域治理个案：基于电白的调研》，东方出版中心2021年版，第160-171页。

也是通过制定文件，召开动员会议，进行检查、考核等方式予以推进。

（二）运行模式

刑事司法中专项治理的运行有基本的模式，一般是特定领域的问题引发国家和社会的关注后，中央（或者上级）国家机关制定实施方案，随后通过会议、媒体宣传等方式进行动员，在实施相应的措施后，进行各种类型的检查和考核，最终进行相应的总结和评估。[1]由于各种因素的影响，在不同时期、不同地点，刑事司法中专项治理的运行模式可能会有所不同，但在动员和检查等最能体现专项治理特点的环节基本是一致的。

首先，问题的产生。当刑事司法某一领域的问题产生后，可能会引发关注，进而导致专项治理的启动。正如有学者所言，首先是某个社会领域问题的持续累积，然后经由焦点事件的诱发，引起民意的关注和政府部门的重视，该事件成为公众关注的议题，最后在政府部门和民意的合流之下，成立专项小组、制定实施方案，重大行动出台，专项治理的"机会之窗"应声开启。[2]就刑事司法领域而言，一般是特殊个案引发社会关注，进而引发人们对刑事司法领域特定问题的关注和反思，最终引发针对特定问题的专项治理。

例如，在杜培武案被发现系错案且杜培武在媒体采访时表示其被刑讯后，云南省人大常委会颁布了《关于重申严禁刑讯逼供和严格执行办案时限等规定的决定》，中共云南省委政法委出台了《关于提高执法水平，确保办案质量的意见》，云南省人民检察院和公安厅向新闻媒体作出了"严禁刑讯逼供"的承诺。[3]不仅如此，针对该案，最高人民检察院于2001年1月发布《关于严禁将刑讯逼供获取的犯罪嫌疑人供述作为定案依据的通知》，要求各级人民检察院一定要认真吸取教训，采取有力措施，坚决杜绝刑讯逼供现象的发生，彻底排除刑讯取得的证据，确保办案质量，保护当事人的合法权益，维护司法公正。

其次，制订实施方案并进行相应的动员。在确定对某一刑事司法领域进行专项治理后，相关部门往往会制订相应的实施方案并进行相应的动员。制

---

〔1〕　有学者认为，专项治理的公共政策过程就呈现为"事件出现——上级重视——成立专项治理领导小组——召开动员大会——制定实施方案——实施治理——检查反馈——总结评估"这样一套流程。参见郎友兴：《中国应告别"运动式治理"》，载《同舟共进》2008年第1期。

〔2〕　参见曹龙虎：《国家治理中的"路径依赖"与"范式转换"：运动式治理再认识》，载《学海》2014年第3期。

〔3〕　参见陈昌云：《路漫漫其修远兮——杜培武出狱以后》，载《工人日报》2000年12月8日，第2版。

订实施方案的目的是确保专项治理的有序推进，通过会议、媒体报道等方式进行的动员能够确保专项治理的消息迅速传达至相关人员，包括相关部门的领导和具体工作的实施人员。

例如，前述广东省茂名市电白区对电信诈骗的突击整治，具体分为权威生产、高位协调、周期打断和任务分包等步骤。其中，权威生产又包括以下环节，外部借力，即电白区的领导干部将来自上级政府的政治任务和支持转化为治理所承载的权威，从而提升治理工作的合法性；会议动员，2019 年 1月，电白区举办了声势浩大的打击电信诈骗犯罪誓师大会，并组织开展直升飞机、防爆车等武装巡逻，此次大会有包括市公安局和区委区政府领导、当地师生、民警、镇村干部在内的 1600 余人参加。此外，还有若干次规模小一些的会议；常规宣传，即综合运用各种媒体向社会传达地方政府打击电信诈骗犯罪的决心，展示正在进行的治理行动，介绍电信诈骗的危害等；个体承诺，一是参加民间反诈同盟会，另一种方式是签署村规民约。高位协调包括政法机关之间的协调和成立联席会议领导小组。周期打断包括案件侦办的活动周期打断和以节庆为基础的活动周期打断。任务分包包括行政分包和综合考评。[1] 再如，前述公安部召开的全国打击性侵犯罪专项行动推进会。

再次，实施相应的措施。在制订了实施方案并进行动员后，刑事司法中的专项治理进入具体的实施阶段。在这一阶段，不同机关会实施不同的行为，但均会围绕专项治理的具体内容进行，遇到有分歧的问题可能还会召开相关协调会议。例如，在针对黑恶犯罪的专项治理过程中，遇到某一个案如何处理不同机关之间有分歧时，可能会由政法委主持召开协调会议。[2] 协调会一般由政法委的副职主持，公安机关、检察院和法院负责案件办理工作的副职以及公检法三部门的案件承办人参加。[3] 此外，针对某一领域的专项治理，往往会出台文件、会议纪要，或者在具体的措施上有所创新，具体措施因时、因地而异，不同的机关也会采取不同的措施。

---

〔1〕 参见陈那波等：《城市化进程中的县域治理个案：基于电白的调研》，东方出版中心 2021 年版，第 161-171 页。

〔2〕 有学者将人民司法的新传统归纳为五个方面，其中服从党的领导是人民司法的组织保障，服从党的领导在很长一段时间主要表现为政法委协调案件。参见何永军：《断裂与延续：人民法院建设（1978—2005）》，中国社会科学出版社 2008 年版，第 82-103 页。

〔3〕 参见王彪：《刑事诉讼的中国问题与地方经验》，北京大学出版社 2022 年版，第 290 页。

复次，检查或者考核。在针对刑事司法某一领域的专项治理开始后，往往会制定一些考核指标，在专项治理实施一段时间后，有关部门会进行相应检查。检查是推进和督促工作的一种手段，不检查，有的事情就落不到实处。[1]由于专项治理强调在短期内集中资源重点处理某一领域的问题，且有些问题的处理往往会触及既往的一些习惯性做法，在实施初期可能会面临一些阻力，基层公安司法机关的动力可能不足。为有效推行某一领域的专项治理，需要制定考核指标，借助压力型体制，将政策精神及时有效地向下传达，确保该领域的专项治理能够达到预期的效果。

最后，总结和评估。刑事司法领域的专项治理往往会针对某一问题在短时间内聚集大量的司法资源，这一非常规做法会导致其他领域的问题无法得到及时有效的处理。因此，在进行一定时间并取得一定效果后，针对某一领域的专项治理往往会结束。此后，刑事司法领域有可能出现新的问题，需要针对新的领域进行新一轮的专项治理。为宣传治理的效果，奖励在专项治理中积极作为的单位和个人，在结束针对某一刑事司法领域的专项治理之前，一般会对该次专项治理的情况进行总结和评估。中央公安司法机关可能会进行全国性的总结和评估，地方公安司法机关也可能会进行区域性的总结和评估。在总结和评估后，针对某一刑事司法领域的专项治理会暂时告一段落。

二、犯罪领域的专项治理：以涉黑涉恶犯罪治理为例

1997 年 3 月，为了适应打击犯罪的需要，《刑法》修订时新增了第 294 条第 1 款，[2]这里首次出现了"黑社会性质组织"的概念，它突出强调了黑社会性质组织的暴力性和犯罪活动的有组织性。不过当时对涉黑犯罪的认定标准相当模糊，其中如"称霸一方，为非作恶，欺压、残害群众，严重破坏经济、社会生活秩序"的表述在现实中难以准确认定。[3]黑社会性质组织犯罪的复杂性和认定标准的模糊性，导致黑社会性质组织犯罪在一定时间内的猖

---

〔1〕 参见吴毅：《小镇喧嚣：一个乡镇政治运作的演绎与阐释》，生活·读书·新知三联书店、生活书店出版有限公司 2018 年版，第 485 页。

〔2〕 组织、领导和积极参加以暴力、威胁或者其他手段，有组织地进行违法犯罪活动，称霸一方，为非作恶，欺压、残害群众，严重破坏经济、社会生活秩序的黑社会性质的组织的，处三年以上十年以下有期徒刑；其他参加的，处三年以下有期徒刑、拘役、管制或者剥夺政治权利。

〔3〕 参见卢建平：《中国有组织犯罪相关概念特征的重新审视》，载《国家检察官学院学报》2009 年第 6 期。

獗且难以进行有效的打击，最终引发对"涉黑涉恶"犯罪的专项治理。

（一）"打黑除恶"

20世纪80年代，随着改革开放所带来的社会管控的放松和经济社会的发展，我国黑社会性质组织犯罪开始萌芽。此后，黑社会性质组织犯罪逐渐增多。在此背景下，1997年《刑法》修订时确立了专门的惩治黑社会性质组织犯罪的罪名。在黑社会性质组织犯罪出现的初期，我国还没有专门的"打黑除恶"斗争，只是在"严打"运动中包括了打击黑社会性质组织犯罪这一组成部分。[1]在1983年开始的全国第一次"严打"的第三年，即1986年3月，公安部明确把黑社会性质犯罪团伙列为三个打击重点之一，此为中华人民共和国最早的"打黑"行动。在1996年开展的第二次全国性"严打"中，流氓恶势力犯罪、黑社会性质犯罪作为"六害"犯罪之一，被列为重点打击对象。[2]这一时期对黑恶犯罪的专项治理，依附于"严打"活动。

2000年12月，全国"打黑除恶"专项斗争会议决定，从2000年12月至2001年10月，在全国公安机关开展一场"打黑除恶"专项斗争，这是我国第一次开展"打黑除恶"专项斗争。2001年4月，中央召开社会治安工作会议，将"打黑除恶"专项斗争时间延长到2003年4月，并且将其并入为期两年的"严打"整治斗争的组成部分。[3]2006年2月，中央政法委在全国部署开展"打黑除恶"专项斗争，在中央成立了"打黑除恶"专项斗争协调小组，并设立全国"打黑除恶"专项斗争协调小组办公室。之后，每年召开一次全国性的"打黑除恶"专题会议，"打黑除恶"专项斗争成为政法部门一项重要的常态工作。[4]这一时期对黑恶犯罪的专项治理，采取的是专门的"打黑除恶"专项斗争。

"打黑除恶"专项斗争是刑事司法领域专项治理的典型样态之一，"打黑除恶"专项斗争的运行模式遵循专项治理的一般模式。专项"打黑"一般表现为用行政命令主导、通过阶段性集中优势人力物力，对黑恶势力进行打击，

---

〔1〕 参见黄华生：《扫黑除恶斗争的回顾、发展与前瞻》，载赵秉志主编：《刑法论丛（总第57卷）》，法律出版社2019年版，第329页。

〔2〕 参见康树华：《黑恶势力：连年打击的重点》，载《辽宁警专学报》2008年第6期。

〔3〕 参见任文岱：《中国扫黑除恶历史回顾》，载《法治与社会》2018年第4期。

〔4〕 参见黄华生：《扫黑除恶斗争的回顾、发展与前瞻》，载赵秉志主编：《刑法论丛（总第57卷）》，法律出版社2019年版，第330页。

其通常作为解决社会治安问题、维护社会稳定的政治任务。专项"打黑"往往通过设置指标、分配任务、评比战果等方式推动工作。[1]"打黑除恶"专项斗争的运行，也遵循专项治理的基本模式。

首先，问题的产生。20世纪90年代以后，黑社会性质组织犯罪逐渐增多。据当时公安部刑事侦查局相关负责人介绍，由于复杂的社会因素的影响，各种黑恶势力在我国还有滋生发展的土壤和条件。当时我国的黑恶势力犯罪，与过去相比，发展蔓延加快，活动更加猖獗。在一些城市和乡村，恶势力称霸一方，作恶多端，欺压群众，严重危害地方社会治安。有的地方恶势力不断发展壮大，逐渐演变成为更具破坏性和危害性的黑社会性质组织，已成为影响我国社会治安的一个突出问题，是影响人民群众安居乐业的一大祸患。[2]黑恶犯罪的猖獗，引发民众不满，也引发了国家和社会的关注。

严峻的治安形势直接影响了人民群众对执政党与政府权威的认同，损害了政治秩序的合法性基础。[3]黑恶犯罪的频发，引发了人民群众的恐惧和恐慌心理，对社会秩序稳定和经济社会发展影响巨大。为应对黑恶犯罪，维护社会秩序，"打黑除恶"专项行动应运而生。

其次，制定实施方案或者法律文件并进行相应的动员。为确保"打黑除恶"的规范运行，中央立法和司法机关制定了一系列的法律文件和司法解释。2000年12月5日，最高人民法院发布《关于审理黑社会性质组织犯罪的案件具体应用法律若干问题的解释》，对何谓"黑社会性质的组织"等问题予以明确，规定黑社会性质组织一般应具备组织特征、经济特征、保护伞特征和行为特征（或称危害性特征）四个特征，这成为后来历次对此罪名释法的基础。涉黑涉恶犯罪往往具有隐蔽性、难证性等特征，黑社会性质组织四个特征的要求，加剧了检察机关的证明困难。为明确这一问题，最高人民检察院于2001年11月向全国人大常委会递交报告，认为最高人民法院的上述解释是在《刑法》第294条规定之外对认定黑社会性质的组织又附加了条件，致使一批"严打"整治斗争中正在办理的黑社会性质组织犯罪案件，不能依法追究，导

致打击不力。最高人民检察院认为，司法解释规定的四个特征在特殊情况下不一定要求同时具备。最高人民检察院向全国人大常委会提出了对刑法中的"黑社会性质组织"的含义作立法解释的要求。2002 年 4 月，全国人大常委会通过的《关于〈中华人民共和国刑法〉第二百九十四条第一款的解释》（以下简称《立法解释》），明确黑社会性质组织一般应具备组织特征、经济特征、行为特征和危害性特征，将"保护伞"从必备要件变成了选择性要件。2009 年 12 月，最高人民法院、最高人民检察院和公安部联合下发《办理黑社会性质组织犯罪案件座谈会纪要》，再次强调黑社会性质组织必须同时具备《立法解释》中规定的组织特征、经济特征、行为特征、危害性特征，要求在具体认定时，认真审查、分析黑社会性质组织四个特征相互间的内在联系，准确评价涉黑犯罪组织所造成的社会危害，确保不枉不纵。2011 年，《刑法修正案（八）》第 43 条对《刑法》第 294 条作了较大修改，即吸收《立法解释》的规定，明确规定黑社会性质组织应同时具备组织特征、经济特征、行为特征和危害性特征。2015 年 10 月，最高人民法院印发《全国部分法院审理黑社会性质组织犯罪案件工作座谈会纪要》，进一步明确组织特征、经济特征、行为特征和非法控制特征（危害性特征）认定时需要注意的具体问题。

为推动"打黑除恶"专项斗争，从中央到地方还多次召开各种类型的动员会议。在中央和省一级，2009 年 7 月 7 日，中央政法委召开了全国深入推进"打黑除恶"专项斗争电视电话会议，对深入开展"打黑除恶"专项斗争进行了再动员、再部署。随后，贵州省委政法委召开了全省深入推进"打黑除恶"专项斗争电视电话会议，总结了贵州省 2008 年以来"打黑除恶"专项斗争开展情况，并对进一步推进"打黑除恶"专项斗争进行了安排部署。[1] 2009 年 2 月 17 日，四川省委、省政府召开全省深化"打黑除恶"专项斗争电视电话会议，要求把全省"打黑除恶"专项斗争推向深入。[2] 省一级一般是在中央召开会议后，立即召开辖区内的动员会议。

在地市级和区县级，也会召开相应的动员会议。2008 年，为进一步贯彻落实中央和省委政法委有关会议精神，确保北京奥运会的安全顺利举办，确

---

〔1〕 参见邱洁：《全国全省深入推进打黑除恶专项斗争电视电话会议召开》，载《德阳日报》2009 年 7 月 8 日，第 1 版。

〔2〕 参见王自然、叶辉：《四川再掀打黑除恶高潮》，载《人民公安报》2009 年 2 月 19 日，第 1 版。

保重大自然灾害后的社会稳定，多地召开了"打黑除恶"专项斗争再动员大会。类似的会议很多，不再赘述。

再次，实施相应的措施。为推动"打黑除恶"专项斗争，各地出台了一系列举措。最普遍的做法是加强政法各部门之间的配合协作。在"打黑除恶"专项斗争中，各有关部门在中央政法委的统一领导指挥下，加强协作配合，形成"打黑除恶"合力。[1]公安部和最高人民检察院还会对一些案件进行挂牌督办。挂牌督办严重的黑社会性质组织犯罪案件，是检察机关开展专项斗争的一项重要举措。截至 2009 年 7 月，最高人民检察院先后挂牌督办了 6 批 249 件重大涉黑案件，天津市宝坻区王维祥一案就是第六批最高人民检察院督办的大案之一。[2]一些地方甚至出台了举报涉黑涉恶案件的奖励办法，例如，山东省东营市出台《打黑除恶专项斗争举报奖励办法》，对提供涉黑涉恶案件线索的，给予数千元至数万元不等的奖励。[3]一些地方则建立了问责机制，例如，天津市公安局塘沽区分局建立了"打黑除恶"三套作战保障机制，一是公检法协调会商机制，二是建立分局内部多警种协同、专业队伍攻坚的机制，三是建立案件奖惩问责制。[4]2007 年 4 月，山东省公安厅出台规定，在"打黑除恶"工作中表现不力的公安局局长将被追究责任。[5]很多地方都有类似的奖惩机制。

中央司法机关也不断总结工作机制。时任最高人民检察院副检察长朱孝清提出，检察机关要认真总结经验，不断完善"打黑除恶"长效工作机制。一要积极研究黑恶势力犯罪案件的证据标准，进一步统一执法尺度。二要加强"打黑除恶"队伍专业化建设，培养一支熟悉黑恶犯罪特点规律和办案技能的检察队伍。三要坚持和完善挂牌督办制度、请示汇报制度、备案审查制度、信息收集反馈制度等督导机制。四要坚持和完善与公安机关、人民法院等部门的联席会议制度、疑难案件协调研究制度、介入侦查引导取证制度、

---

〔1〕 参见王比学：《政法机关打黑除恶形成合力》，载《人民日报》2006 年 11 月 24 日，第 10 版。

〔2〕 参见徐日丹：《全国检察机关三年批捕黑恶势力"保护伞"151 人》，载《检察日报》2009 年 7 月 8 日，第 2 版。

〔3〕 参见《东营市打黑除恶专项斗争举报奖励办法》，载《东营日报》2007 年 2 月 2 日，第 2 版。

〔4〕 参见赵永明、张易廷：《三年摧毁黑恶团伙 20 个》，载《人民公安报》2009 年 6 月 5 日，第 2 版。

〔5〕 参见赵仁伟：《山东：打黑除恶不力，公安局长将被问责》，载《新华每日电讯》2007 年 4 月 2 日，第 2 版。

黑社会性质组织案件通报制度等沟通配合机制。五要坚持和完善检察机关内部捕诉衔接制度、查办"保护伞"职务犯罪案件的相互配合制度等办案机制。六要立足检察职能，积极参与社会治安综合治理，注重分析黑恶势力滋生蔓延的原因、特点和规律，积极提出有针对性的防治对策，最大限度地减少黑恶势力犯罪滋生的土壤。[1]法院系统在 2008 年的"打黑除恶"工作中坚持走"审判、调研、综合治理、机制建设均衡发展"的道路。不仅积极采取制定规范性文件、编写指导案例等多种方式加强业务指导，有效地提升审判质效，而且还主动结合审判工作大力开展法制宣传，帮助职能部门加强对重点行业、重点区域的管理，不断完善制度与机制建设，为将"打黑除恶"工作纳入常态化、规范化的轨道打下了坚实的基础。[2]中央司法机关总结的工作机制，在后续的专项治理中可能会被地方公安司法机关借鉴运用。

复次，检查或者考核。为确保"打黑除恶"专项斗争有效开展，上级机关会对下级机关的相关工作进行检查或者督查。有的是中央机关对地方进行检查、指导，例如，公安部于 2006 年派出 31 个督导组检查、指导各地"打黑除恶"工作，对个别调查工作不力的公安机关领导予以责任追究。[3]最高人民法院、最高人民检察院也通过一定的方式对下级司法机关的相关工作予以检查和督查。

有的是省级机关对下级机关进行检查，例如，2006 年 6 月 18 日，湖南省委"打黑除恶"斗争专项督查组深入湘西土家族苗族自治州吉首等市、县，对全州"打黑除恶"斗争及打击"两抢一盗"工作进行专项督查。[4]又如，2006 年 12 月初起，安徽省公安厅组成专项督导组，对涉黑涉恶线索查证工作进展缓慢、群众来信来访不断的市、县进行暗访和督查。一经发现对涉黑涉恶线索"只摸不查、久查无果"的单位将在全省通报批评，并依照《安徽省公安机关打黑除恶工作机制》的规定，严肃追究相关单位主要领导、主管领

---

〔1〕 参见徐日丹:《从六方面健全打黑除恶长效工作机制》，载《检察日报》2009 年 7 月 8 日，第 1 版。

〔2〕 参见陈永辉:《全国法院打黑除恶工作再奏凯歌》，载《人民法院报》2009 年 2 月 27 日，第 1 版。

〔3〕 参见本刊首席时政观察员:《督导督办双管齐下 打黑除恶火力瞄准"保护伞"》，载《领导决策信息》2006 年第 48 期。

〔4〕 参见周俞林:《省委打黑除恶督查组来我州检查指导工作》，载《团结报》2006 年 6 月 20 日，第 1 版。

导和具体责任人的责任。[1]一般来说，各地都有相应的检查机制。

除上级机关检查、指导下级的工作外，"打黑除恶"专项斗争过程中还有相应的考核工作。对于考核中表现好的单位和个人，给予相应的表彰和奖励，例如，2009 年 2 月，公安部对在全国"打黑除恶"专项斗争中涌现出的 30 个先进集体和 60 名个人进行表彰，北京市公安局刑侦总队二支队等 9 个单位荣立集体一等功，7 名同志被授予"全国公安系统二级英雄模范"称号。[2]2008 年，河南省平顶山市公安机关摧毁黑社会性质犯罪组织 18 个，恶势力犯罪团伙 81 个，抓获涉黑涉恶犯罪嫌疑人 638 人，"打黑除恶"工作以绝对优势夺得全省第一。[3]有的检察官因在"打黑除恶"工作中表现突出而受到媒体的报道。[4]与此相对应，对于考核中表现不好的单位和个人，也有相应的惩罚措施。具体的惩罚措施各地有差异，有轻有重，有的针对单位，有的针对个人。一般来说，对于工作推进不力的单位来说，往往会丧失评先评优的机会，进而影响单位全体工作人员的物质利益和精神利益。

检查或者督查是中央机关（或者上级机关）对"打黑除恶"专项斗争中各地公安司法机关的表现进行过程控制，即通过对具体工作的检查和督查掌握各地"打黑除恶"专项斗争的具体运行情况。根据考核结果对各地公安司法机关及其工作人员进行奖励或者惩罚，则是对各地公安司法机关及其工作人员的表现进行结果控制，即将"打黑除恶"专项斗争中的表现情况作为物质利益和精神利益分配的重要依据。

最后，总结和评估。在"打黑除恶"专项斗争进行到一定阶段后，从中央到地方都会通过召开会议等方式对前期的工作进行总结或者评估。在中央层面，全国"打黑办"主任第一片区会议于 2006 年 11 月 21 日至 22 日在辽宁省沈阳市召开，会议认真总结了"打黑除恶"专项斗争开展以来取得的成绩，分析研究当前存在的问题，有针对性地部署下一阶段的工作。[5]2009 年

---

〔1〕 参见王陵生：《严肃追究"只摸不查、久查无果"》，载《人民公安报》2006 年 12 月 14 日，第 2 版。

〔2〕 参见徐伟：《八类严重暴力案件呈下降趋势》，载《法制日报》2009 年 2 月 4 日，第 5 版。

〔3〕 参见卢拥军、李沛、武立峰：《我市公安机关打黑除恶全省第一》，载《平顶山日报》2009 年 1 月 9 日，第 7 版。

〔4〕 参见梅华峰、周泽春、蒋志刚：《打黑女将》，载《湖北日报》2007 年 11 月 4 日，第 2 版。

〔5〕 参见王正平、高恩承：《全国"打黑办"主任第一片区会议召开》，载《人民法院报》2006 年 11 月 23 日，第 1 版。

9月1日，全国"打黑办"召开全国"打黑除恶"专项斗争新闻通气会，通报中央政法委部署全国"打黑除恶"专项斗争的进展情况。通报指出，2006年开展全国"打黑除恶"专项斗争以来，全国公安机关共侦办涉黑案件1267起，打掉黑恶势力13 000多个，抓获犯罪嫌疑人8.9万多名，破获各类刑事案件10.8万余起，缴获各类枪支2700多支；检察机关提起公诉涉黑案件1053起15 135人；法院一审以黑社会性质组织罪名审结1171件12 796人；司法部门对196名黑社会性质组织头目实行跨省异地服刑，专项斗争狠狠打击了黑恶势力的嚣张气焰，有力地促进了全国社会治安的持续稳定。[1]这是中央机关从整体上对"打黑除恶"专项斗争所进行的总结和评估。

在地方层面，各地也会召开辖区"打黑除恶"专项斗争总结会议。例如，2007年11月19日，黑龙江省公安厅召开新闻发布会介绍专项斗争成果，自2006年2月以来，黑龙江省共打掉黑社会性质组织8个，铲除恶势力犯罪集团257个，查处各类违法犯罪案件2198起，抓获涉黑涉恶违法犯罪嫌疑人1869人，缴获枪支22支，查缴非法资产11 493万元。[2]2008年10月31日，浙江省台州市公安局举行"打黑除恶"专项斗争情况通报会，介绍了近三年来开展"打黑除恶"专项斗争取得的成效。[3]从省一级到区县一级，类似的总结、评估在不同层级的公安司法机关均以特定的方式进行。

(二) "扫黑除恶"

作为一种以非常规手段来开展各种治理行动的常态化国家治理模式，专项治理的实质就是国家党政机构采用搞专项行动的方式来实现集权的简约化治理，具有权力发动、体制追随和人格化法治的国家治理内涵，遵循采取集中力量打一阵、放松力量停一阵、再抓紧时机打一阵、再停下脚步稳一阵的基本逻辑，最典型特点是治理手段的突击性、治理时期的间歇性和治理频次的反复性。[4]专项治理的这一特征，与司法资源的有限性相结合，意味着一段时间后，涉黑涉恶犯罪又会逐渐增多。与此同时，黑社会性质组织的犯罪

---

[1] 参见闻则堂：《打黑三十年》，载《检察风云》2009年第21期。

[2] 参见文天心：《全省"打黑除恶"成果显著》，载《黑龙江日报》2007年11月22日，第2版。

[3] 参见许渊、冯常华：《我市打黑除恶战果赫然：近3年破案1118起》，载《台州日报》2008年11月1日，第1版。

[4] 参见杨志军：《三观政治与合法性基础：一项关于运动式治理的四维框架解释》，载《浙江社会科学》2016年第11期。

形态也在发生巨大变化。例如，为规避严厉打击，黑社会性质组织的犯罪手段变得更加隐蔽，逐渐从赤裸裸的暴力向"软暴力"转换，导致社会治理压力加大。

面对涉黑涉恶犯罪更加隐蔽、组织形态和攫取利益的方式均发生较大变化的情况，2018年1月，中共中央、国务院发出《关于开展扫黑除恶专项斗争的通知》，提出在全国开展为期三年的"扫黑除恶"专项斗争。

"扫黑除恶"专项斗争与以往的"打黑除恶""严打"等专项斗争有一定的区别，如"扫黑除恶"专项斗争强调运用法治思维，强调"扫黑除恶"与反腐相结合，更多部门参与，强调从根本上消除黑恶犯罪的产生土壤，等等。具体来说，与"打黑"相比，"扫黑"更加全面深入，重视程序前所未有，"扫黑"要调动多部门形成扫除的合力，铲除黑恶势力生存土壤，"扫黑"要运用法治思维把握好"度"，确保"三个效果"统一。[1]"扫黑除恶"意在强调有关机关要像"大扫除"一样，自觉、主动、积极地甄别发现各种黑恶势力，依法打击处理，突出的是"扫黑除恶"工作的全面性、主动性、扎实性和彻底性。[2]然而，与"打黑除恶""严打"等专项斗争一样，"扫黑除恶"专项斗争仍然是通过专项治理的方式应对犯罪问题。

首先，问题的产生。近年来，涉黑涉恶案件的犯罪形态发生了较大变化，涉黑涉恶案件的犯罪手段具有隐蔽性，"软暴力"犯罪突出。黑恶势力多采取围而不打、打而不伤、伤而不重等手段，或者有组织地采用滋扰、纠缠、哄闹、聚众造势等"软暴力"手段达到犯罪目的。[3]此外，涉黑涉恶犯罪往往与地方公职人员有或明或暗的联系，有的涉黑涉恶人员本人可能就担任不同层级的公职。黑恶犯罪与职务犯罪的结合，不仅危害大，还难以打击，对基层政权的合法性和权威性造成了非常恶劣的影响。为有效处理这些问题，中共中央发动了"扫黑除恶"专项斗争。

随着一些性质非常恶劣案件的曝光，"扫黑除恶"专项整治行动的正当性被证成。湖南怀化新晃一中操场埋尸案侦破后，有媒体认为，此案的突破是"扫黑除恶"专项整治行动带来的，不是怀化市或所辖新晃县日常工作机制推

---

〔1〕　参见杨维汉、刘奕湛：《从"打"黑除恶到"扫"黑除恶　一字之变有何深意?》，载《中国经济周刊》2018年第5期。

〔2〕　参见何荣功：《扫黑除恶：新理念与新思路》，载《方圆》2018年第5期。

〔3〕　参见张向东：《当前中国黑恶势力犯罪的基本态势》，载《人民司法》2018年第25期。

动形成的。[1]引发国人关注的孙小果涉黑案,[2]有媒体认为,孙小果再次"现身",是这次"扫黑除恶"斗争的一项成果。[3]无论是操场埋尸案,还是孙小果涉黑案,均涉及黑恶犯罪与职务犯罪,均涉及公职人员对涉黑涉恶人员的庇护,均在当地产生了极坏的影响,均表明了常规治理机制的不足和专项治理的有效性。

其次,制定实施方案或者法律文件并进行相应的动员。与以往不同的是,"扫黑除恶"专项斗争特别强调依法打击黑恶犯罪。为此,中央司法机关在运动之初即出台了相应的文件。2018 年 1 月 16 日,最高人民法院、最高人民检察院、公安部和司法部联合发布的《关于办理黑恶势力犯罪案件若干问题的指导意见》,分为"总体要求,依法认定和惩处黑社会性质组织犯罪,依法惩处恶势力犯罪,依法惩处利用'软暴力'实施的犯罪,依法打击非法放贷讨债的犯罪活动,依法严惩'保护伞',依法处置涉案财产和其他"八个部分。2019 年,最高人民法院、最高人民检察院、公安部和司法部联合出台四个意见,分别为《关于办理恶势力刑事案件若干问题的意见》《关于办理"套路贷"刑事案件若干问题的意见》《关于办理实施"软暴力"的刑事案件若干问题的意见》和《关于办理黑恶势力刑事案件中财产处置若干问题的意见》。上述文件,为"扫黑除恶"专项斗争的依法运行提供了基础。

除出台文件外,中央和各地公安司法机关还通过召开动员大会或者制定实施方案等方式推动"扫黑除恶"专项斗争。在中央层面,在 2018 年 1 月召开的全国扫黑除恶专项斗争电视电话会议上,时任中共中央政治局委员、中央政法委书记郭声琨就"扫黑除恶"专项斗争作了动员部署。2018 年 2 月,最高人民检察院下发《关于充分发挥检察职能作用,深入开展扫黑除恶专项斗争的通知》,对检察机关深入开展"扫黑除恶"专项斗争作出明确部署。在地方层面,山西省晋城市出台《关于开展扫黑除恶专项斗争的实施方案》,先后下发《关于在扫黑除恶专项斗争中深挖"保护伞"严惩涉黑涉恶腐败的工作方案》等文件。辽宁省鞍山市下发《关于开展扫黑除恶专项斗争实施方案》,对涉黑涉恶犯罪的打击重点以及案件办理过程中的联动协作机制等予以

---

[1] 参见单仁平:《操场埋尸案形成官民强烈共振》,载《环球时报》2019 年 6 月 25 日,第 15 版。

[2] 参见李潇潇:《孙小果案宣判 迈出司法重要一步》,载《人民法治》2019 年第 24 期。

[3] 参见刘哲:《把"孙小果案"办成扫黑除恶的样板》,载《河南日报》2019 年 5 月 21 日,第 4 版。

规定。具体来说，不同层级的公安司法机关均通过召开会议、出台文件等方式开展"扫黑除恶"专项斗争的动员活动。

再次，实施相应的措施。为有效推动"扫黑除恶"专项斗争，各地公安司法机关往往会结合本地的具体情况出台相应的措施。在江西，一支由 29 名业务骨干组成的全省"扫黑除恶"专家人才库第一时间组建，实行"全时化""定制化""靠前化"服务，哪里专案突破出现瓶颈，就驰援哪里。〔1〕江苏则以构建问题线索全流程管理机制为核心，抓住线索收集、管理、处置和反馈等重点环节，推动"扫黑除恶"专项斗争有力有序开展。〔2〕甘肃省白银市印发《公民举报涉黑涉恶违法犯罪线索奖励办法》，对提供黑恶犯罪线索的公民给予从几千到几万（最高 20 万元）不等的奖金。内蒙古自治区达拉特旗检察院、法院和公安局联合会签并印发了《达拉特旗人民法院、达拉特旗人民检察院、达拉特旗公安局在扫黑除恶专项斗争中加强协作与配合的意见》，进一步明确了公检法在办理涉黑涉恶案件中的职责及分工，完善了办理该类案件的衔接与配合机制。类似的举措还有很多，基本内容涉及公安司法机关之间的配合机制、奖惩机制等。

复次，检查或者考核。为推动"扫黑除恶"专项斗争有效进行，中央机关（或者上级机关）会通过各种方式对地方（或者下级）进行检查或者考核。

在中央层面，2018 年 7 月，中共中央办公厅、国务院办公厅印发《全国扫黑除恶专项斗争督导工作方案》，对"扫黑除恶"专项斗争督导工作进行明确部署，本次督导工作坚持问题导向、法治思维、标本兼治，严格责任追究。2018 年 7 月，10 个由正省部级领导干部担任组长的高规格中央督导组陆续进驻 10 省市，开展第一轮督导。2019 年 12 月，全国扫黑办特派督导组分别进驻中央"扫黑除恶"第一轮督导过的河北、山西、辽宁、福建、山东、河南、湖北、广东、重庆、四川等 10 个省市，全面开展特派督导。这标志着在大规模、全覆盖的中央督导告一段落后，常态化、机动式、点穴式特派督导正式拉开帷幕。中央层面的督导表明，"扫黑除恶"专项斗争非常重视督导、检查

---

〔1〕　参见杨静：《有黑必扫 除恶务尽》，载《江西日报》2018 年 8 月 11 日，第 1 版。

〔2〕　参见苏纪：《江苏：全流程管理涉黑涉恶腐败问题线索》，载《中国纪检监察》2018 年第 14 期。

工作。

一些地方在辖区内也进行督导，例如，2018 年 5 月，江西省"扫黑除恶"专项斗争领导小组派出的 6 个督导组全面进驻全省 11 个设区市，开展为期 20 天的现场集中督导。[1]类似的督导在不同地方以不同的方式展开。

对于督导组发现的问题，地方高度重视。例如，中央扫黑除恶督导组对河北省张家口市进行工作督导后，对于督导中发现的问题，张家口市要求一项一项对照检查、一项一项认真梳理，列出详细的问题清单、任务清单、责任清单，建立整改台账，出台整改方案，确保每个问题都有专人负责、每项任务都能量化细化，不留死角、不挂空挡。各级党政主要负责同志要切实履行第一责任人职责，做到亲自过问、亲自研究、亲自督导、亲自落实，切实履行好主责、首责和全责。[2]无论是中央机关进行的督导，还是各级地方进行的督导，对于督导中发现的问题，各地均较为重视。

最后，总结和评估。在"扫黑除恶"专项斗争进行到一定阶段后，从中央到地方的公安司法机关要进行相应的总结和评估。例如，2021 年最高人民检察院工作报告对"扫黑除恶"专项斗争的成果予以总结。2018 年以来，共批捕涉黑涉恶犯罪 14.9 万人，起诉 23 万人，其中起诉组织、领导、参加黑社会性质组织犯罪 5.4 万人，是前三年的 11.9 倍。对未以涉黑涉恶移送起诉的，依法认定 5732 件，占起诉数的 15.9%；以涉黑涉恶移送起诉，依法不认定 2.1 万件，占受理数的 36.3%。坚持除恶务尽，起诉涉黑涉恶"保护伞"2987 人。结合办案推动重点行业领域依法治理，社会治安秩序明显改善：2020 年受理审查起诉刑事案件为近四年最低，严重暴力犯罪案件为近二十年最低。党中央坚强领导下的这场专项斗争，惩治力度更大、办案质量更好、"打伞破网"更严，人民群众以更实在的安全感进入全面小康。[3]最高人民检察院的总结和评估，不仅涉及对黑恶犯罪的打击，还强调了检察机关在依法打击黑恶犯罪问题上所起到的作用。在不同层级和不同机关中，均有类似的总结。

---

〔1〕 参见杨静：《有黑必扫 除恶务尽》，载《江西日报》2018 年 8 月 11 日，第 1 版。

〔2〕 参见姚爱国：《以高度的政治自觉和责任担当 力促扫黑除恶专项斗争健康深入发展》，载《张家口日报》2018 年 8 月 4 日，第 A3 版。

〔3〕 参见张军：《最高人民检察院工作报告——二○二一年三月八日在第十三届全国人民代表大会第四次会议上》，载《人民日报》2021 年 3 月 16 日，第 7 版。

三、人权保障领域的专项治理：以未决羁押问题治理为例

根据《宪法》和《刑事诉讼法》的规定，我国公民有人身自由权，对公民人身自由的限制和剥夺，只能由法定的机关通过法定的程序进行。在刑事诉讼中，逮捕是对犯罪嫌疑人、被告人人身自由的剥夺，是最严重的强制措施。为防止逮捕措施的滥用，立法对逮捕的适用程序有严格的规定。为保障被追诉人的基本权利，我国已经对逮捕措施进行了多轮专项治理。

（一）超期羁押的集中整治

首先，问题的产生。自 20 世纪 80 年代以来，超期羁押问题便引发社会各界关注。早在 1988 年，有检察官便认为，超期羁押问题亟须解决。

造成超期羁押的原因很多，包括法律制度不完善和诉讼理念等方面的因素。例如，超期羁押的主要原因之一是案件证据不足，[1]特别是涉嫌犯罪案情重大，但定案依据不充分的案件。这类案件因案情重大，改变强制措施担心放纵了犯罪，下判决心中无数，无法在法定期限内结案，造成超期羁押。[2]之所以会出现这种情况，相关规定的不完善是重要原因。由于 1979 年《刑事诉讼法》制定时对司法机关发现真相的能力持高度乐观的态度，所以立法仅规定法院根据查明的案件事实和法律规定，作出有罪或者无罪的裁判，并未对"无法查清犯罪嫌疑人、被告人是否有罪"该如何处理作出规定。在司法实务中，有些案件确实在办案期限内无法查清，但由于缺乏这种情况下具体处理方式的规定，导致相当一部分案件被"挂"起来，司法机关就有罪无罪问题"拒绝裁判"，[3]从而导致超期羁押。

据最高人民检察院统计，1993 年至 1999 年全国政法机关每年度超期羁押的人数一直维持在 5 万人至 8 万人之间，1999 年达到 84 135 人，2000 年为 73 340 人，2001 年为 55 761 人。[4]1998 年 6 月，最高人民检察院发文指出，"目前，检察机关超期羁押犯罪嫌疑人问题比较突出"，要求限期进行清理和纠

---

〔1〕　参见刘向东：《当前案犯超期羁押的原因及对策》，载《法学杂志》1994 年第 12 期。

〔2〕　参见朴哲洙：《超期羁押原因分析》，载《中国刑事法杂志》1999 年第 2 期。

〔3〕　参见孙长永主编：《中国刑事诉讼法制四十年：回顾、反思与展望》，中国政法大学出版社 2021 年版，第 416 页。

〔4〕　参见晏耀斌、刘宪明：《超期羁押：有罪无罪关十年》，载《法律与生活》2003 年第 15 期。

正。[1]这些统计数据表明，超期羁押问题已经引起最高人民检察院的关注。

2003 年，广西谢洪武案引发社会关注，该案与其他因素相结合，直接导致了被学者称为"阳光羁押"的专项治理行动。2003 年，针对新的超期羁押仍在不断大量出现，"边清边超""前清后超"问题依然十分突出，成为社会反映强烈的问题，最高人民检察院决定在全国检察系统开展声势浩大的清理和纠正超期羁押专项行动，认真彻底地纠正检察环节的超期羁押问题。其他政法机关也积极行动起来，共同开展超期羁押专项清理工作。[2]2003 年 6 月 20 日，全国人大常委会副委员长顾秀莲，全国人大内司委相关同志听取了公、检、法关于清理纠正超期羁押问题专题工作汇报。[3]在专项清理工作中发现的一些案例，如宋德文案，继续引发社会关注，并证成了专项清理工作的正当性。

其次，制定实施方案或者法律文件并进行相应的动员。针对超期羁押问题，中央有关部门发布了大量文件。1993 年 9 月 3 日，最高人民检察院、最高人民法院、公安部和国家安全部联合公布《关于严格执行刑事案件办案期限切实纠正超期羁押问题的通知》；1998 年 6 月 5 日，最高人民检察院公布《关于清理和纠正检察机关直接受理侦查案件超期羁押犯罪嫌疑人问题的通知》；1998 年 10 月 19 日，最高人民检察院、最高人民法院和公安部联合发布《关于严格执行刑事诉讼法关于对犯罪嫌疑人、被告人羁押期限的规定 坚决纠正超期羁押问题的通知》；2001 年 1 月 21 日，最高人民检察院发布《关于进一步清理和纠正案件超期羁押问题的通知》；2003 年 6 月 18 日，最高人民检察院职务犯罪预防厅发布《关于预防部门配合做好超期羁押和服刑人员申诉专项清理工作的通知》；2003 年 7 月 29 日，最高人民法院发布《关于清理超期羁押案件有关问题的通知》；2003 年 11 月 12 日，最高人民法院、最高人民检察院和公安部联合发布《关于严格执行刑事诉讼法 切实纠防超期羁押的通知》；2003 年 11 月 24 日，最高人民检察院发布《关于在检察工作中防止

---

〔1〕 参见彭于艳、赵阳：《全国检察机关 5 年纠正超期羁押 33398 人》，载《法制日报》2007 年 11 月 17 日，第 1 版。

〔2〕 参见白泉民：《检察机关纠防超期羁押工作的回顾与思考》，载《国家检察官学院学报》2006 年第 4 期。

〔3〕 参见宋安明：《检察机关将采取五项措施解决超期羁押》，载《检察日报》2003 年 6 月 21 日，第 1 版。

和纠正超期羁押的若干规定》；2003 年 11 月 26 日，最高人民检察院发布《关于认真落实最高人民法院、最高人民检察院、公安部〈关于严格执行刑事诉讼法　切实纠防超期羁押的通知〉精神进一步做好相关工作的通知》；2003 年 11 月 30 日，最高人民法院发布《关于推行十项制度切实防止产生新的超期羁押的通知》；2006 年 1 月 27 日，公安部发布《公安机关适用刑事羁押期限规定》。上述文件的连续发布，既表明有关部门对超期羁押问题的重视，也表明超期羁押问题的复杂性。

除了发布文件，公安司法机关还召开了相关会议，动员下级机关重视超期羁押的纠正问题。2002 年 5 月 30 日至 5 月 31 日，最高人民检察院在山东省潍坊市召开"全国检察机关纠正超期羁押经验交流座谈会"，要求各级检察机关切实加强对超期羁押案件的督办力度，检察环节存在的超期羁押案件要在 2002 年 6 月底前全部纠正。2003 年 8 月，在全国高级人民法院院长座谈会上，时任最高人民法院院长肖扬要求："今年 11 月底之前，各类积存的超审限案件一定要清理完毕，特别是刑事案件的积案要全部清理完毕。有罪则判，无罪放人。"2003 年 10 月 10 日，最高人民法院召开的全国法院清理超期羁押刑事案件电视电话会议再次强调，要依据"依法惩罚犯罪，依法保障人权"的原则，进一步加大清理力度。[1]在地方，公安司法机关也召开了大量的动员会议。

再次，实施相应的措施。为预防和纠正超期羁押，一系列举措被创制。在中央层面，1999 年 10 月，最高人民法院、最高人民检察院和公安部联合下发的《关于羁押犯罪嫌疑人、被告人实行换押制度的通知》规定，"凡对在押的犯罪嫌疑人、被告人依法变更刑事诉讼程序的，均应办理换押手续"。据此，实践中确立了换押制度，即公、检、法机关在办理公诉案件过程中，对被羁押的犯罪嫌疑人、被告人，随着诉讼阶段的变化和办案单位的更替，新承办单位须以书面形式通知看守所。换押制度实施后，对有效规范公、检、法执行刑事案件办案期限、减少超期羁押现象、保护公民的合法权益等起了积极作用。但实践中，因换押制度规定存在缺陷导致在押人员被隐性超期羁押的现象仍时有发生。[2]为了从源头上遏制超期羁押现象的产生，最高人民

---

[1]　参见郑发：《全国法院超期羁押案件清理完毕》，载《法制日报》2003 年 12 月 1 日，第 1 版。
[2]　参见滕云：《应当明确换押制度的责任主体》，载《人民检察》2009 年第 12 期。

法院建立健全案件审判流程管理工作机制，加强审限管理，充分发挥流程管理的预警作用；建立逐月通报制度，把下月超审限案件提前通知合议庭和承办人，加强督办，做到超期羁押案件月清月结，不出现新的超期羁押案件。[1]此外，最高人民法院和最高人民检察院还公布了超期羁押案件举报电话。

在地方层面，各地采取了一系列符合当地需要的措施。2003 年，在为期3 个月的专项清理工作中，各地检察机关在最高人民检察院的统一部署下，切实实行领导责任制、办案责任制、就地督办制、清理进展周报制和半月通报制等四项具体措施。[2]这是在中央机关的部署下，在各地实施的措施。

2003 年 4 月，"两高一部"在全国政法系统开展超期羁押专项清理工作。为预防和纠正超期羁押，重庆市渝北区人民检察院监所科用两个月的时间设计出《渝北区刑事案件换押提讯提解证》，即"一证通"。此后，重庆市委政法委牵头，在渝北区积极试行的基础上，对"一证通"进行完善，"一证通"上的栏目由原来的 70 多项发展到后来的 100 多项。全市政法机关分两个阶段实行"一证通"制度。2005 年 7 月至 2006 年 6 月，在全市各区县公检法机关试行；在一年试行的基础上，2006 年 7 月，这项制度在全市各级公检法机关全面推开。[3]这是由地方创设，最终通行于全国的措施。

北京、天津、上海、吉林、安徽、江苏、重庆、陕西、福建、青海等地公安机关结合本地实际建立、完善了执法责任制、考核评议制、错案追究制、领导责任追究和引咎辞职制等公安刑事执法制度，并指导看守所在日常工作中建立健全了羁押期限公示、案件到期催办、严格落实换押、主动协调核对和定期检查考评等制度，完善了公安刑事执法制度，推进了纠防超期羁押长效机制建设。[4]浙江省公安厅专门成立了清理工作领导小组，各地公安机关精心组织，坚持"谁主办的案件谁负责纠正"的原则，逐案落实清理责任和期限。[5]这些是不同地方的公安机关所采取的措施。

---

〔1〕 参见赵刚：《最高法院超期羁押案件清理完毕》，载《人民法院报》2003 年 12 月 31 日，第1 版。

〔2〕 参见邬焕庆：《高检整治超期羁押，"解放"359 人》，载《新华每日电讯》2003 年 7 月 23日，第 3 版。

〔3〕 参见王渊：《"一证通"：对超期羁押说"不"——重庆市检察机关纠防超期羁押长效机制建设实践探索》，载《人民检察》2010 年第 8 期。

〔4〕 参见宗边文：《侦查阶段无超期羁押者》，载《人民公安报》2004 年 1 月 20 日，第 1 版。

〔5〕 参见谢佳：《浙江专项清理超期羁押》，载《人民公安报》2003 年 10 月 22 日，第 1 版。

　　福建省检察机关为了加强纠正超期羁押的长效机制建设，决定在检察机关实行羁押期限告知制度。[1]江西省检察机关对一些疑难、久押不决案件适时向人大、政法委专题报告，促使问题迅速解决，专项行动中政法委牵头协调解决 9 起久押不决案件。[2]为防止和纠正超期羁押，陕西省检察机关实行羁押期限告知、期限届满提示、超期投诉和责任追究等制度，建立纠防超期羁押的长效机制。[3]江西省法院系统坚持清理情况周报制度，建立了案件流程管理和超期羁押案件预警机制，规范了内部请示和案件发回重审制度，严格了责任追究制度。[4]这些是不同的检察院和法院所采取的措施。

　　在治理超期羁押过程中，一些地方的成功经验被宣传推广。1999 年 10 月 7 日最高人民检察院发布《关于转发安徽省蚌埠市人民检察院监所检察处〈发挥监所检察职能预防和纠正超期羁押〉经验材料的通知》，将安徽省蚌埠市检察机关的经验转发至全国检察机关参考。[5]2002 年 3 月 13 日，最高人民检察院官方媒体报道了山东省诸城市检察环节 21 年没有超期羁押现象。[6]通过对成功经验的宣传，树立典型模范，也是一种重要的治理超期羁押的措施。

　　复次，检查或者考核。在治理超期羁押问题时，存在三种类型的检查。一是全国人大常委会组织的执法检查。2000 年 9 月，全国人大常委会专门成立刑事诉讼法执法检查组，以实地检查和委托检查相结合的方式，对天津、内蒙古、黑龙江、浙江、湖北、陕西、河北、吉林、山东、广西、云南、青海 12 个省、自治区和直辖市贯彻实施 1996 年《刑事诉讼法》的情况进行了检查。检查后形成的报告认为，各地贯彻实施《刑事诉讼法》的工作存在三个不容忽视的问题，即超期羁押问题比较突出、刑讯逼供不容忽视、保障律师依法履行职务方面仍存在障碍。该报告指出："各地公安司法机关在近两三年普遍对超期羁押进行了清理，但工作发展不平衡，一些地方超期羁押仍然

---

　　[1]　参见杨新顺：《福建检察机关实行羁押期限告知制度》，载《法制日报》2003 年 11 月 4 日，第 1 版。

　　[2]　参见江西省人民检察院：《找准问题　落实责任　实现全省无超期羁押》，载《人民检察》2004 年第 12 期。

　　[3]　参见倪建军、杨铭：《连续五年无超期羁押》，载《检察日报》2008 年 4 月 5 日，第 1 版。

　　[4]　参见姚晨奕：《江西 超期羁押案件清理完毕》，载《人民法院报》2004 年 7 月 21 日，第 5 版。

　　[5]　参见丁星瑜、陆向前：《蚌埠市检察机关预防和纠正超期羁押工作的调研及思考——兼谈对我国羁押制度的立法完善》，载《中国刑事法杂志》2004 年第 2 期。

　　[6]　参见王松苗：《执法品牌是宝贵的无形资产》，载《检察日报》2002 年 3 月 13 日，第 5 版。

较为突出：一是仍有一批超期羁押多年的案件没有得到解决。二是旧的超期羁押问题清理了，又出现新的超期羁押问题。三是变相超期羁押情况增多。"并且"建议公、检、法机关明年将超期羁押作为一个重要问题依法进行清理，特别是超期羁押多年的案件，依法该判决的要及时判决，依法该释放的要及时释放"。[1]这是为数不多的全国人大常委会针对《刑事诉讼法》实施问题进行的检查，这次检查中发现的《刑事诉讼法》实施中存在的三个问题，引发理论界与实务界长期关注。

二是中央有关机关派出的督查组。最高人民检察院会同最高人民法院、公安部下发《关于严格执行刑事诉讼法 切实纠防超期羁押的通知》后，曾先后派出18个督查组到重点地区检查落实。[2]在治理超期羁押过程中，类似的检查经常存在。

三是各地进行的检查。1999年至2000年，河南省人民检察院、公安厅和高级人民法院5次组成联合工作组赴各地检查，依法纠正超期羁押案件1100案1578人，有力地推动了各市、县的纠正超期羁押工作的开展。[3]在其他地方，类似的检查也广泛存在。

最后，总结和评估。在中央层面，有不同部门、各种渠道的总结和评估。据媒体报道，截至2003年12月24日，全国公安系统所有超期羁押案件全部得到纠正，31个省、区、市及新疆生产建设兵团、铁道、交通、民航、林业、海关系统公安机关全都实现了侦查阶段无超期羁押人员的目标。[4]至2004年1月，除91件案件因被告人检举需查证等法定事由外，全国法院所有超期羁押案件全部如期清理完毕。其中，最高人民法院和吉林、重庆等15个高级人民法院及所属法院实现零积案。[5]该次清理活动所下的"决心"之大，"战果辉煌"。全国刑事案件超期羁押人数从2003年的24 921人逐年减少到2004

---

〔1〕 参见侯宗宾：《全国人大常委会执法检查组关于检查〈中华人民共和国刑事诉讼法〉实施情况的报告》，载《全国人民代表大会常务委员会公报》2001年第1期。

〔2〕 参见贾春旺：《最高人民检察院工作报告：2004年3月10日在第十届全国人民代表大会第二次会议上》，载《中华人民共和国全国人民代表大会常务委员会公报》2004年第3期。

〔3〕 参见秦刚、董理忠、刘保敬：《河南一年纠正超期羁押近万人》，载《检察日报》2000年9月24日，第1版。

〔4〕 参见宗边文：《侦查阶段无超期羁押者》，载《人民公安报》2004年1月20日，第1版。

〔5〕 参见李岩峰：《全国法院超期羁押案件如期清理完毕》，载《人民法院报》2004年1月6日，第1版。

年的 4947 人、2005 年的 271 人、2006 年的 210 人。[1]2003~2007 年，全国检察机关共检查发现超期羁押 33 643 人，经提出纠正意见后纠正 33 398 人；各诉讼环节新发生的超期羁押逐年大幅度减少，从 2003 年的 24 921 人下降到 2006 年的 210 人，2007 年 1~9 月仅 47 人。自全国检察机关开展清理纠正超期羁押专项活动以来的 3 年，各地新发生超期羁押案件数量大幅下降，2005 年全国新发生超期羁押 271 人次，比 2004 年下降 96.2%。对新发生的超期羁押案件，检察机关都提出了书面纠正意见。[2]上述数据和成绩是中央有关部门从不同的角度所作出的总结和评估。

在地方层面，从 2003 年 1 月至 2004 年 10 月，云南省各级监所检察部门共清理发现不同诉讼环节超期羁押犯罪嫌疑人、被告人 973 人，经过检察督办予以纠正 900 人。截至 2004 年 10 月底，云南全省除红河、文山两州还有 3 件 3 人超期羁押外，其他 14 个州（市）和铁路系统已实现了在公安、检察、审判各环节上无超期羁押。[3]2003 年至 2008 年，福建省检察机关协同各级公安机关、人民法院形成工作合力，共清理纠正历年积存的超期羁押人员 1206 人，其中纠正超期羁押 3 年以上 21 人，1 至 3 年 37 人，1 年以下 1148 人。[4]陕西省共清理超期羁押 1011 人，到 2003 年底，全省超期羁押案件已得到全部纠正。[5]截至 2004 年底，河北省共纠正超期羁押 1125 人，其中法院环节 1109 人，公安环节 16 人，实现了超期羁押"零"的目标。[6]2003 年 11 月 30 日，广东省广州市中级人民法院对社会公开宣布：该院的 434 件超期羁押案，除 8 件案件因有法定事由延期外，其他 426 件案件均已审结，圆满完成了 2003 年 11 月底前将超期羁押案件全部清理完毕的任务。[7]至 2008 年

---

〔1〕 参见孙长永等：《犯罪嫌疑人的权利保障研究》，法律出版社 2011 年版，第 96 页。

〔2〕 参见杜萌：《去年新发超期羁押人次下降 96.2%》，载《法制日报》2006 年 5 月 24 日，第 2 版。

〔3〕 参见马丽娟、施晓焰：《14 个州市无超期羁押》，载《人民公安报》2004 年 12 月 21 日，第 3 版。

〔4〕 参见倪英达：《省检察院关于清理超期羁押工作情况的报告》，载《福建省人民代表大会常务委员会公报》2008 年第 6 期。

〔5〕 参见吕贵民、窦力：《我省检察机关清理超期羁押千余人》，载《陕西日报》2004 年 2 月 20 日，第 3 版。

〔6〕 参见薛惠娟：《我省初步建立预防超期羁押长效机制》，载《河北日报》2006 年 7 月 17 日，第 6 版。

〔7〕 参见张召国、杨晓梅：《清理超期羁押案：广州中院兑现了承诺》，载《人民法院报》2004 年 1 月 8 日，第 5 版。

12 月，广东省连续四年来实现检察环节"零"超期羁押。[1]类似的总结，在全国各地普遍存在。

2012 年《刑事诉讼法》对逮捕的条件予以修改，2012 年《人民检察院刑事诉讼规则（试行）》对羁押和办案期间的监督问题予以规定。此后，显性的超期羁押问题基本消失。总体来说，公检法各级部门在审查办案期限上更加规范和严谨，超期羁押现象大有改观，但各种类型的隐性超期羁押仍普遍存在。[2]2015 年 6 月 1 日，最高人民检察院刑事执行检察厅发布《人民检察院刑事执行检察部门预防和纠正超期羁押和久押不决案件工作规定（试行）》，旨在控制超期羁押和久押不决的情形。2020 年，海南省定安县人民检察院还依法监督纠正一起侦查羁押期限超期 5 天的案件。[3]上述文件和案例表明，刑事司法中的超期羁押问题虽有较大改观，但仍在一定程度上存在。

（二）羁押必要性审查

从理论上讲，可以把超期羁押分为显性超期羁押与隐性超期羁押。前者是指公安司法机关公然超过法定的羁押期限羁押犯罪嫌疑人、被告人；后者则是指，羁押活动表面上没有违反法律规定的羁押期限，但实质上构成了不必要的侵权羁押。[4]在进行了多次超期羁押专项清理活动后，显性超期羁押基本消失，但隐性超期羁押或者对没有羁押必要的犯罪嫌疑人、被告人进行较长时间羁押的现象仍然较为普遍。

自 2009 年开始，全国 20 个基层检察院"建立由驻所检察官根据在押人员的实际情况向办案单位提出变更强制措施检察建议的工作机制"，并进行了近一年的试点。其中，山东省费县 2009 年 10 月试点羁押必要性审查工作机制以来，驻所检察官提出变更强制措施检察建议 46 份，有 37 人在捕后被变更为取保候审。湖北省宜昌市从 2009 年 7 月开始试点，针对其中 35 名无羁押必要的在押人员，向相关部门提出了变更强制措施的建议，均被采纳。[5]这

---

〔1〕 参见戎明昌、陈云飞、林俊杰：《我省连续四年实现检察环节"零"超期羁押》，载《南方日报》2008 年 12 月 27 日，第 A02 版。

〔2〕 有学者列举了四种类型十几种具体的超期羁押形态，参见沈玉忠、刘立民：《隐性超期羁押的表现、原因及对策》，载《贵州大学学报（社会科学版）》2012 年第 4 期。

〔3〕 参见李轩甫、谢仁亮：《海南定安：监督纠正一起超期羁押案件》，载《方圆》2020 年第 18 期。

〔4〕 参见周长军：《语境与困境：侦查程序完善的未竟课题》，载《政法论坛》2012 年第 5 期。

〔5〕 参见但伟：《试析羁押必要性审查与看守所检察》，载《人民检察》2010 年第 24 期。

是各地进行的羁押必要性审查制度的改革试点，为后续的立法提供了经验基础。

为了改变羁押率过高的状况，充分保障犯罪嫌疑人、被告人的人权，增加对被羁押人的司法救济途径，[1]在总结各地试点经验的基础上，2012 年《刑事诉讼法》第 93 条新增了羁押必要性审查制度，[2]对于为何增加羁押必要性审查制度，以及羁押必要性审查的性质，全国人大常委会立法人士作了解释：[3]

> 审查决定逮捕的重要内容之一，就是逮捕的必要性。作为逮捕的所谓证据条件、罪行条件、社会危险性条件，无一不与逮捕的必要性相关。而这几方面的条件都可能随着诉讼活动的进展发生变化，进而影响到继续羁押的必要性发生变化。如审查批准逮捕时据以证明有犯罪事实的重要证据，随着侦查工作的深入，被新的证据所否定；立案时认定的犯罪数额，经过进一步调查核实，大为缩小，影响到对可能判处刑罚的估计；实施新的犯罪、干扰证人作证或者串供的可能性已被排除的，等等。因此，规定逮捕以后继续进行羁押必要性审查是很有必要的，是刑事诉讼法尊重和保障人权的重要体现。

由于种种因素的影响，羁押必要性审查制度的实践效果一般。为确保羁押必要性审查制度的有效实施，全国各地检察机关对羁押必要性审查制度的运行进行了不同的探索，针对羁押必要性审查制度的专项治理在一些地方陆续发生。

首先，问题的产生。由于立法的模糊性和羁押问题的复杂性，羁押必要

---

〔1〕 对于为何增加羁押必要性审查制度，最高人民检察院检察官认为，我国没有独立的羁押制度，羁押附随于侦查、审查起诉和一审、二审乃至死刑复核程序，而且缺乏有效的司法救济制度。加之我国司法机关及其工作人员受传统的重打击犯罪、有罪推定等惯性思维，以及为了规避因对犯罪嫌疑人、被告人采取非羁押措施后其不到案或者重新违法犯罪而可能承担的责任等思想的影响，导致实践中出现"构罪即捕"、羁押期限和办案期限不分、一押到底、看守所羁押率居高不下等问题。这种状况既不符合"国家尊重和保障人权"的宪法原则，也不符合"未经人民法院依法判决对任何人都不得确定有罪"的原则，而且侵犯犯罪嫌疑人、被告人的人权，也增加了国家的司法成本等。参见孙谦主编：《〈人民检察院刑事诉讼规则（试行）〉理解与适用》，中国检察出版社 2012 年版，第 338 页。

〔2〕 2012 年《刑事诉讼法》第 93 条规定，犯罪嫌疑人、被告人被逮捕后，人民检察院仍应当对羁押的必要性进行审查。对不需要继续羁押的，应当建议予以释放或者变更强制措施。有关机关应当在十日以内将处理情况通知人民检察院。

〔3〕 参见全国人大常委会法制工作委员会刑法室编：《关于修改中华人民共和国刑事诉讼法的决定：条文说明、立法理由及相关规定》，北京大学出版社 2012 年版，第 124 页。

性审查制度的实施情况不太理想。从全国来看，刑事案件犯罪嫌疑人、被告人的羁押率从 2009 年至 2011 年平均 79.4% 降低到 2013 年至 2015 年的 64.1%。[1]但犯罪嫌疑人捕后被判轻刑或缓刑的比例仍然较高，例如，2014 年全国法院判处缓刑、拘役、管制、独立附加刑、免刑和宣告无罪的占发生法律效力被告人的 48.01%。[2]全国检察机关成功办理的羁押必要性审查案件数量偏少，2013 年至 2015 年经羁押必要性审查提出释放或者变更强制措施建议的数量占同期逮捕总人数的比例平均为 3.3%。[3]值得肯定的是，检察机关建议释放或者变更强制措施的采纳率较高。2013 年全年，全国检察机关建议释放或者变更强制措施的采纳率为 92.7%，2014 年全年为 92.2%，2015 年上半年为 92.4%。[4]其中，2013 年全国检察机关批准逮捕 879 817 人，经过羁押必要性审查建议释放或变更强制措施的犯罪嫌疑人为 23 894 人，占全部批捕人数的 2.72%。其中，侦查监督部门提出建议的 7981 人、公诉部门提出建议的 3334 人，监所部门提出建议的 12 579 人，分别占比为 33.4%、14%、52.6%；建议的采纳率方面，各部门的建议得到采纳的人数分别为 7301 人、2857 人、11 997 人，平均采纳率为 92.72%。[5]上述数据表明，从全国层面来看，羁押必要性审查制度的运行未达到立法的预期效果。

就地方来说，截至 2013 年 7 月，某市 10 个区、县检察院，市检察院实施羁押必要性审查案例只有 2 例，3 个区、县检察院实施羁押必要性审查案例合计 15 例，其他检察院没有开展此项工作。[6]2013 年 1 月至 2014 年 3 月期间，广东某些基层检察院的羁押必要性审查的适用率不足全院受理案件的 1.5%，[7]

---

〔1〕 参见曹建明：《最高人民检察院工作报告》，载《检察日报》2014 年 3 月 18 日，第 2 版；曹建明：《最高人民检察院工作报告》，载《检察日报》2015 年 3 月 21 日，第 2 版；曹建明：《最高人民检察院工作报告》，载《检察日报》2016 年 3 月 21 日，第 2 版。

〔2〕 参见袁春湘：《依法惩治刑事犯罪 守护国家法治生态——2014 年全国法院审理刑事案件情况分析》，载《人民法院报》2015 年 5 月 7 日，第 5 版。

〔3〕 参见曹建明：《最高人民检察院工作报告》，载《检察日报》2014 年 3 月 18 日，第 2 版；曹建明：《最高人民检察院工作报告》，载《检察日报》2015 年 3 月 21 日，第 2 版；曹建明：《最高人民检察院工作报告》，载《检察日报》2016 年 3 月 21 日，第 2 版。

〔4〕 参见郭冰：《羁押必要性审查制度实践运行审视》，载《中国刑事法杂志》2016 年第 2 期。

〔5〕 参见毕惜茜、刘鹏：《羁押必要性审查的理论与实践：兼议我国未决羁押制度》，载《中国人民公安大学学报（社会科学版）》2014 年第 5 期。

〔6〕 参见王树茂：《"羁押必要性审查"的理解与适用》，载《法学评论》2013 年第 6 期。

〔7〕 广州市检察系统的适用率也是 1.5%左右，参见胡波：《羁押必要性审查制度实施情况实证研究——以某省会市十二个基层检察院为对象的考察和分析》，载《法学评论》2015 年第 3 期。

开展捕后羁押必要性审查并变更强制措施的案件占全部案件的比例不足千分之二。[1]与此同时，羁押必要性审查工作的开展具有不平衡性，以 A 省 2013 年 1 月至 2014 年 4 月的情况为例，一是开展审查工作的量存在地区不平衡，A 省全省审查的案件数有 333 件 488 人，但各地开展得不平衡，多的地方如 C 市有 139 件 204 人，但目前还有四个市开展审查案件数为 0。二是侦查机关的建议的采纳率不平衡，其中有 9 个市的建议采纳率为 100%，但个别地区采纳率仅为 13%。[2]2013 年，浙江省宁波市捕后判轻刑（有期徒刑缓刑、拘役、管制、单处附加刑或者免予刑事处罚）人数为 2144 人，捕后判轻刑率 20.9%。[3]据统计，重庆某分院辖区 2010 年批捕率为 80.15%，2011 年为 76.3%，2012 年为 82.09%，2013 年为 88.3%。2013 年，该分院辖区共办理捕后羁押必要性审查案件 91 人，占批捕总人数的 1.35%。[4]据重庆市江北区人民检察院某检察官的调研，2013 年、2014 年 C 市检察机关的批捕率分别为 89%、86%，捕后释放或变更强制措施人数占逮捕人数的比例为 1.69%、1.65%。上述数据表明，从地方层面来看，羁押必要性审查制度的运行也未达到预期效果。

由于立法关于羁押必要性审查的规定较为模糊，在 2012 年《刑事诉讼法》实施后，一些地方的检察机关对羁押必要性审查的实施机制进行改革探索，例如，山东蓬莱的"一点双审三联动"模式，直接强调侦查监督权的统一行使，羁押必要性审查的决定权归于侦查监督部门，公诉部门可以提出变更强制措施意见，但最终都是由侦查监督部门审查决定。[5]2012 年底，上海市人民检察院起草了《上海市检察机关关于羁押必要性审查工作的规定（试行）》，明确有条件的单位报经市院同意，可探索羁押必要性审查归口办理模式。浦东、虹口和奉贤区检察院积极响应，分别提交了由监所检察部门统一

---

〔1〕 参见李会：《羁押必要性审查实证研究及构建探索——以检察机关侦监、公诉、监所环节为视角》，载广州市法学会编：《法治论坛》（第 35 辑），中国法制出版社 2014 年版，第 23 页。

〔2〕 参见吴明来、孙寒梅：《羁押必要性审查的实证分析》，载广州市法学会编：《法治论坛》（第 35 辑），中国法制出版社 2014 年版，第 78 页。

〔3〕 参见俞永梅等：《捕后判轻刑案件的实证分析》，载《人民检察》2015 年第 7 期。

〔4〕 参见秦晴：《羁押必要性审查的问题与对策》，载孙长永主编：《刑事司法论丛（第 2 卷）》，中国检察出版社 2014 年版，第 106 页。

〔5〕 参见魏湘粤、吴铭：《羁押必要性审查试点改革研究》，载谢进杰主编：《中山大学法律评论》（第 13 卷第 2 辑），广西师范大学出版社 2015 年版，第 65-66 页。

办理羁押必要性审查案件的申请。2014 年 2 月，上海市人民检察院批复同意。2014 年 5 月，上海市人民检察院决定废止之前的规定，通过了《上海市检察机关关于羁押必要性审查工作的决定》，从 6 月起，全市羁押必要性审查工作由监所检察部门统一归口办理。为规范案件审查工作，上海市人民检察院陆续下发了《关于进一步明确羁押必要性审查案件录入统一业务应用系统工作的通知》《关于明确羁押必要性审查工作中若干具体实践问题的通知》和《上海市检察机关关于羁押必要性公开审查的工作规则（试行）》等文件。[1] 其他地方也有类似的改革探索。

其次，制定实施方案或者法律文件并进行相应的动员。由于羁押必要性审查是新设置的制度，法律的规定比较原则。2012 年《人民检察院刑事诉讼规则（试行）》对羁押必要性审查制度予以细化，羁押必要性审查的启动，既可以由人民检察院依职权发动，又可以根据犯罪嫌疑人、被告人及其法定代理人、近亲属或者辩护人的申请而发动，羁押必要性审查在不同的诉讼阶段由不同的部门进行，[2] 对于八种情形下应当提出释放或者变更强制措施的书面建议予以规定，[3] 并对羁押必要性的审查方式予以明确。[4] 这些规定对

---

　　〔1〕　参见上海市人民检察院：《上海：羁押必要性审查工作统一归口取得实效》，载《人民检察》2015 年第 12 期。

　　〔2〕　2012 年《人民检察院刑事诉讼规则（试行）》第 617 条规定：侦查阶段的羁押必要性审查由侦查监督部门负责；审判阶段的羁押必要性审查由公诉部门负责。监所检察部门在监所检察工作中发现不需要继续羁押的，可以提出释放犯罪嫌疑人、被告人或者变更强制措施的建议。

　　〔3〕　2012 年《人民检察院刑事诉讼规则（试行）》第 619 条规定：人民检察院发现有下列情形之一的，可以向有关机关提出予以释放或者变更强制措施的书面建议：（1）案件证据发生重大变化，不足以证明有犯罪事实或者犯罪行为系犯罪嫌疑人、被告人所为的；（2）案件事实或者情节发生变化，犯罪嫌疑人、被告人可能被判处管制、拘役、独立适用附加刑、免予刑事处罚或者判决无罪的；（3）犯罪嫌疑人、被告人实施新的犯罪，毁灭、伪造证据，干扰证人作证，串供，对被害人、举报人、控告人实施打击报复，自杀或者逃跑等的可能性已被排除的；（4）案件事实基本查清，证据已经收集固定，符合取保候审或者监视居住条件的；（5）继续羁押犯罪嫌疑人、被告人，羁押期限将超过依法可能判处的刑期的；（6）羁押期限届满的；（7）因为案件的特殊情况或者办理案件的需要，变更强制措施更为适宜的；（8）其他不需要继续羁押犯罪嫌疑人、被告人的情形。释放或者变更强制措施的建议书应当说明不需要继续羁押犯罪嫌疑人、被告人的理由及法律依据。

　　〔4〕　2012 年《人民检察院刑事诉讼规则（试行）》第 620 条规定：人民检察院可以采取以下方式进行羁押必要性审查：（1）对犯罪嫌疑人、被告人进行羁押必要性评估；（2）向侦查机关了解侦查取证的进展情况；（3）听取有关办案机关、办案人员的意见；（4）听取犯罪嫌疑人、被告人及其法定代理人、近亲属、辩护人，被害人及其诉讼代理人或者其他有关人员的意见；（5）调查核实犯罪嫌疑人、被告人的身体健康状况；（6）查阅有关案卷材料，审查有关人员提供的证明不需要继续羁押犯罪嫌疑人、被告人的有关证明材料；（7）其他方式。

羁押必要性审查的具体实施方式予以规定，使得这一制度更加具有可操作性。

为加强制度指导，全面深入推进羁押必要性审查工作，最高人民检察院刑事执行检察厅先后印发了《关于人民检察院监所检察部门开展羁押必要性审查工作有关问题的通知》和《关于人民检察院监所检察部门开展羁押必要性审查工作的参考意见》，对刑事执行检察部门开展羁押必要性审查工作提出了明确要求，提供了指导性的参考意见。2015 年 2 月 9 日，最高人民检察院党组听取了最高人民检察院刑事执行检察厅就全国刑事执行检察部门开展羁押必要性审查工作情况的汇报，研究规定将羁押必要性审查职责统一归口刑事执行检察部门负责。2015 年 5 月 28 日，时任最高人民检察院检察长曹建明在全国检察机关刑事执行检察工作会议上指出："考虑到刑事执行检察部门的职能特点和优势，最高人民检察院规定这项工作由刑事执行检察部门负责，侦查监督、公诉等部门予以配合。"[1] 最终，为加强和规范羁押必要性审查工作，2016 年 1 月，最高人民检察院发布《人民检察院办理羁押必要性审查案件规定（试行）》，规定羁押必要性审查工作由检察院刑事执行检察部门统一办理，[2] 侦查监督、公诉、侦查、案件管理、检察技术等部门予以配合。2016 年 7 月，最高人民检察院刑事执行检察厅印发《关于贯彻执行〈人民检察院办理羁押必要性审查案件规定（试行）〉的指导意见》，对相关规定予以细化。

为最大限度避免和减少办理刑事案件对民营企业正常经营活动带来的影响，最高人民检察院于 2019 年 7 月至 2020 年 3 月部署开展了涉民营企业家羁押必要性审查专项活动，重点之一是监督纠正对涉罪民营企业负责人超期羁押或久押不决情况。[3] 在这一专项活动进行过程中，有关部门通过召开会议等方式进行动员。

再次，实施相应的措施。在中央层面，最高人民检察院监所检察厅于

---

〔1〕　参见袁其国：《〈人民检察院办理羁押必要性审查案件规定（试行）〉解读》，载《人民检察》2016 年第 5 期。

〔2〕　据最高人民检察院刑事执行检察厅负责人介绍，将羁押必要性审查交由刑事执行检察部门统一办理的目的是节约司法资源，突出审查重点。参见徐盈雁：《不需要继续羁押的不必"一羁到底"——最高检刑事执行检察厅负责人解读〈人民检察院办理羁押必要性审查案件规定（试行）〉》，载《检察日报》2016 年 2 月 2 日，第 3 版。

〔3〕　参见童建明：《充分履行检察职责　努力为企业发展营造良好法治环境》，载《人民检察》2020 年第 19 期。

2013 年 5 月份下发了监所检察部门开展羁押必要性审查工作的具体指导意见。

在地方层面，各地也积极探索创新，建立健全羁押必要性审查机制，包括：告知被羁押人有申请检察机关启动羁押必要性审查的权利机制、检察机关内部有关部门间的协调配合机制、公检法之间的外部协调配合机制、羁押必要性审查工作激励机制以及羁押必要性审查后续监管配套机制。特别是为了解决办案机关不敢、不愿放人的顾虑问题，很多地方的检察机关创新羁押必要性审查后续监管机制，做到对被取保候审、监视居住的犯罪嫌疑人、被告人放得了、管得住，包括江苏的"江阴模式"、山东的"东营河口模式"、四川的"武胜模式"等。例如，江苏省江阴市等地检察机关牵头建立针对外来涉罪人员"取保候审基地"，山东省东营市河口区人民检察院牵头协调胜利油田下属公司建立"黄河中途驿站"，为在本地无固定住所、无经济来源的外来涉罪人员提供既能保障基本生活条件，又为其提供帮教的住所，解决捕后犯罪嫌疑人、被告人通过羁押必要性审查后被取保候审所需要的保证人问题及生活场所问题。[1]在上海，上海市人民检察院与市公安局联合制定《关于开展羁押必要性审查的实施办法（试行）》，确定与公安机关的配合制约机制。有的区检察院与区公安、法院、司法局建立联席制度，拓展案件信息渠道，形成工作合力。此外，有 4 个区检察院根据市检察院的要求，探索归口监所检察部门审查（即"归口审查模式"）。[2]在涉民营企业家羁押必要性审查专项活动开展过程中，河北、内蒙古、上海、福建、江西、河南等地检察机关大胆运用羁押必要性公开审查模式，对有影响、较典型的涉民营企业家羁押案件进行公开审查，增强了办案的透明度和公平公正，增强了司法公信力。[3]类似的地方性探索，在很多地方均存在。

此外，有学者与实务部门联合进行试点探索，例如，陈卫东教授于 2014 年 7 月至 2016 年 6 月在 A 省 W 市检察系统进行的羁押必要性审查试点研究工作，试点内容包括：一是对外建立协作配合制度，以检察院的名义与公安局、司法局会签《W 市羁押必要性审查实施办法》《W 市羁押必要性审查工作机

〔1〕 参见袁其国：《修改后刑诉法的实施与看守所检察工作》，载《检察日报》2013 年 11 月 20 日，第 3 版。

〔2〕 参见叶青：《羁押必要性审查工作模式探索》，载《人民检察》2014 年第 16 期。

〔3〕 参见徐日丹：《涉民营企业家羁押必要性审查专项活动取得实效——提出变更强制措施建议 2519 人，建议采纳率达 90%》，载《检察日报》2020 年 6 月 5 日，第 1 版。

制》，建立羁押必要性审查协作机制；二是对内推动建立归口办理与统一受理制度，制定了《W市人民检察院归口办理羁押必要性审查案件的实施细则》，试行羁押必要性审查案件归口刑事执行检察部门办理，其他相关部门共同协作配合的制度；三是建立公开听证制度，出台了《W市人民检察院关于羁押必要性审查的听证规则（试行）》，并成立听证委员会，建立公开听证审查案件制度；四是建立羁押必要性审查风险评估制度，制定了《W市人民检察院羁押必要性审查风险评估实施办法》，为决定是否释放或变更强制措施提供依据；五是建立跟踪监督制度，制定了《W市人民检察院羁押必要性审查案件跟踪监督办法》，确保"放得了，管得住，效果好"。[1]这是学界与实务界联合进行的试点探索过程中所确立的相关措施。

复次，检查或者考核。由于开展捕后羁押必要性审查工作会增加办案人员的工作量，部分案件的办案人员还会面临放纵犯罪的质疑，影响办案人员与侦查机关的关系，且羁押必要性审查与实践中的考评机制存在一定的冲突，检察机关办案人员往往怠于行使捕后羁押必要性审查权。[2]为推动羁押必要性审查工作，总结相关工作经验，改进工作方法，最高人民检察院刑事执行检察厅定期会评选出羁押必要性审查精品案例。[3]羁押必要性审查精品案例的评选，是从正面对羁押必要性审查制度的推行进行激励。

为推进监所检察部门开展羁押必要性审查工作，2014年9月26日，上海市人民检察院监所检察处制定了《关于进一步深化羁押必要性审查工作的若干意见》，要求各区、县检察院监所检察部门每月羁押必要性审查数不少于所派驻看守所当月新增逮捕数的5%，羁押必要性审查采纳率不低于50%等量化参考指标。[4]这一规定，是从考核指标的角度推动羁押必要性审查制度的有效运行。其他地方也有类似的规定。

最后，总结和评估。由于种种因素的影响，中央和地方对羁押必要性审查制度的运行效果未进行相应的总结和评估。学界的一些研究成果，涉及羁

---

〔1〕　参见陈卫东：《羁押必要性审查制度试点研究报告》，载《法学研究》2018年第2期。

〔2〕　参见宋英辉、张云鹏：《捕后羁押必要性审查制度运行状况研究》，载《人民检察》2015年第21期。

〔3〕　参见袁其国：《强化监督实效　不断规范刑事执行检察工作》，载《人民检察》2017年第2期。

〔4〕　参见上海市人民检察院：《上海：羁押必要性审查工作统一归口取得实效》，载《人民检察》2015年第12期。

押必要性审查制度的运行效果问题。有学者调研发现，2016 年，S 省 4 个市的检察院共逮捕犯罪嫌疑人 5562 人，通过捕后羁押必要性审查对其中 290 人发出释放或者变更强制措施建议书，被采纳 270 人，占逮捕人数的 4.85%。[1]有学者通过对裁判文书大数据分析后指出，2016 年和 2017 年，全国法院一审刑事案件被告人由逮捕转为非羁押措施的人数比例分别达到 4.21% 和 4.69%，较之前三年均有所提升。[2]据调研，有的地方虽然检察机关批捕率下降了，但法院逮捕率却显著上升；侦查阶段提捕率、批捕率虽然下降了，检察机关羁押必要性审查后建议变更强制措施或释放的采纳率却下降了。[3]上述数据表明，羁押必要性审查制度的运行有一定的效果，但受制于各种因素的影响，效果并不明显。

事实上，羁押必要性审查制度的运行，虽有专项治理的因素，但主要还是体现为各地进行的改革探索。需要注意的是，涉民营企业家的羁押必要性审查专项活动的效果要明显优于之前各地进行的羁押必要性审查的改革探索。在涉民营企业家羁押必要性审查专项活动期间，全国检察机关共审查相关案件 10 922 人，立案 3506 人，提出变更强制措施建议 2519 人，被采纳 2266 人，采纳率达 90%。其中审查涉黑涉恶案件涉民营企业家羁押案件 605 人，立案 95 人，提出变更强制措施建议 29 人，被采纳 26 人。最高人民检察院充分发挥案例示范与引领作用，组织开展了 2019 年羁押必要性审查精品案例评选活动，评选出 100 件精品案件，重点包括涉民营企业家羁押必要性审查案件，切实指导与规范了每案必审的办案要求，保障企业家合法权益。[4]涉民营企业家的羁押必要性审查专项活动能够取得较为明显的效果，主要原因是政治正确、领导重视等因素的影响，这些因素导致专项活动的推进过程中呈现出更强的专项治理的特征。羁押必要性审查制度实施效果的上述差异再次表明，专项治理在推动特定时期特定工作方面能起到重要作用，治理措施的"专项治理"特征越明显，短期内所取得的效果就越明显。刑事司法中的很多

---

〔1〕 参见张琳：《捕后羁押必要性审查之证明规则研究——以依申请启动下的羁押必要性审查为视角》，载《中国刑法杂志》2017 年第 5 期。

〔2〕 参见王禄生：《论刑事诉讼的象征性立法及其后果——基于 303 万判决书大数据的自然语义挖掘》，载《清华法学》2018 年第 6 期。

〔3〕 参见孙长永：《凝聚共识推动少捕慎诉慎押落地落实》，载《人民检察》2022 年第 18 期。

〔4〕 参见徐日丹：《涉民营企业家羁押必要性审查专项活动取得实效——提出变更强制措施建议2519 人，建议采纳率达 90%》，载《检察日报》2020 年 6 月 5 日，第 1 版。

问题，特别是人权保障问题，由于影响因素较多且牵涉相关人员的利益，不通过专项治理的方式，往往难以解决。

2018 年《刑事诉讼法》对羁押必要性审查问题未予修改，2019 年《人民检察院刑事诉讼规则》规定羁押必要性审查工作由内部机构改革后的捕诉部门办理，[1]有的检察官将这一由捕诉部门办理羁押必要性审查工作的规定称为"新归口审查模式"，并认为羁押必要性审查"新归口审查模式"有四大优势：一是节约司法成本；二是提高审查的精准性；三是更易与外部沟通；四是能与其他主责主业深度融合。[2]羁押必要性审查具体审查部门的调整表明，羁押必要性审查制度仍处于不断的变革之中，该制度的运行效果有待观察。

（三）少捕慎诉慎押

2012 年，最高人民检察院发布的《关于进一步加强未成年人刑事检察工作的决定》规定，对未成年人要坚持依法少捕、慎诉、少监禁，最大限度地降低对涉罪未成年人的批捕率、起诉率和监禁率。2014 年，最高人民检察院发布的《关于进一步加强未成年人刑事检察工作的通知》中提出少捕慎诉理念，强化对未成年人的刑事司法保护。2019 年，最高人民检察院提出，对涉案民营企业负责人"依法能不捕的不捕、能不诉的不诉、能不判实刑的就提出适用缓刑的量刑建议"。2020 年 1 月，中央政法工作会议明确要求，贯彻宽严相济刑事政策，既要依法严厉打击严重刑事犯罪，又要把握少捕慎诉原则，努力扩大教育面、减少对立面。2020 年 1 月，全国检察长会议正式提出少捕慎诉慎押要求，逐步形成检察司法理念并努力践行，此后得到中央政法委采纳肯定，并在中央政法工作会议上明确要求：既要依法严厉打击严重刑事犯罪，又要把握少捕慎诉原则。[3]2021 年 4 月，中央全面依法治国委员会把"坚持少捕慎诉慎押刑事司法政策，依法推进非羁押强制措施适用"列入

---

〔1〕　2019 年《人民检察院刑事诉讼规则》第 575 条规定：负责捕诉的部门依法对侦查和审判阶段的羁押必要性进行审查。经审查认为不需要继续羁押的，应当建议公安机关或者人民法院释放犯罪嫌疑人、被告人或者变更强制措施。审查起诉阶段，负责捕诉的部门经审查认为不需要继续羁押的，应当直接释放犯罪嫌疑人或者变更强制措施。负责刑事执行检察的部门收到有关材料或者发现不需要继续羁押的，应当及时将有关材料和意见移送负责捕诉的部门。

〔2〕　参见宋楠：《立足新模式做好羁押必要性审查》，载《检察日报》2020 年 4 月 12 日，第 3 版。

〔3〕　参见邱春艳、史兆琨：《少捕慎诉慎押的检察实践》，载《检察日报》2021 年 12 月 15 日，第 2 版。

2021 年工作要点，作为 2021 年度需研究推进的重大问题和改革举措，少捕慎诉慎押由司法理念正式上升为党和国家的刑事司法政策。2021 年 4 月，最高人民检察院下发的《"十四五"时期检察工作发展规划》强调要落实"少捕慎诉慎押司法理念"。2021 年 6 月 15 日，中共中央印发《关于加强新时代检察机关法律监督工作的意见》，将"严格依法适用逮捕羁押措施，促进社会和谐稳定"作为检察机关的一项重要任务。少捕慎诉慎押刑事司法政策的推进，也较为明显地体现了专项治理的方式。

首先，问题的产生。近年来，随着社会的发展，我国的犯罪发生了结构性变化。重罪案件从 1999 年 16.2 万人下降至 2019 年的 6 万人，占比从 19.6%下降至 2.7%；判处三年有期徒刑以下刑罚的人数占比从 1999 年的 54.6%上升至 78.7%，"醉驾"取代盗窃成为刑事追诉第一犯罪。[1]据此，可以说，我国的犯罪结构呈现出这样的变化，即重罪比例下降、轻罪迅速增加、社会危险性较小的行政犯占较大比重。在这一背景下，以往司法实践中存在的"构罪即捕""一押到底"的办案模式已不能适应时代发展和社会需要。

传统刑事司法更强调治罪，在犯罪结构发生变化的背景下，治罪型刑事司法的效果面临各种质疑。最高人民检察院官方媒体认为，新时代新发展阶段，检察机关要在习近平法治思想的指引下，按照《关于加强新时代检察机关法律监督工作的意见》要求，将司法办案融入国家治理大局，统筹落实少捕慎诉慎押刑事司法政策、认罪认罚从宽制度，切实促进治罪与治理并重。[2]这一论述表明，对于轻罪，应该注重治理而非单纯的治罪，注重通过刑事司法化解社会矛盾，解决社会问题，促进社会健康发展。

此外，长期以来，我国人身强制措施的适用存在未决羁押率过高、未决羁押期限过长以及人身自由受到非法侵害的犯罪嫌疑人、被告人缺乏有效救济等问题。[3]个别地方的实践中还存在缓刑中的刑期与羁押期倒挂的现象，[4]

[1] 参见张军：《最高人民检察院工作报告——2020 年 5 月 25 日在第十三届全国人民代表大会第三次会议上》，载《检察日报》2020 年 6 月 2 日，第 2 版。

[2] 参见佚名：《更实促进治罪与治理并重》，载《检察日报》2022 年 4 月 7 日，第 1 版。

[3] 参见孙长永：《少捕慎诉慎押刑事司法政策与人身强制措施制度的完善》，载《中国刑事法杂志》2022 年第 2 期。

[4] 所谓缓刑中的刑期与羁押期倒挂现象，是指被告人被判处缓刑，但先行羁押期超过原判刑期。参见台培森：《缓刑中的刑期与羁押期倒挂现象研究》，载《中国检察官》2020 年第 20 期。

如马某寻衅滋事案，〔1〕马某被判处拘役三个月，缓刑六个月，但马某已经被羁押四个半月。未决羁押的普遍化和个别的关于未决羁押的极端案例，表明传统的羁押型司法需要进行相应的变革。

最高人民检察院表示，落实少捕慎诉慎押刑事司法政策的功能作用体现在：一是有利于强化人权司法保障，二是有利于促进社会和谐，三是有利于节约司法资源。〔2〕上述因素的结合，促使了少捕慎诉慎押刑事司法政策的出台。

其次，制定实施方案或者法律文件并进行相应的动员。为进一步改善营商环境，强化民营经济的司法保护，2021年4月，最高人民检察院印发《关于开展企业合规改革试点工作方案》，明确提出开展企业合规改革试点工作是检察机关对于办理的涉企刑事案件，在依法作出不批准逮捕、不起诉决定或者根据认罪认罚从宽制度提出轻缓量刑建议等的同时，针对企业涉嫌具体犯罪，结合办案实际，督促涉案企业作出合规承诺并积极整改落实，促进企业合规守法经营，减少和预防企业犯罪。

2021年7月，最高人民检察院在全国检察机关组织开展为期六个月的羁押必要性审查专项活动。专项活动主要针对实践中存在的轻罪案件羁押率过高、构罪即捕、一押到底和涉民营企业案件因不必要的羁押影响生产经营等突出问题，以及羁押背后所反映的以押代侦、以押代罚、社会危险性标准虚置、羁押必要性审查形式化等不适应经济社会高质量发展需要等问题，确定选择三类重点案件开展全流程、全覆盖的羁押必要性审查。三类重点案件是指，法定刑在三年以下有期徒刑的在办羁押案件、涉民营企业经营类犯罪（经济犯罪、与职务行为相关犯罪等）在办羁押案件以及犯罪嫌疑人、被告人及其法定代理人、近亲属或者辩护人提出羁押必要性审查申请的在办羁押案件。为了更好落实少捕慎诉慎押刑事司法政策，推动解决专项活动中存在的普遍性问题，进一步强化检察机关羁押必要性审查意识，最高人民检察院决定把羁押必要性审查专项活动的时间延长至2022年12月31日，活动覆盖的案件范围扩大到所有刑事案件。〔3〕与之前各地进行的羁押必要性审查改革探

---

〔1〕　参见河北省秦皇岛市中级人民法院（2018）冀0304刑初38号刑事判决书。

〔2〕　参见庄德通：《什么是"少捕慎诉慎押"》，载《民主与法制时报》2022年3月17日，第8版。

〔3〕　参见蒋安杰：《少捕慎诉慎押刑事司法政策落实一年间》，载《法治日报》2022年4月27日，第9版。

索相比，这次进行的羁押必要性审查专项活动是由最高人民检察院发动，是在实施少捕慎诉慎押刑事司法政策的背景下进行的，专项治理的特征更加明显。

2021 年 10 月 15 日，最高人民检察院贯彻少捕慎诉慎押刑事司法政策暨有关文件征求意见研讨会在重庆举行。2021 年 11 月，最高人民检察院发布《人民检察院羁押听证办法》，明确检察机关在依法办理审查逮捕、审查延长侦查羁押期限、羁押必要性审查三类案件时，可以通过组织召开听证会的方式听取各方意见，规范开展听证审查活动，依法准确作出是否适用羁押强制措施的审查决定。2021 年 12 月 11 日，中国法学会检察学研究会刑事检察专业委员会成立大会暨首届专题论坛在重庆召开，论坛主题为"少捕慎诉慎押刑事司法政策的理论与实践"。[1]2021 年 12 月，最高人民检察院发布首批 5 起检察机关贯彻少捕慎诉慎押刑事司法政策典型案例，[2]对少捕慎诉慎押的实践经验进行总结，为进一步深化政策落实提供指导。2022 年 12 月 1 日，江苏省检察院召开全省检察机关贯彻落实少捕慎诉慎押刑事司法政策情况新闻发布会，向社会通报 2022 年以来该省检察机关落实少捕慎诉慎押刑事司法政策工作情况，并发布 8 个典型案例。[3]发布会介绍了江苏省检察机关为贯彻落实少捕慎诉慎押刑事司法政策所采取的措施，以及所取得的成效。

最高人民检察院联合最高人民法院、公安部、国家安全部、司法部研究制定关于贯彻少捕慎诉慎押刑事司法政策的有关意见，将从严格把握逮捕措施的适用、完善非羁押强制措施体系、羁押强制措施的变更与解除，以及强化工作协作配合等方面依法推进非羁押强制措施的适用。[4]目前，少捕慎诉慎押刑事司法政策的探索正在进行中。

再次，实施相应的措施。最高人民检察院于 2020 年 11 月下发通知，在北京、河北等 11 个省（市）启动了"降低羁押率的有效路径与社会危险性量

---

〔1〕 参见徐慧碧：《因势而谋落实少捕慎诉慎押刑事司法政策——中国法学会检察学研究会刑事检察专业委员会首届专题论坛述要》，载《人民检察》2022 年第 2 期。

〔2〕 参见佚名：《检察机关贯彻少捕慎诉慎押刑事司法政策典型案例（第一批）》，载《检察日报》2021 年 12 月 6 日，第 2 版。

〔3〕 参见占东东、吕文静：《江苏：发布贯彻落实少捕慎诉慎押刑事司法政策情况》，载 https://www.spp.gov.cn/zdgz/202212/t20221202_ 594474.shtml，最后访问日期：2022 年 12 月 4 日。

〔4〕 参见史兆琨：《"准确适用少捕慎诉慎押，需要辩证思维"》，载《检察日报》2021 年 12 月 4 日，第 2 版。

化评估"试点工作。[1]试点要求各地以社会危险性量化评估、羁押替代性措施适用等一系列制度措施为抓手，探索建立符合非羁押诉讼改革方向，具有较强可操作性、实践运行切实有效的羁押必要性审查制度体系，推动有效降低审前羁押率。

为充分体现宽严相济刑事政策以及少捕慎诉慎押刑事司法政策，进一步规范取保候审工作，公安部会同最高人民法院、最高人民检察院、国家安全部在充分调研论证的基础上，根据现行法律和有关规定，于2022年9月发布新的《关于取保候审若干问题的规定》，对取保候审的一般规定、决定、执行、变更、解除、责任等方面作出了规定。[2]这是通过配套的制度建设，为少捕慎诉慎押刑事司法政策的有效实施提供保障。

在地方层面，近年来，上海市闵行区人民检察院持续推进检察创新，用"七个率先"打通少捕慎诉慎押刑事司法政策落地见效的"最后一公里"。[3]武汉市武昌区人民检察院和区公安分局共建侦捕诉衔接工作机制，例如，经与公安机关充分沟通，该院制定了《刑事案件捕前分流工作指引》，明确了故意伤害罪、非法拘禁罪、盗窃罪等11类常见罪名不提请逮捕的具体情形和流程，有助于公安机关综合判断犯罪嫌疑人有无报捕必要，实现捕前分流。对于无逮捕必要的案件，双方还建立了案件快速移送"绿色通道"。[4]为了不断深化羁押必要性审查，苏州市检察机关积极探索刑事案件羁押听证制度，完善非羁押人员管理配套措施，以此提升非羁押措施适用率。为减少不捕的压力，2020年1月，苏州市人民检察院与苏州市公安局联合出台《关于不捕、不诉案件听取公安机关意见的规定》，要求对公安机关不同意不捕不诉意见的案件，应当邀请公安机关派员列席案件讨论会。与此同时，为确保对非羁押

[1] 参见蒋安杰：《降低羁押率的有效路径探索与社会危险性量化评估》，载《法治日报》2022年1月12日，第11版。

[2] 参见董凡超、张晨：《落实宽严相济 少捕慎诉慎押》，载《法治日报》2022年9月22日，第3版。

[3] 率先建立非羁押人员数字化智能监管平台、率先成立侦查监督与协作配合办公室、率先研发被不起诉人信息管理平台、率先打造轻伤害案件一体化办理机制、率先设立社区矫正检察官办公室、率先组建专业检察听证人员库、率先与法院会签惩治涉知识产权恶意诉讼合作机制。参见余东明：《打好少捕慎诉慎押落地见效组合拳——上海闵行检察院"七个率先"持续推进检察创新》，载《法治日报》2022年11月7日，第3版。

[4] 参见周晶晶、田第潘：《羁押率降低与社会矛盾化解实现双赢》，载《检察日报》2022年11月11日，第2版。

人员进行有效监管，苏州市人民检察机关推出了一系列举措：姑苏区人民检察院推出一款取保候审监管小程序，通过人脸识别、自动定位、智能身份验证、预警等多种方式，对取保候审人员进行线上精准监管；常熟市人民检察院联合公安机关依托"门磁+监控+手环"三重保障，实现对一般监视居住对象的全方位监管、动态化追踪，执行民警通过手机、电脑端口非羁押辅助管控系统即可掌握监管对象的活动轨迹和日常表现。[1]其他地方，也有类似的探索。

复次，检查或者考核。目前，少捕慎诉慎押刑事司法政策还处于提出和试点阶段，全国层面的检查或者考核基本未展开。

为了推进少捕慎诉慎押刑事司法政策，一些地方制定了相应的检查或者考核要求。浙江省东阳市人民检察院对员额检察官细化量化考核责任，明确对提前介入、审查逮捕、捕后诉前、审查起诉等各环节进行羁押必要性全流程跟踪评估，以公开听证和"横店老娘舅"平台调解为依托，有效避免一捕了之、一押到底。[2]2022年7月，武汉市东湖高新区工委全面依法治区委员会召开会议，专题审议在区内建立落实少捕慎诉慎押刑事司法政策衔接协调机制的工作。会议要求，检察院、政法委要强化政策实施效果考核评估，不断细化完善政策内容。此外，会议还审议通过了《关于建立落实少捕慎诉慎押刑事司法政策衔接协调机制的暂行办法》，以解决少捕慎诉慎押刑事司法政策在实践中"不愿用、不敢用、不会用"的问题。[3]为推动少捕慎诉慎押刑事司法政策有效实施，改变传统羁押型司法的惯性，很多地方都出台了类似的检查或者考核规定。

最后，总结和评估。目前，不同渠道的总结和数据表明，少捕慎诉慎押刑事司法政策已取得了一定的成效。就全国来说，据最高人民检察院相关负责人介绍，专项活动期间，全国检察机关不捕率33.95%，同比提高9.3个百分点，无社会危险性不捕的比例达53.53%，同比上升14.7个百分点，社会

---

〔1〕 参见卢志坚等：《江苏苏州：能动履职降低诉前羁押率》，载《检察日报》2022年3月20日，第3版。

〔2〕 参见陈东升、金倩如：《这么多刑事案件不捕不诉为哪般——解密浙江金华检察少捕慎诉慎押改革路径》，载《法治日报》2022年3月2日，第8版。

〔3〕 参见田璐：《全方位疏通堵点！"少捕慎诉慎押"列入东湖高新区全面依法治区委员会考核》，载 http://wh.hbjc.gov.cn/wjxw/ldjj/202207/t20220718_ 1738826.shtml，最后访问日期：2022年11月28日。

危险性成为逮捕羁押的决定性条件。[1]据最高人民检察院第一检察厅有关负责人介绍，轻罪案件羁押率高、构罪即捕、一押到底等现象得到明显改善。2020 年至 2022 年上半年，我国逮捕率从 76.7%下降至 60.8%，诉前羁押率从42.2%下降 32.8%。其中，不捕复议复核改变率从 5.2%下降至 0.7%。[2]根据全国检察机关统一业务应用系统数据，2021 年 1 月至 10 月，全国检察机关不捕率 29.9%，同比增加 7.4 个百分点，其中，无逮捕必要不捕占 48.5%，同比增加 11.4 个百分点；诉前羁押率 49.7%，同比下降 4.6 个百分点。[3]据最高人民检察院工作报告的介绍，2021 年，全国检察机关开展羁押必要性审查专项活动，对捕后可不继续羁押的，依法建议释放或者变更强制措施 5.6万人，诉前羁押率从 2018 年 54.9%降至 2021 年 42.7%。[4]据最高人民检察院官方媒体报道，2021 年，全国检察机关贯彻落实少捕慎诉慎押刑事司法政策成效明显，诉前羁押率下降至 42.7%，无逮捕必要不捕人数占比首次超过50%。[5]据最高人民检察院在 2022 年 7 月"中国这十年"系列主题新闻发布会上介绍，刑事案件诉前羁押率从 20 年前的 91.4%下降到 2020 年的 59.3%，进而下降到 2022 年 6 月的 32.7%。[6]2022 年 10 月 15 日，最高人民检察院向社会发布 2022 年 1 月至 9 月全国检察机关主要办案数据：诉前羁押率28.3%，达近三年来最低。[7]此外，少捕慎诉慎押刑事司法政策和理念向诉讼前端有效传导，2022 年 1 月至 9 月，公安机关提请逮捕数量大幅下降，检察机关共受理审查逮捕各类犯罪 44.3 万件 66.9 万人，同比分别下降 29.2%、

---

〔1〕　参见蒋安杰：《少捕慎诉慎押刑事司法政策落实一年间》，载《法治日报》2022 年 4 月 27日，第 9 版。

〔2〕　参见史兆琨：《上半年检察机关批捕人数比 2018 年同期下降 59.7%》，载《检察日报》2022年 10 月 14 日，第 1 版。

〔3〕　参见苗生明、纪丙学：《贯彻宽严相济　依法充分准确适用少捕慎诉慎押刑事司法政策——检察机关首批贯彻少捕慎诉慎押刑事司法政策典型案例解读》，载《中国检察官》2022 年第 2 期。

〔4〕　参见张军：《最高人民检察院工作报告——二○二二年三月八日在第十三届全国人民代表大会第五次会议上》，载《人民日报》2022 年 3 月 16 日，第 7 版。

〔5〕　参见史兆琨：《2022 年刑事检察工作如何聚焦高质量发展——全国检察机关刑事检察工作电视电话会议解读》，载《检察日报》2022 年 2 月 19 日，第 1 版。

〔6〕　参见丁玉冰：《最高检：认罪认罚绝非一律从宽　少捕慎诉慎押不是不捕不诉不押》，载 https://finance. sina. cn/2022-07-18/detail-imizirav4184157. d. html，最后访问日期：2022 年 11 月 28 日。

〔7〕　参见沙雪良：《今年前三季度全国诉前羁押率达三年来最低》，载 https://baijiahao. baidu. com/s？id＝1746732751813618235&wfr＝spider&for＝pc，最后访问日期：2023 年 1 月 4 日。

28.8%。[1]这些来自不同渠道的数据，从不同的侧面表明少捕慎诉慎押刑事司法政策推行以来所取得的成效。

就地方来说，一些地方的数据表明，少捕慎诉慎押刑事司法政策贯彻落实的效果比较明显。例如，2019年至2021年，江苏省检察机关的不批准逮捕率从23.4%上升至33%，诉前羁押率从40.4%下降至23.6%。[2]2022年1月至10月，武汉市武昌区人民检察院不捕率升至38.5%，不诉率升至30.5%，较去年同期分别有较大幅度增加；诉前羁押率降至26%，持续保持全市检察机关最低。[3]作为全国案件量最大的基层院之一，深圳市宝安区人民检察院常年办理的批捕起诉案件人数在8000人以上，审前羁押率也保持在较高状态。2021年以来，宝安区人民检察院采取多项有力措施，审前羁押率逐步下降，至2021年第四季度，宝安区人民检察院的审前羁押率降至36.94%。[4]宝安区人民检察院通过提前介入、开展羁押听证、研发全市首个非羁押人员动态监管系统等措施，让审前羁押率从最高的78.73%下降到2021年12月的36.36%，2022年上半年诉前羁押率继续下降，降至31.89%。[5]上述数据表明，少捕慎诉慎押刑事司法政策推行以来，全国各地的审前羁押率基本上都呈现出下降的趋势。

四、效果简析与前景展望

(一) 效果简析

从涉黑涉恶犯罪及未决羁押问题的专项治理不难看出，专项治理之所以在我国刑事司法中长期存在，最为重要的原因之一就是其能够在短期内解决现实问题。它的积极效果至少可以表现在以下几个方面。

首先，稳定了社会秩序，保证了中国改革开放奇迹的实现。《中共中央关

---

[1] 参见张素：《中国最高检："少捕慎诉慎押"政策理念已向诉讼前端传导》，载 https://baijiahao.baidu.com/s? id=1746728414627515484&wfr=spider&for=pc，最后访问日期：2022年11月28日。

[2] 参见刘华：《少捕慎诉慎押刑事司法政策的实践路径》，载《人民检察》2022年第4期。

[3] 参见周晶晶、田第潘：《羁押率降低与社会矛盾化解实现双赢》，载《检察日报》2022年11月11日，第2版。

[4] 参见佚名：《一场四地，线上线下，"检察开放日"首次聚焦羁押率!》，载 https://m.thepaper.cn/baijiahao_16032894，最后访问日期：2023年1月4日。

[5] 参见苏国锐：《一场羁押听证会的背后：宝安坚持"少捕慎诉慎押"》，载 https://baijiahao.baidu.com/s? id=1741549379899699120&wfr=spider&for=pc，最后访问日期：2023年1月4日。

于党的百年奋斗重大成就和历史经验的决议》指出，中国共产党的百年奋斗开辟了实现中华民族伟大复兴的正确道路，我国"仅用几十年时间就走完发达国家几百年走过的工业化历程，创造了经济快速发展和社会长期稳定两大奇迹"。经济快速发展离不开社会的长期稳定，而社会的长期稳定与专项治理的关系密切。

我国司法机关坚持司法为经济建设这一中心工作服务的大局，[1]通过专项治理司法保持社会秩序的稳定，为经济建设提供良好的社会环境。正如有学者所言，改革开放以来社会情形的变化，使得以往社会控制中的非正式控制机制逐渐弱化，从而使得司法在维持社会秩序中的作用前所未有地凸显。[2]对于黑恶犯罪的专项治理，确实使得社会秩序有所改善。据调查，2008年贵州省公众安全感指数较上年上升了9.54个百分点。[3]公众安全感指数的提升，意味着社会秩序的改善，安全有序的社会环境为经济社会发展提供了基础环境。

需要注意的是，专项治理对社会秩序的维持，是通过间歇性地对某一刑事领域中的问题进行整治所达到的，即通过国家力量的"间歇性社会控制"来达成社会秩序的维系。[4]专项治理具有紧急应对性特征，即刑事司法某一领域出现问题引发"上级"关注后，会短期内调动大量的人力和物力来应对，从而达到短时间内解决问题的效果。

其次，初步解决了司法实践中存在的突出问题。就犯罪治理而言，当某一类型的犯罪如涉黑涉恶犯罪引发社会关注后，往往会引发针对这一类型犯罪的专项治理。通过这种专项斗争式的打击，可以有效解决某一时期相对突出的某一类型的违法犯罪问题。而且，针对特定领域犯罪的专项治理，往往与国家法制建设同步进行，即在专项治理的过程中，通过出台各种类型的解释、文件，为专项治理提供规范基础。随着法律规范的逐步确立，针对特定

---

〔1〕　参见吴良志：《政策导向型司法："为大局服务"的历史与实证——中央政府工作报告与最高法院工作报告之比较（1980—2011）》，载万鄂湘主编：《探索社会主义司法规律与完善民商事法律制度研究——全国法院第23届学术讨论会获奖论文集（上）》，人民法院出版社2011年版，第44-45页。

〔2〕　参见何永军：《断裂与延续：人民法院建设（1978—2005）》，中国社会科学出版社2008年版，第197-198页。

〔3〕　参见阎志江：《公众安全感指数升9.54%》，载《法制日报》2009年2月1日，第1版。

〔4〕　参见唐皇凤：《常态社会与运动式治理——中国社会治安治理中的"严打"政策研究》，载《开放时代》2007年第3期。

犯罪的治理中"专项行动"因素逐步减弱，常规化治理机制逐步得以建立和完善。时至今日，即使还存在针对特定犯罪进行的专项斗争，也基本上能够依法进行，至少是有关部门强调要依法进行。

而通过如未决羁押治理类似的存在于人权保障领域的专项治理，不仅可以迅速遏制刑事司法领域中发生的侵犯犯罪嫌疑人、被告人基本权利的现象，而且意味着法治和人权保障的理念通过专项治理的方式迅速传达至社会各界。与此同时，伴随着对专项治理局限性的了解，对国家的正式法律逐步进行修改完善，使得对刑事司法领域的人权保障问题的治理渐趋向常规化的刑事"程序内"治理转变，[1]即通过制度建设进行常规化治理。

最后，通过"间歇性"控制，大体上确保了人权保障与打击犯罪的平衡。刑事司法领域的价值追求具有多样性，其中，打击犯罪与人权保障是核心价值。打击犯罪与人权保障之间的关系较为复杂，在特定的时代背景下，受有限的司法资源、社会控制能力、司法理念和具体的制度设计等因素的影响，两者之间的关系可能是冲突关系。如果注重打击犯罪，则可能视刑事诉讼程序为工具，不太重视刑事诉讼程序中与人权保障有关的规定，导致这些程序性规定的运转失灵；如果注重人权保障，则可能因为受一些刑事诉讼程序的"束缚"而难以有效打击犯罪。[2]结果，打击犯罪与人权保障难以兼顾。在这一两难困境中，针对不同时期的突出问题所进行的专项治理，能够解决特定时期的紧迫问题，从长期来看，能够大体上确保人权保障与打击犯罪的平衡。

当然，就像在涉黑涉恶犯罪及未决羁押问题治理中所反映出的，刑事司法中的专项治理也存在一些不足之处，集中表现在治理效果保持难、治理手段合法性有限以及挤占常规治理的空间和资源等问题。

从治理效果来说，专项治理的效果保持确实是一个难题。专项治理通常带有一定的紧急性和应急性，通过治理资源的集聚，能够在短期内产生明显的效果。但当之前投入该领域的各种资源有所减弱时，相关问题很可能会卷土重来。以超前羁押的治理为例，根据最高人民检察院工作报告，全国检察机关自20世纪末期以来，一直不停地进行"超期羁押"的清理工作，2013

---

〔1〕 参见陈如超：《刑讯逼供的国家治理：1979—2013》，载《中国法学》2014年第5期。

〔2〕 参见陈瑞华：《程序正义理论》，商务印书馆2022年版，第58-60页。

年发现羁押 3 年以上未结案的 4459 人，后在中央政法委统一领导和支持下，检察机关牵头，经各政法机关共同努力，直到 2016 年 10 月才清理纠正完毕。但"前清后超"的现象再次出现，2019 年，检察机关又开始"常态化清理久押不决案件"，当年"对侦查、审判环节羁押 5 年以上未结案的 367 人逐案核查，已依法纠正 189 人"。[1]2013 年 3 月以来，各级政法机关就开展了清理纠正久押不决案件专项活动，尽管清理工作取得了阶段性成果，但是在清理纠正过程中又暴露出"前清后超""边清边超"问题依然存在，让清理纠正工作成效大打折扣。[2]司法实践中，至今仍存在借期羁押等隐性超期羁押问题。借期羁押是指公检法三机关经过协商，通过借用对方的办案期限，以解决本单位办案期限不足的困境，从而导致对被追诉人羁押期限的不当延长。[3]在羁押必要性审查方面，在对 H 省试行羁押必要性审查归口审查模式的实践进行考察后，有学者认为，该模式的试点效果得以彰显，在很大程度上是因为基层检察院协调了检察院内部和外部的权利关系，但这种促生或支撑归口审查模式的基层司法生态并不稳定，因此试点改革的长期可持续性存疑。[4]这些来自不同渠道的信息表明，超期羁押问题至今仍未彻底消除。为什么专项治理的效果难以保持？对于专项治理的效果，有学者认为，由于专项治理内嵌于科层体制内部，这就导致了其中的官僚队伍要把大量的时间花费在运动的筹备、实施和事后总结上，久而久之，专项治理也会产生"边际效益递减"，即这种权利保障方式可能会越来越"仪式化"和"形式化"。[5]针对刑事拘留的"专项行动式"专门监督，有学者认为，这种专项检查并非检察机关的常规工作，专项检查必须协调公安机关一同进行，否则检察机关难以调阅案卷材料和获得其他信息。检查的结果通常以通报和检察建议的方式呈现，

---

〔1〕　参见孙长永主编：《中国刑事诉讼法制四十年：回顾、反思与展望》，中国政法大学出版社 2021 年版，第 356 页。

〔2〕　参见刘武俊：《拿什么来终结超期羁押和久押不决》，载《民主与法制时报》2015 年 8 月 8 日，第 2 版。

〔3〕　参见李永航：《隐性超期羁押问题研究》，载《重庆交通大学学报（社会科学版）》2015 年第 6 期。

〔4〕　参见林喜芬：《分段审查抑或归口审查：羁押必要性审查的改革逻辑》，载《法学研究》2015 年第 5 期。

〔5〕　参见丁轶：《权利保障中的"组织失败"与"路径依赖"——对于"运动式治理"的法律社会学考察》，载《法学评论》2016 年第 2 期。

对公安机关的约束力相当有限。[1]这些研究表明，专项治理的效果维持有一定困难，特别是当专项治理牵涉不同部门的利益时，如果得不到其他部门的有力配合，效果将更为有限。

从对常规治理空间与资源的影响看，平衡治理资源配置也殊为不易。专项治理的短期高效性易导致对专项治理的路径依赖。一方面，如果习惯于通过专项治理解决问题，可能会影响通过常规治理解决问题的能力。有学者认为，"专项整治""专项行动"等"专项治理"的逻辑起点是社会普遍关注的恶性问题，形成决策的起点是自上而下的行政指令。这种状况在展示中央政府（上级政府）权威的同时，也凸显了地方政府（下级政府）治理能力的不足，经常使用这种政策工具，不仅容易导致地方政府在棘手问题的治理路径上过分依赖中央政府，而且容易形成固定的管理习惯，不利于地方常规治理能力的提升。[2]换句话说，过于重视专项治理在短期内取得明显效果的同时，可能会忽视常规治理方式的提升，进而不利于提升通过常规治理解决问题的能力。另一方面，专项治理有可能挤占有限的司法资源，导致基层基础工作削弱。专项治理容易以短期效果掩盖制度问题，错过制度调整的机会，甚至导致原有制度模式停滞不前。由于司法资源的有限性，专项治理期间，司法资源会明显地向特定领域倾斜，从而导致基层基础工作弱化，最终可能导致基层公安司法机关无法兼顾打击犯罪与保障人权的双重要求，从而陷入过度依赖专项治理的怪圈。

此外，由于专项治理的"结果导向"，即强调在短期内有效解决刑事司法领域中的某一问题，可能会导致有关机关及其工作人员在专项治理过程中为达目标而放松对手段合法性、规范性的要求。具体又可以分为两种情况：一种情况是，为确保专项治理在短期内取得有效结果，视刑事诉讼程序为工具，为达到打击犯罪的目标而不惜违反刑事诉讼程序。一般来说，专项治理中检查或者督查以及考核指标等要求越严格，办案机关面临的压力越大，办案机关越有可能通过违反刑事诉讼程序的方式来实现惩罚犯罪的目标。为有效推动专项治理，上级机关可能会无视各地的地区差异而进行"数目字"考核，

---

[1] 参见孙长永主编：《中国刑事诉讼法制四十年：回顾、反思与展望》，中国政法大学出版社2021年版，第272页。

[2] 参见张健：《国家治理变迁中的基层刑事司法——以龙泉司法档案为中心的考察》，中华书局2021年版，第339页。

从而导致办案机关不惜违反刑事诉讼程序来实现相应的目的。正如有学者所言，"专项治理"在治理目标上往往采取"一刀切"的办法，[1]不利于刑事诉讼程序的正常开展。另一种情况是，片面追求数量，可能导致"层层加码"及弄虚造假现象。有时候，为了在"形式上"满足检查和考核要求，仅针对明显违反法律规定的情形进行治理。例如，针对超期羁押所进行的专项治理，使得显性超期羁押逐渐消失，但隐性超期羁押则以各种形式持续出现。也有个别地方运用所谓的应对检查和考核的经验，通过各种方式打"擦边球"。

（二）前景展望

虽然专项治理方式在我国刑事司法中长期存在，但近年来也有变化，例如，运动特征减弱，常规治理加强，强调专项治理的依法进行。我国刑事司法领域存在一系列与专项治理关系密切的因素，这些因素的存在，意味着专项治理在现阶段仍有存在的必要性，即专项治理的需求仍然存在，也意味着专项治理有其存在的可能性。

其一，当前的刑事司法资源依然极为有限。如果将司法资源平均用于所有类型的案件，可能无法发挥预期的效果。2009年5月，云南省公安厅提出了六项深化"打黑除恶"专项斗争的总体要求，其中第一项是，建立面向全省各州市配套的"打黑除恶"工作大要案经费补助制度，纳入年度财政预算，绝不允许因为经费短缺导致线索核查不力、案件侦办不力的情况发生。[2]专项治理是要打破治理资源不足的限制，通过动员的方式在特定时间内征调各种治理资源用于完成特定任务。[3]也就是说，专项治理所具有的资源聚集效应，能够确保专项治理所针对的问题得到有效的解决。

其二，刑事司法能力的局限，意味着部分常规治理手段的低效。刑事司法能力包括多个方面的内容，其中侦查机关的办案能力是很重要的一项。以超期羁押问题为例，之所以出现"边清边超""前清后超"的现象，主要原因是侦查机关侦查手段落后，查明案件事实可采用的方式较少，仍然主要通

---

〔1〕　结合环境治理的分析，参见赵旭光：《"运动式"环境治理的困境及法治转型》，载《山东社会科学》2017年第8期。

〔2〕　参见罗力生、刘静：《云南三年打掉涉黑涉恶团伙166个》，载《人民公安报》2009年5月26日，第2版。

〔3〕　参见陈恩：《常规治理何以替代运动式治理——基于一个县计划生育史的考察》，载《社会学评论》2015年第5期。

过犯罪嫌疑人供述印证或者寻找客观证据，以捕代侦的方式是为了控制犯罪嫌疑人并获得稳定的供述。侦查机关的办案能力不足，可能会导致一些案件无法侦破，社会秩序难以维护，进而在某一领域的犯罪引发关注后，启动针对某一领域犯罪的专项斗争。在专项斗争过程中，侦查机关的办案能力欠缺，又会为了完成考核任务而采取不合法的方式获取证据，进而又会引发针对某一刑事司法中人权保障问题的专项治理。

其三，证据的客观化生成机制有欠缺，也对专项治理有客观要求。以刑事司法过程中的权利保障领域的专项治理为例。之所以刑事司法中会出现一些权利保障困境，与证据的客观化生成机制和国家的社会控制能力关系密切。[1]譬如针对刑事司法中的羁押问题，有学者认为，作为羁押代替措施的技术性控制，可以使羁押的必要性有所降低。雪亮工程、天网工程、人脸识别技术应用，以及对人的行踪等各种信息采集技术，使整个社会整体的管控能力都得到极大的增强。随着社会控制能力的增强，《刑事诉讼法》规定可以采取电子监控、不定期检查等监视方式，用于对非羁押的嫌疑人、被告人的监控。嫌疑人、被告人若要脱逃法网，困难重重，真可谓达到了"天网恢恢，疏而不漏"的程度。整体来说，社会管控的能力大大增强，降低羁押率技术条件已经成熟。[2]换句话说，对羁押问题的治理与证据的客观化生成机制、国家的社会控制能力关系密切，在技术性控制不发达的背景下，为避免被追诉人脱逃以及由此带来的追逃成本问题，公安司法机关往往更倾向于采用羁押措施来保障诉讼的顺利进行。

其四，还有绩效考核等司法管理措施方面的影响。为确保治理目标的有效实现，确保刑事司法政策的有效实施，在司法权运行行政化的背景下，公安司法机关系统和公安司法机关内部往往都有一系列考核指标，通过绩效考核来影响或者监督下级公安司法机关及其工作人员。这些考核指标对治理方式的选择及治理效果有非常关键的影响。在羁押必要性审查制度实施后，东北的部分检察机关反映新法的实施并未导致逮捕率的明显下降。对此，有学者认为，公安机关及法院对检察机关的批捕工作形成反向制约是逮捕率、羁

---

〔1〕 绩效考评对刑事程序失灵也有较大影响，参见姜金良、江厚良：《绩效考评对刑事程序失灵的影响》，载《法律和社会科学》2018年第2期。

〔2〕 参见张建伟：《降低羁押率：刑事司法改革新方向》，载《上海法治报》2022年7月20日，第B06版。

押率居高不下的原因之一，刑事拘留转捕率是公安机关重要的考核指标，如果检察机关作出不批捕的决定，则会对公安机关产生不利的考核影响，法院为防止被告人逃跑、保证被告人顺利到案，案件到审判阶段后，法院对一些检察机关认为没有逮捕必要而不予批捕的被告人转而决定逮捕。[1]这表明，影响必要性审查制度运行效果的因素很多，包括公安司法机关之间关联考核指标的设置问题。另有学者调研发现，由于捕后轻刑率考核，不捕直诉案件大量增加，而江西省检察机关仅对监所检察部门的羁押必要性审查工作进行考核，侦查监督部门和公诉部门进行羁押必要性审查工作的力度小于监所检察部门，根据最高人民检察院制定的《人民检察院审查逮捕质量标准》，对有羁押必要的犯罪嫌疑人不批准逮捕，致使犯罪嫌疑人实施新犯罪或者严重影响刑事诉讼正常进行的，属于"错不捕"。而对不适宜羁押且无羁押必要的犯罪嫌疑人批准逮捕，属于办案质量"有缺陷"。前者的责任明显大于后者，这种重视羁押措施的规定，使承办人开展捕后羁押必要性审查面临较大职业压力。[2]这些研究表明，绩效考核及相应的指标设置给公安司法机关带来了较大的现实压力，从而也在一定程度上决定了专项治理的必要性。

此外，还要考虑社会公众及司法人员的司法理念。就社会公众的司法理念来说，很多社会公众习惯了专项治理，在遇到问题时，首先想到的是政府能够发动针对某一类型问题的专项治理。例如，2020年上半年，福州市群众安全感率达99.2%、执法工作满意率达97.89%、"扫黑除恶"好评率达88.88%，群众安全感率连续3年稳步提升，执法工作满意率、"扫黑除恶"好评率持续稳居福建省第一。[3]类似的调查还有很多，这表明，社会公众对针对某一类型犯罪采取的专项治理总体上是满意的，这意味着专项治理有相当坚实的群众基础。而就司法工作人员的司法理念而言，一方面，政法队伍的"革命性"有助于专项治理的顺利推进。另一方面，当部分公安司法人员对刑事司法中打击犯罪与人权保障的关系的认识出现偏颇时，意味着需要通过专项治理这

〔1〕 参见闵春雷等：《东北三省检察机关新刑诉法实施调研报告》，载《国家检察官学院学报》2014年第3期。

〔2〕 参见谢小剑：《羁押必要性审查制度实效研究》，载《法学家》2016年第2期。

〔3〕 参见吴亚东、王莹：《扫出安居乐业新气象 福州扫黑除恶专项斗争战果赢得群众认可》，载https://baijiahao.baidu.com/s? id=16952703822391244660&wfr=spider&for=pc，最后访问日期：2023年1月4日。

种强力的方式改变相关人员的司法理念。例如，在讨论羁押必要性审查时，仍有检察长认为，逮捕后的羁押有两点作用：一是为了侦查需要；二是为了保障刑事诉讼顺利进行。[1]为了侦查需要而羁押，就会导致很多没有羁押必要性的被追诉人因侦查需要而被羁押。这一认识明显不符合基本诉讼法理，基于这一认识所形成的做法也明显不符合司法规律。这些年针对未决羁押等刑事司法中人权保障领域的问题所进行的专项治理，在一定程度上改变了公安司法机关工作人员的司法理念。

由于上述诸多主客观因素的存在，决定了专项治理在很长一段时期内，是我国刑事司法中一种必要且可行的治理方式。当然，作为下一步最重要的完善目标，应当确保刑事司法中的专项治理在法治的轨道上运作。

刑事司法中的专项治理必须坚持法治底线，即必须遵守罪刑法定原则、证据裁判原则等刑法、刑事诉讼法基本原则和相关的法律规定。在推进法治国家、法治政府、法治社会建设进程中，国家、政府和社会都应当是以法治作为基本方式的常态国家、常态政府、常态社会。因此，应该对专项治理进行法律规制。[2]2021年12月24日，第十三届全国人大常委会第三十二次会议审议通过了《反有组织犯罪法》，目的是推动"扫黑除恶"工作机制化、常态化开展，提升"扫黑除恶"工作法治化、规范化、专业化水平，为遏制有组织犯罪滋生蔓延、提升国家治理体系和治理能力现代化提供法治保障。[3]《反有组织犯罪法》的出台为黑恶犯罪的有效治理提供了坚实的法律基础。

而且，由于不同政法部门的职能定位不同，公安司法机关在专项治理中的地位和作用也应该有所不同。司法机关，特别是审判机关，应坚持客观中立的底线。法院的角色定位应该逐步转换为主体性的"审判者"。[4]而审前机关，也应当尽可能通过法治的方式推进专项治理。具体来说，公安机关和检察机关又有所不同，公安机关的专项治理，在调动司法资源解决突出问题方面，有不可低估的作用。在坚守法治底线的前提下，选择专项治理的方式对特定犯罪进行打击，属于公安机关内部打击力量的有效分配问题。检察机关作为公诉机关，在遵守法律规定的前提下，可以配合公安机关进行专项治

---

〔1〕 参见高本祥：《羁押必要性审查不可就事论事》，载《检察日报》2014年7月20日，第3版。
〔2〕 参见程琥：《运动式执法的司法规制与政府有效治理》，载《行政法学研究》2015年第1期。
〔3〕 参见王爱立主编：《中华人民共和国反有组织犯罪法释义》，法律出版社2022年版，第366页。
〔4〕 参见陈洪杰：《运动式治理中的法院功能嬗变（下）》，载《交大法学》2015年第1期。

理。检察机关作为法律监督机关，则应该尽可能确保公安机关准确、依法办案。

　　与此同时，还应该认识到，刑事司法中的诸种问题，均具有复杂的成因，专项治理也不是万能的。例如，对于涉黑涉恶犯罪的治理，需要认识到该类犯罪的发生是各种复杂社会因素交互作用的结果。对此类犯罪问题的根治，需要提升国家的治理能力和社会控制能力，需要进行综合治理。又如，刑事司法中人权保障问题的有效解决，需要从理念、制度和具体的技术等方面进行，当然，也需要考虑公安司法机关办案能力等因素。换句话说，无论是对犯罪的治理，还是对刑事诉讼中人权保障问题的治理，都需要运用系统思维，综合考虑各种因素。

第四章

刑事司法中专项治理的制度逻辑

　　国家治理是近年来党和国家重点关注的议题。党的十八届三中全会提出："全面深化改革的总目标是完善和发展中国特色社会主义制度，推进国家治理体系和治理能力现代化。"党的十九届四中全会则总结了我国国家制度和国家治理体系的显著优势与成就，并提出了推进国家治理体系和治理能力现代化的总体目标。在治理问题上升为国家战略的前提下，推进国家治理体系和治理能力现代化，就势必要求对包括司法制度在内的多元国家制度进行突破性的改革。[1]其中就包括刑事治理与相应的刑事司法制度。

　　刑事治理是国家治理的重要方式，刑事治理现代化乃国家治理现代化的核心组成。[2]作为国家治理的一部分，刑事治理并不是一套局限于单一领域的简单治理体系，而是一项涵盖政策、立法、司法、执行等多领域的系统工程。与其他治理领域相似，刑事治理同样经历了一个治理体系不断完善以及治理能力不断增强的过程。有学者总结，新中国七十年来的发展史就是刑事治理能力现代化的变迁史。七十余年来，我国刑事治理能力现代化建设的变迁轨迹大致分为以下四个时期：培育摸索期（1949～1957 年）、停滞倒退期（1957～1976 年）、恢复提升期（1976～2013 年）与迈向成熟期（2013 年至今）。[3]而代表性事件、运动、政策、法律的出现，则是上述刑事治理变迁阶

---

〔1〕　参见俞可平：《推进国家治理体系和治理能力现代化》，载《前线》2014 年第 1 期。

〔2〕　参见高铭暄、傅跃建：《新时代刑事治理现代化研究》，载《上海政法学院学报（法治论丛）》2020 年第 4 期。

〔3〕　参见高铭暄、曹波：《新中国刑事治理能力现代化之路——致敬中华人民共和国七十华诞》，载《法治研究》2019 年第 6 期。

段划分的主要依据。在刑事治理体系内部，刑事司法的地位举足轻重。如果说刑事治理通过落实政策、适用法律、执行刑罚等方式实现，那么刑事司法就是承接这些具体治理方式的纽带与桥梁。为提升司法质效，以刑事司法为代表的司法制度晚近一直处于改革状态，主要表现在将司法权定性为裁判权的审判阶段改革，[1]以及调整侦查权与检察权相互关系的审前阶段改革。[2]作为刑事治理的运转核心，刑事司法及其更为微观的司法机制，重要性不言而喻。但站在刑事治理体系外部，当我们从宏观层面俯瞰整个刑事治理体系，评价刑事治理能力之时，就会发现，一个粘贴在我国刑事治理之上的标签始终存在，经过历次司法改革都未曾改变，那就是专项治理。

所谓专项治理，是社会主义时代中国最常见的一种国家治理方式，它以执政党的强大政治合法性与权威性为依托，通过意识形态宣传与组织网络渗透，借助发动群众与政治动员，集中社会资源，进而实现治理目的。[3]与常态化的制度式治理方式相比，专项治理通常被认为是一种非常态的治理手段。[4]新中国成立以来，刑事司法中曾有两个时期较为集中地运用专项治理方式：一是新中国成立伊始，由于旧法被废，新法尚未设立，面对处理企图颠覆政权的敌对分子，党和国家只能采用革命战争时期的方法，广泛动员群众，集中社会各种资源与力量，通过"镇反"的方式治理反革命犯罪行为。二是改革开放初期，"文化大革命"期间"无法可依"所导致的治理混乱弊病显现，加之刑法与刑事诉讼法颁布实施不久，犯罪数量激增，党和国家也只能借助"严打"斗争，调整司法运行方式与法律适用标准，集中社会资源与群众力量，发动对犯罪的一次次"战役"。而在其他时期，专项治理也始终或隐或现地存在于刑事司法之中。暂且不论20世纪90年代中后期针对重大刑事案件的"全国集中统一行动"，[5]仅仅是21世纪的前二十年，刑事治理就几乎被

---

[1] 参见陈瑞华：《司法权的性质——以刑事司法为范例的分析》，载《法学研究》2000年第5期。

[2] 参见陈卫东、郝银钟：《侦、检一体化模式研究——兼论我国刑事司法体制改革的必要性》，载《法学研究》1999年第1期。

[3] 参见唐皇凤：《常态社会与运动式治理——中国社会治安治理中的"严打"政策研究》，载《开放时代》2007年第3期。

[4] 参见冯志峰：《中国运动式治理的定义及其特征》，载《中共银川市委党校学报》2007年第2期。

[5] 参见毕惜茜、陈娟：《"严打"整治斗争的回顾与展望》，载《中国人民公安大学学报》2003年第2期。

各种"严打"或专项打击整治行动占据。例如，2001~2002年专门在"打击刑事犯罪、治爆缉枪和打击经济犯罪"三条战线上展开的"严打"整治斗争，[1]其中在刑事犯罪领域的"打黑除恶"专项斗争更是拉开了近二十年黑恶犯罪惩治的帷幕，在2018年初升级为"扫黑除恶"专项整治活动。[2]除此之外，例如2000年的打拐专项斗争，2002年的打击盗窃、抢劫专项行动，2004年的命案侦破专项行动，2004年的打击利用手机短信和网络诈骗犯罪专项行动，以及近期发生的2020年打击电信网络犯罪的"断卡行动"等，莫不如此。[3]

专项治理在我国刑事司法中的这种长期的、持续的、不间断的出现，在某种程度上表明我国的刑事治理是以专项治理为常态，以纯粹的制度式治理为例外。本书将这种现象归纳为专项治理的常态化。习近平总书记曾就其关心的，可能影响党长期执政、国家长治久安的犯罪类型明确指示，要推动"扫黑除恶"常态化，[4]推进反恐维稳法治化常态化，[5]构建反腐败的长效机制，以及持之以恒地开展禁毒工作，并持续对网络犯罪形成高压态势。[6]由此可见，按照国家最高领导人的指示，至少在涉黑涉恶犯罪、恐怖主义犯罪、贪污贿赂犯罪、毒品犯罪、电信网络犯罪等严重、高发的犯罪领域，专项治理还将保持常态。中共中央办公厅、国务院办公厅在"扫黑除恶"专项斗争结束后不久发布《关于常态化开展扫黑除恶斗争巩固专项斗争成果的意见》，就是例证。

我们认为，刑事司法中"专项治理的常态化"并非短时形成，而是由长期的实践积累，且未来还将持续存在。发掘这种治理方式得以常态化的原因，对完善我国的刑事治理体系，提高刑事治理能力，评估司法改革成效，明确司法改革方向，均有启示意义。这就需要对该治理方式的内部构造与运转流程进行深入剖析。与其他治理领域类似，专项治理在刑事司法中的出现及常态

---

[1] 参见何挺：《充分认识严打方针的历史作用 努力构建落实严打方针的长效机制》，载《中国人民公安大学学报（社会科学版）》2006年第3期。

[2] 参见康均心：《从打黑除恶到扫黑除恶》，载《河南警察学院学报》2018年第3期。

[3] 笔者通过在中华人民共和国公安部官网首页（https://www.mps.gov.cn/）键入关键词，搜索到关于"专项行动"的报道1151条（2006年2月至今），搜索到关于"严打"的报道815条（2002年8月至今），每一年均有出现。

[4] 参见习近平：《论坚持全面依法治国》，中央文献出版社2020年版，第5页。

[5] 参见李永君：《以习近平法治思想为指导推进反恐维稳法治化常态化》，载《检察日报》2020年12月25日，第3版。

[6] 参见姚建龙：《习近平法治思想中的刑事法要义》，载《政治与法律》2021年第5期。

化有其历史、现实、政策方面的内在机理。[1]但正如上文所述，刑事治理是一项系统工程，尤其在刑事司法领域涉及各个诉讼主体、司法机关及其相互关系的作用，这决定了此治理领域与其他领域相比的深度复杂性。为尽可能地阐释刑事司法中专项治理常态化的原因，本书选择管理学中的制度逻辑（Institutional Logics）[2]为研究视角，分析刑事司法中的制度、个体和组织在刑事治理这一社会系统中的相互关系，以及这些个体与组织行动者在刑事司法系统这一"多重社会处境"中所受到的影响。[3]

本章将从刑事司法中常态治理与专项治理的性质与特征入手，揭示常态治理依靠运动方式的展开以及专项治理保持常态化的原因。再深入刑事司法之中，从组织逻辑、行动逻辑、推进逻辑与评价逻辑四个方面具体分析刑事专项治理，及这些制度逻辑因素相互作用的效果。通过制度逻辑分析，刑事司法中专项治理常态化可得到有针对性的解释，我国刑事治理的未来走向与完善思路也可得到预测。本部分之所以选取 1981 年至 2021 年这四十年间具有代表性的刑事治理现象作为研究素材，主要原因是刑法与刑事诉讼法在此前已经颁布实施，我国已经具备制度性治理或常态治理的基础，但仍反复出现专项治理的现象，其中存在的矛盾与反差值得研究。与此相对，在缺少立法指引下的 20 世纪 50 年代初的"镇反"运动，可作为本部分研究的参照素材。

一、常态治理与专项治理：刑事治理的双重面孔

根据治理模式的不同，刑事治理可分为常态治理与专项治理。常态治理，顾名思义，是在正常的社会状态中通过典型方式所展开的犯罪治理模式。随着法治理念在世界范围内的传播与接受，司法机关在宪法与法律的统摄下，按照既定的刑事诉讼程序，通过事实的准确查明与法律的正确适用，实现对被追诉人的定罪与量刑，进而完成犯罪治理。但在非惯常的社会状态下或在

---

〔1〕　参见蓝伟彬：《运动式治理何以常态化——以"瘦肉精"专项整治为例》，载《特区经济》2012 年第 11 期。

〔2〕　制度逻辑是一套塑造组织场域内行动者认知及其行为的正式与非正式规则。See Thornton P. H. Markets from Culture: Institutional Logics and Organizational Decisions in Higher Education Publishing Stanford, CA: Stanford University Press（2004）. 转引自杨书燕、吴小节、汪秀琼：《制度逻辑研究的文献计量分析》，载《管理评论》2017 年第 3 期。

〔3〕　参见［法］帕特里夏·H. 桑顿、［加］威廉·奥卡西奥、龙思博：《制度逻辑：制度如何塑造人和组织》，汪少卿等译，浙江大学出版社 2020 年版，第 2 页。

常态社会的某一特殊时期，国家需要集中治理一种或几种特定犯罪，在上级的统一指挥与调度下，权力与资源即可通过政治动员等方式迅速流入所需领域，犯罪治理通过打破常规的专项行动方式实现则更具优势。尽管两种刑事治理方式都有具体的适用情形，但具体的适用标准并不明确。这导致常态治理可能通过专项行动的方式实现，而专项治理也可因种种原因而呈现常态化。

（一）刑事司法中的常态治理：原理分析

一般来说，常态治理是在常态社会下，政府按常规化的制度、法规、合法程序进行的公共治理。[1]而在刑事司法领域，常态治理则更为典型，体现在刑事诉讼程序框架下，适用既有的刑事法律，对犯罪行为与行为人予以惩戒的一种治理方式。欲深入了解常态治理，需先了解常态社会，并在此基础上明确二者关系。

有学者认为，所谓常态社会，是把所有社会问题的治理日益纳入科层化的组织体系，并且通过具有可预期性的抽象的国家制度体系来平衡各种不同社会主体之间利益关系的一种社会形态。[2]这里的关键词有三：一是科层化或官僚制的组织体系，用以治理各种社会问题；二是可预期的制度体系，这是治理问题的规范工具；三是平衡不同社会主体之间的利益关系，这是治理问题的具体方式。因此理论上，常态社会是依靠官僚机构、制度、利益平衡等的一整套治理体系所维持的一种社会状态。而这种常态社会所需的维持方式，就是常态治理。按照这一标准，刑事司法领域的"常态社会"就是依靠公安司法机关、刑事司法制度与司法过程的特定治理体系所维持的一种社会治安与犯罪情况。这一特定治理体系就是刑事司法中的常态治理，具体包括组织常态、规范常态与司法常态三大要素。

其一，组织常态是指犯罪治理主体系根据刑事诉讼法、监察法、警察法、法院组织法、检察院组织法等法律规定的专司刑事诉讼中各职能的组织，而非那些不具备刑事诉讼主体适格性的组织。除组织本体的常态之外，组织构造也应保持常态。具体而言，这些组织在执行法律的过程中，还应按照宪法所规定的"分工负责、互相配合、互相制约"的原则处理相互关系，在刑事

---

〔1〕 参见周雪光：《运动型治理机制：中国国家治理的制度逻辑再思考》，载《开放时代》2012年第9期。

〔2〕 参见唐皇凤：《常态社会与运动式治理——中国社会治安治理中的"严打"政策研究》，载《开放时代》2007年第3期。

诉讼中体现、保持稳定的诉讼构造。例如，将互相制约定位为首要关系，强调后程序对前程序的制约，[1]而将互相配合主要体现在与干预公民基本权无关的问题上。[2]

其二，规范常态是指犯罪治理的刑法相关法律是公开、稳定且符合现代刑事法律原则的，而非频繁变动或者被任意解释的。尽管法律一经制定即落后于司法实践，适时修改法律具有必要性，但若频繁修法使其处于不确定状态，势必会降低其可预期性，减损其权威性。刑法作为规定罪名与量刑标准的法律，刑事诉讼法作为规定犯罪认定程序的法律，均关乎被追诉人的财产、自由甚至生命，它们的修订相比于其他部门法应更加审慎。但晚近我国刑法修正频繁，展现出刑法干预早期化、能动化、犯罪圈不断扩大的立法趋向，[3]而刑事司法解释逐渐向刑事政策演变，甚至突破刑法基本原则，实施类推解释与溯及既往，[4]都使得现有刑事规范难以保持常态。

其三，司法常态的具体表现是犯罪治理在现有刑事程序与实体规范中合乎定罪量刑标准，同类案件的处理结果没有较大偏差，刑事司法组织与规范能够在整个刑事治理过程中稳定地运转。

以上刑事司法常态治理的三要素其实就是刑事法治的基本面向。法治是现代国家治理的基本方式，具体包括法律规范、法律制度、法律程序和法律实施机制在内的一整套体系。法治由国家强制力保证实施，能够保持执政理念、路线、方针的连续性、稳定性、权威性，不因领导人及其看法的改变而改变，并且具有凝聚共识、保持社会稳定，保障治理程序化、公开化的功能。[5]正如邓小平所言："一个国家的命运建立在一两个人的声望上面，是很不健康的，是很危险的……还是要靠法制，搞法制靠得住些。"[6]以法治为基的刑事司法常态治理虽有其得天独厚的优势，但正是因为其自身所具有多元要素过于理想化，导致其难以在实践中完全展现，更无法独立存在。因此，常态治

---

〔1〕　参见左卫民：《健全分工负责、互相配合、互相制约原则的思考》，载《法制与社会发展》2016 年第 2 期。

〔2〕　参见孙远：《"分工负责、互相配合、互相制约"原则之教义学原理——以审判中心主义为视角》，载《中外法学》2017 年第 1 期。

〔3〕　参见梁根林：《刑法修正：维度、策略、评价与反思》，载《法学研究》2017 年第 1 期。

〔4〕　参见张明楷：《简评近年来的刑事司法解释》，载《清华法学》2014 年第 1 期。

〔5〕　参见张文显：《法治与国家治理现代化》，载《中国法学》2014 年第 4 期。

〔6〕　参见邓小平：《邓小平文选》（第三卷），人民出版社 1993 年版，第 311 页。

理一定存在于常态社会中，但常态社会并不必然出现常态治理。在治理目标集中、治理任务紧迫、治理能力不足、治理资源紧缺的情况下，一些非常态的治理方式也会在常态社会中出现。

（二）刑事司法中的专项治理：历时分析

专项治理是一种非常态治理方式。无论是常态社会还是非常态社会，在任何治理领域，只要存在重要而棘手的治理任务，而治理能力或治理资源又相对不足的情况下，这种治理方式就可能出现。纵观中国历史，有学者认为各类政治运动此起彼伏，专项治理时隐时现但明晰可辨地贯穿于中国大历史之中，是中国国家治理逻辑的重要组成部分。[1]例如清朝乾隆时期，弘历皇帝亲自督导的对于"叫魂"妖术的清查，正是通过启动专项治理叫停常态治理的典型事件。这次事件从开始到结束的时间均很迅速，谣言的出现、官员的瞒报、皇帝的猜疑、高压政策的落实……这些故事短时间内相互重叠，仿佛几个文本写在历史的同一页中。[2]而在新中国成立后，专项治理凭借着执政党在革命战争年代获取的强大政治合法性，通过意识形态宣传和组织网络渗透，再通过政治动员与发动群众，成为最常见的一种国家治理方式。[3]这种治理方式的"非常态"就体现在其本身具有非制度化属性。[4]无论是来自外在治理任务的压力，还是来自上级领导指令的压力，都是这种治理方式越过常态的制度治理，通过设立专项治理任务，调动可用资源，集中各方力量进行治理的原因。

刑事司法中的专项治理是广义专项治理的一部分，其治理属性与特征均与其他领域的专项治理一致，只是治理对象与方式具有一定特殊性，即针对某一种或特定类型的犯罪现象，通过政治运动与司法程序相结合的方式进行治理。这种刑事治理方式在新中国成立伊始就已出现并延续至今。例如，1950年10月至1953年9月在全国范围内展开的为期三年的"镇反"运动，如果将反革命活动对应为曾经的反革命罪或如今的危害国家安全罪，那其就

---

〔1〕 参见周雪光：《运动型治理机制：中国国家治理的制度逻辑再思考》，载《开放时代》2012年第9期。

〔2〕 参见［美］孔飞力：《叫魂：1768年中国妖术大恐慌》，陈兼、刘昶译，上海三联书店1999年版，第244页。

〔3〕 参见唐皇凤：《常态社会与运动式治理——中国社会治安治理中的"严打"政策研究》，载《开放时代》2007年第3期。

〔4〕 参见侯学宾：《从运动式治理到法治常态化》，载《检察日报》2015年2月25日，第7版。

是典型的刑事专项治理。"镇反"运动的出现是以新中国成立伊始反革命活动极其猖獗、已严重危及政权巩固、社会稳定和经济恢复为背景的。[1]国民党潜伏特务、新解放区的匪患、被反革命分子煽动的群众骚乱、对抗土改的地主和富农等，均成为影响社会稳定的因素。为迅速消除威胁与隐患，在党中央的高度集中领导下，通过一系列党内秘密文件发起、指导和推动，形成政治动员，并采取因时、因地、因人、因民族、因地位、因党派等而异的具有高度策略性和灵活性的手段，广泛发动群众，摒弃旧法观念，"镇反"运动得以迅速展开，并在短期内实现目标。

又如，1981 年彭真最早提出从重从快实行"严打"方针之后，社会治安情况有所好转，但仍未得到根本改善，尤其是 1983 年先后发生的东北"二王"案件、卓长仁等 6 人劫持飞机事件等恶性犯罪事件，更是引起中央的高度重视。在此背景下，邓小平综合各方意见，作出了严厉打击刑事犯罪和经济犯罪活动的决策，拉开了我国 20 世纪 80 年代"严打"的序幕。这次"严打"（1983～1987 年）与 90 年代"严打"（1996～1997 年）以及 21 世纪初期的"严打"（2001～2002 年）均是典型的刑事专项治理。它们以特定时期特定犯罪难以依靠常规治理方式进行有效治理为背景，以中央统一部署或最高领导人决策为动力源头，通过发布特定政策决定修改基本法，调整司法结构，以"战役""专项整治""专项治理"等方式在短时间内实现严厉打击犯罪活动的目标。

再如，2000 年 12 月至 2001 年 10 月，中央决定在全国范围内开展一场"打黑除恶"专项斗争，专门用以遏制当时黑恶势力犯罪在地方的蔓延之势。为此，公安部与各地公安厅、局均成立专项斗争领导小组。"打黑除恶"专项斗争在 2004 年全国"严打"斗争宣布结束后曾短暂调整，随后中央在 2006 年成立了"打黑除恶"专项斗争协调小组，并设立全国"打黑办"。中央政法委部署全国开展"打黑除恶"专项斗争，该领域犯罪成为中央领导亲自动员部署，各地区、各部门深入推进的对象。直到 2018 年中共中央、国务院发出开展"扫黑除恶"专项斗争的通知，才宣告黑恶势力犯罪治理迈向新阶段。

上述历时分析表明，专项治理从未在我国刑事治理领域缺席。无论是缺少刑事法治条件的新中国成立初期，还是逐步构建刑事法治体系的改革开放至今，专项治理均为特定治理任务出现后的首选。尤其是在 1981 年"严打"

---

〔1〕　参见王玉强：《毛泽东与新中国初期的镇反运动》，载《史学月刊》2016 年第 3 期。

被首次明确提出之后，刑事专项治理的特征凸显：暂时中断官僚制或科层制常态治理的运转过程，通过自上而下、政治动员的方式来调动行政与司法资源、集中各方力量完成某一特定犯罪治理任务。在这一过程中，原有的刑事司法并未完全缺位，只是为了配合专项治理的开展而可能发生异变。这种异变体现为刑事法律制度与刑事司法程序的调整甚至改变。因此有学者评论到，专项治理以削弱制度、法规、合法程序为代价，换取治理的效率，实质却是忽视治理的公共性。[1]除制度变异之外，刑事专项治理在运行过程中还可能面临重速度而轻质量的"治理剧场化"，[2]长期的治理依赖所形成的治理过程"内卷化"，[3]基层治理单位为应对上级的政策压力与绩效考核所联络形成的"合谋"等治理困境。[4]其中有的也属于专项治理的特征，有的则是其常态化的原因。

(三) 刑事常态治理的专项化

既然在法制基础已经具备的情况下，刑事治理应通过常态的刑事法治实现，那么为何我国自 1981 年至今，多数时间均处于专项治理的状态，产生"常态治理的专项化"现象呢？这就需要对常态治理本身的弊端与专项治理的优势进行分析。

其实，最早的国家治理就是专项行动式的。因为在当时的政治权力结构下，组织管理能力十分欠缺，在面临治理任务之后，只能通过政治动员等方式加以弥补，消除社会冲突。其中就包括犯罪这种最严重的社会冲突。直到法制以及相应的官僚机构出现，社会冲突才得以通过法治消解。[5]"军事镇压""行政治罪"[6]等原始的刑事治理方式才被废除。这也使得刑事法治成为一种典型的刑事常态治理。吊诡的是，我国法制（制度）的不断进步与完

---

〔1〕 参见周雪光：《运动型治理机制：中国国家治理的制度逻辑再思考》，载《开放时代》2012年第 9 期。

〔2〕 参见潘泽泉、任杰：《从运动式治理到常态治理：基层社会治理转型的中国实践》，载《湖南大学学报（社会科学版）》2020 年第 3 期。

〔3〕 参见倪星、原超：《地方政府的运动式治理是如何走向"常规化"的？——基于 S 市市监局"清无"专项行动的分析》，载《公共行政评论》2014 年第 2 期。

〔4〕 参见周雪光：《基层政府间的"共谋现象"——一个政府行为的制度逻辑》，载《社会学研究》2008 年第 6 期。

〔5〕 参见唐皇凤：《常态社会与运动式治理——中国社会治安治理中的"严打"政策研究》，载《开放时代》2007 年第 3 期。

〔6〕 参见陈瑞华：《刑事诉讼法》，北京大学出版社 2021 年版，第 4 页。

善非但没有增加常态治理的使用频率，反而将其推向治理体系的边缘。或者说，常态治理并非通过制度化的形式而是通过运动的形式推动。[1]有外国学者评价这一现象为"制度化运动的悖论"，即"改革意味着中国生活的常规化，但它却是以动员的方式进行的"。[2]我国近四十年来的刑事治理样态即为例证——刑事治理体系通过司法改革不断完善，但刑事治理能力却是通过一次次"严打斗争""打黑除恶"及其他"专项行动"得到提升的。我们认为，这一悖论的出现有以下方面原因。

其一，特殊的刑事治理对象。近四十年来，对我国刑事治理体系与治理能力构成真正挑战的犯罪经历了传统人身与财产犯罪、黑社会性质组织犯罪、电信网络犯罪等类型的转变。传统人身与财产犯罪是在两部刑事法律颁行伊始集中爆出，那时的常态治理因法治经验的缺乏而难以在短时间承担如此紧迫、危急的治理任务。这种"治理不适"一直延续到21世纪初期。而最近二十年，黑社会性质组织犯罪与电信网络犯罪等新类型的犯罪不断涌现，治理难度较大，常态治理的应对速度甚至无法跟上新型犯罪的更新速度。基于上述原因，我国在特定时期内只能选择专项治理这样一种"回应性的、危机管理式的"刑事治理方法，[3]因为它更加契合治理对象，符合治理要求，可在短时间内完成治理目标。

其二，非理性的刑事治理体制。上文提及，组织常态是常态治理的三大要素之一。这里的常态，其实就是指由司法组织构成的刑事治理体制是理性、科学的。但我国的司法组织或者说司法官僚体制暂未达到这一标准。首先从内在方面分析，我国的司法组织承袭我国官僚机构"政治官僚制"的一贯特征，离现代官僚机构"理性官僚制"尚有一定差距。我国的政治官僚制要求官僚机构"德才兼备"，首先要讲政治，其次要懂业务，这就为国家运动的形成提供了组织基础。[4]其次从外在结构方面分析，我国官僚组织体制的"条

〔1〕　参见倪星、原超：《地方政府的运动式治理是如何走向"常规化"的？——基于S市市监局"清无"专项行动的分析》，载《公共行政评论》2014年第2期。

〔2〕　参见［美］詹姆斯·R.汤森、布兰特利·沃马克：《中国政治》，顾速、董方译，江苏人民出版社2010年版，第215—216页。

〔3〕　参见周雪光：《运动型治理机制：中国国家治理的制度逻辑再思考》，载《开放时代》2012年第9期。

〔4〕　参见冯仕政：《中国国家运动的形成与变异：基于政体的整体性解释》，载《开放时代》2011年第1期。

块分割"特点使得各部门难以单独应对突发事件,必须依靠中央联合各部门统一行动,[1]此时专项治理自然就成为首选。当然,所谓刑事治理体制的理性与否也只是相对的,我国司法权力组织模式可归入"科层理想型",官员的职业化、严格的等级秩序与决策的技术性标准本就是其内在属性。[2]

其三,相对贫弱的刑事权威性治理资源。刑事治理需要大量司法与社会资源,这些治理资源可区分为配置性资源与权威性资源。前者主要指刑事治理所需的物质与技术资源,后者主要指组织与制度资源。资源不足,就很可能导致治理形式的改变。近四十年来,我国刑事配置性治理资源投入逐年提升,这从我国公共安全支出就可见一斑。尤其是近十年来,我国中央与地方公共安全支出不断上涨,所占一般公共预算支出的比例也稳定在 0.06% 左右(详见图 4-1、表 4-1)。[3]尽管如此,专项治理仍时常出现。因此可以假设,权威性资源贫弱或许是刑事常态治理专项化的产生原因,这是无法通过提高物质与技术资源改善的。

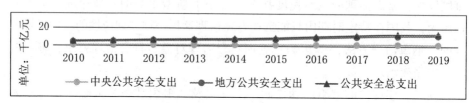

图 4-1　近 10 年我国公共安全支出变化趋势（2010~2019 年）

表 4-1　近 10 年我国公共安全支出所占财政支出的比例（单位：千亿元）

年份	2010	2011	2012	2013	2014	2015	2016	2017	2018	2019
公共安全支出	5.52	6.3	7.11	7.79	8.36	9.38	11.03	12.46	13.78	13.9
国家财政支出	89.87	109.25	125.95	140.21	151.79	175.88	187.76	203.09	220.9	238.86

---

〔1〕　参见蓝伟彬:《运动式治理何以常态化——以"瘦肉精"专项整治为例》,载《特区经济》2012 年第 11 期。

〔2〕　参见［美］米尔伊安·R. 达玛什卡:《司法和国家权力的多种面孔:比较视野中的法律程序》,郑戈译,中国政法大学出版社 2015 年版,第 24-31 页。

〔3〕　表中所有数据均通过国家统计局网站"中国统计年鉴"版块,参见网址 http://www.stats. gov.cn/tjsj/ndsj/中的各年度"中央和地方财政主要支出项目"整理获取。

续表

年份	2010	2011	2012	2013	2014	2015	2016	2017	2018	2019
占比%	0.061	0.057	0.056	0.055	0.055	0.053	0.059	0.061	0.062	0.058

进入法治时代后，我国传统的组织与官僚体制面临向现代理性官僚制的转型，但这一过程既需时间，也充满观念与制度阻碍，使得各种理性规则、程序被有意识地拒绝或被无意识地忽视，[1]进而影响常态治理实效。一面是权威性资源的匮乏，另一面是社会治安问题突出，两难之下，专项治理开始进入治理主体的视野中，并逐渐成为决策者的首选治理方案。

（四）刑事专项治理的常态化

上文提及的刑事常态治理专项化之悖论，其实就是刑事专项治理的产生原因。无论是严峻的社会治安问题给公安司法机关带来的绩效合法性压力，还是这些治理机构本身的权威性资源与基础权力缺失，都使得刑事常态治理难以胜任治理任务。在此情况下，刑事专项治理就成为一种暂时的替代机制或纠正机制。[2]但经过历时分析可知，我国刑事司法中的专项治理从来就不是"暂时性"的，而是长期盘踞在我国刑事治理体系之中的，是常态化的。并且与其他领域的专项治理类似，经历了从"运动"到"严打"再到如今的专项治理这一形式上的演变过程。[3]从发生原因来看，至少有以下因素导致刑事专项治理的常态化。

其一，刑事专项治理的路径依赖。上文提到的包括司法组织与制度资源在内的司法权威性治理资源的贫弱，不仅导致常态治理只能通过专项行动的方式实现，而且由于我国为法治后发型国家，刑事司法组织与制度仍处于发展完善的状态，又面临着一轮又一轮的严重或特殊犯罪治理任务，这些领域的国家权力又极为虚弱，政府的社会动员能力不足，[4]只能长期依靠运动式

---

〔1〕 参见唐皇凤：《常态社会与运动式治理——中国社会治安治理中的"严打"政策研究》，载《开放时代》2007 年第 3 期。

〔2〕 参见周雪光：《运动型治理机制：中国国家治理的制度逻辑再思考》，载《开放时代》2012 年第 9 期。

〔3〕 参见杨志军：《运动式治理悖论：常态治理的非常规化——基于网络"扫黄打非"运动分析》，载《公共行政评论》2015 年第 2 期。

〔4〕 参见唐贤兴：《政策工具的选择与政府的社会动员能力——对"运动式治理"的一个解释》，载《学习与探索》2009 年第 3 期。

治理实现国家权力的"再生产",[1]完成治理任务。久而久之,刑事治理体系中就形成了"治理资源贫弱——专项治理——治理资源维持贫弱"的死循环,对专项治理产生了路径依赖。加之国家选择适用专项治理的裁量权较大,[2]且这种治理模式遵循了游击式(Guerrilla)政治实践的变迁逻辑,[3]灵活且有效,十分适合当前并不完善的刑事治理体系。

其二,刑事专项治理的法治转型。专项治理在刑事司法中有别于其他治理领域的主要特征即为其必须在法治框架内展开。即使包括司法组织与制度在内的权威性治理资源贫弱,也要最低限度地遵循法治原则,符合法律规定。而在发展过程中,刑事专项治理也在不断向法治转型,这是其保持常态化的另一重要原因。早在"镇反"运动期间,政务院与最高人民法院就曾联合颁布《惩治反革命条例》,尽管从当前来看该条例有扩大解释反革命罪之嫌,使其处刑标准有相当的自由度,[4]但在当时,该条例确实起到了指引运动开展的作用。"严打"时期,保持对犯罪的持续打击是一个重要议题。邓小平在1992年南方谈话时就强调"要坚持两手抓,一手抓改革开放,一手抓打击各种犯罪活动。这两只手都要硬。打击各种犯罪活动,扫除各种丑恶现象,手软不得"。[5]而进入新世纪之后,"严打"的长效机制被正式提出,其被认为是一种依法有效从重从快打击严重刑事犯罪活动,能够长期发挥作用的、相对稳定的"工作系统",[6]或是一种由多方参与的系统工程。[7]作为一个治理"系统",相关法律规范与程序自然必不可少,在某种意义上其本身就已经成为常规性的刑事政策,[8]融入法治体系中。这种转型在最近发生的"扫黑除恶"专项治理中也有体现。在治理过程中,"两高"通过发布相关指导意见与

---

〔1〕 参见唐皇凤:《常态社会与运动式治理——中国社会治安治理中的"严打"政策研究》,载《开放时代》2007 年第 3 期。

〔2〕 参见冯仕政:《中国国家运动的形成与变异:基于政体的整体性解释》,载《开放时代》2011 年第 1 期。

〔3〕 参见杨志军:《运动式治理悖论:常态治理的非常规化——基于网络"扫黄打非"运动分析》,载《公共行政评论》2015 年第 2 期。

〔4〕 参见陈洪杰:《运动式治理中的法院功能嬗变(上)》,载《交大法学》2014 年第 4 期。

〔5〕 参见邓小平:《邓小平文选》(第三卷),人民出版社 1993 年版,第 378 页。

〔6〕 参见何挺:《充分认识严打方针的历史作用 努力构建落实严打方针的长效机制》,载《中国人民公安大学学报(社会科学版)》2006 年第 3 期。

〔7〕 参见杨春洗、余诤:《论刑事政策视野中的"严打"》,载《人民检察》2001 年第 12 期。

〔8〕 参见陈兴良:《严打利弊之议》,载《河南省政法管理干部学院学报》2004 年第 5 期。

案例使其在法治轨道上运转，而治理结束后，持续提高治理的法治化、规范化、专业化水平仍然是常态化开展扫黑除恶斗争的重要任务。[1]

二、刑事专项治理的组织逻辑

上文从宏观层面分析刑事治理的两种方式，并得出刑事专项治理在我国已逐渐常态化的结论，下文将具体分析这种治理方式的制度逻辑要素。组织逻辑是刑事专项治理形成、启动与展开的起点，是支撑其运行的载体。同时，其也是揭示这种刑事治理方式能够长久运行的原因之一。具体而言，刑事专项治理的组织逻辑可从以下方面进行归纳。

（一）领导型的司法体制

常态治理的司法组织逻辑是根据具体案件的要求，按照刑事诉讼的常态构造，即横向的控辩平等，法官居于其中、踞于其上，纵向的公检法三机关相互分工、配合、制约这一形态，构建一套刑事案件处理系统。在这套案件处理系统之中，行政机关与司法机关的相互地位是平等的，只是依据法定诉讼程序的要求，这些机关通过案件办理实现"层控"，[2]诉讼程序大部分时间均处于顺畅状态，仅在一些特殊情况下才会出现"程序倒流"。[3]但在专项治理状态下，传统的基于案件本身与诉讼常态构造的司法组织方式通常被政策指示取代，这种司法组织方式可被简称为"领导型司法体制"。

领导型司法体制的特征在于，司法组织的运转并非为了回应个案，而是应对上级所制定的专项治理任务或治理目标，进而出现"任务在前、上令下从"的情况。此处的"政策指示"在本质上仍然是"卡理斯玛权威常规化"的一种表现，只不过在现代社会中被制度化了，并建立在稳定的正式组织之上。[4]例如，在"镇反"运动期间，保卫工作必须特别强调党的领导作用并在实际上受党委直接领导的这种做法，本身就是为了纠正重罪轻判迟判所导致的镇压不及时问题。而中共中央在此期间下发的《关于纠正镇压反革命活动的右

---

[1] 参见《中办国办印发〈关于常态化开展扫黑除恶斗争巩固专项斗争成果的意见〉》，载《人民日报》2021年5月21日，第1版。

[2] 参见李奋飞：《从"顺承模式"到"层控模式"——"以审判为中心"的诉讼制度改革评析》，载《中外法学》2016年第3期。

[3] 参见汪海燕：《论刑事程序倒流》，载《法学研究》2008年第5期。

[4] 参见周雪光：《运动型治理机制：中国国家治理的制度逻辑再思考》，载《开放时代》2012年第9期。

倾偏向的指示》更是直接规定各级党委应加强对公检法机关的领导。又如，在 20 世纪 80 年代"严打"斗争期间，中共中央作出决策，全国人大常委会作出《关于严厉打击刑事犯罪活动的决定》，正式拉开了"严打"三大战役的序幕。之后，20 世纪 90 年代"严打"是在中央政法委的领导下开展，21 世纪初的"严打"则是公安部联合相关部委开展，均是在上级统一领导之下。再如，2018 年"扫黑除恶"专项斗争本身就是为落实党的十九大部署而展开的。为此，中共中央、国务院发出《关于开展扫黑除恶专项斗争的通知》，要求在各级党委领导下，各部门各司其职，综合运用各种手段预防和解决黑恶势力违法犯罪突出问题。"两高两部"也先后发布《关于办理黑恶势力犯罪案件若干问题的指导意见》与《关于办理恶势力刑事案件若干问题的意见》用以指导全国各级行政与司法机关办理黑恶势力犯罪案件。

作为刑事专项治理组织逻辑的首要特征，领导型司法体制的形成与治理任务主要通过项目制而非个案制下达有密切关联。例如"严打"斗争、"扫黑除恶"专项斗争等，均可看作是在国家层面设立的专门刑事治理项目。上级领导通过向下级机关下达项目，不仅能够合理配置资源，还能够统合中央与地方的关系，[1]更好地实现治理目标。同时，领导型司法体制也正经历从"单一领导"到"分散领导"的转变，这意味着刑事治理的参与部门将更多，任务也将更加具体。例如，相比于之前的"打黑除恶"，"扫黑除恶"专项斗争的参与部门就从过去的 10 多个增加到近 30 个。[2]"项目下发"与"分散领导"使专项治理更易展开，也更有质效。

（二）压力型的传导机制

在领导型司法体制中，上级领导或上级司法机关治理任务将通过某种机制层层下发至下级机关，这是该司法体制得以正常运转的前提。这种通行于专项治理上下级之间的机制可描述为"压力型传导机制"。在压力型传导机制的作用下，原有的基层行政与司法机关等刑事治理组织的科层分工被打破，进而实现上下级机关之间的层级协同与资源配置。[3]具体说来，刑事专项治

---

〔1〕 参见渠敬东：《项目制：一种新的国家治理体制》，载《中国社会科学》2012 年第 5 期。

〔2〕 参见杨维汉、刘奕湛：《从"打"黑除恶到"扫"黑除恶一字之变有何深意？》，载《中国经济周刊》2018 年第 5 期。

〔3〕 参见潘泽泉、任杰：《从运动式治理到常态治理：基层社会治理转型的中国实践》，载《湖南大学学报（社会科学版）》2020 年第 3 期。

理有如下压力来源。

其一，领导指示的压力。特定犯罪在社会中的形势虽由普通公民首先感知，但最终转化为犯罪问题以及刑事治理任务则是由行政司法机关调查评估，并交由上级领导最终决定的。对于下级部门而言，上级领导的指示本身就是一种压力来源，而夹杂民众期待之后，这种压力更甚。

其二，限期治理的压力。回顾历次刑事专项治理，每一次治理任务的出现，都伴随着一个明确的治理时间，有的治理时间还设计得十分精细，这就相当于给每一次治理设置了期限。例如，在20世纪80年代"严打"斗争期间，《关于严厉打击刑事犯罪活动的决定》明确提出从1983年8月起在三年内组织三个战役展开"严打"。最终，三大战役共持续3年5个月。又如，20世纪90年代，第一次"严打"从1995年5月持续到国庆节前，中后期严打又分为1995年春季"严打"攻势、1996年全国集中统一行动及1996年冬季"严打"攻势。再如，2000年后的"严打"斗争设置得更为精确，甚至达到了按月计算的标准。而刚刚结束的"扫黑除恶"专项斗争，根据《关于开展扫黑除恶专项斗争的通知》，从2018年1月开始，至2020年底结束，为期三年。除以上限期治理的压力之外，只要是在专项治理期间，行政与司法机关在个案办理过程中就还存在限期破案、[1]限期审结的压力，甚至还存在更具政策性的口号——"命案必破"，[2]这些压力本身已经成为限期治理的组成部分。

其三，绩效考核的压力。领导指示与限期治理这种外在压力最终转化为行政与司法机关绩效考核的内在压力，成为下级机关完成上级机关或上级领导所下发治理任务的主要意愿来源。作为一种实施司法管理监督、推进司法机关各项工作的手段，[3]司法绩效考核虽然被认为在考评指标、考评方式、考评结果等方面具有非理性成分，[4]但长期以来一直在司法实践中使用。在专项治理期间，案件受理数量、处理期限、起诉成功率、定罪率等都可设置为考评指标，并在最终的评价体系中展现。

---

〔1〕 参见何家弘：《尊重侦查规律》，载《北京日报》2015年7月20日，第19版。

〔2〕 参见刘忠：《"命案必破"的合理性论证——一种制度结构分析》，载《清华法学》2008年第2期。

〔3〕 参见龙宗智：《试论建立健全司法绩效考核制度》，载《政法论坛》2018年第4期。

〔4〕 参见郭松：《组织理性、程序理性与刑事司法绩效考评制度》，载《政法论坛》2013年第4期。

（三）极简化的制度样态

刑事专项治理之所以能够打断、替代甚至"超越"常态治理，在很大程度上是因为其打破了常态治理所包含的分工明确、各司其职、稳定重复的官僚体制，[1]突破了以往的司法组织结构与诉讼程序，使得刑事治理制度精简化甚至极简化。例如，"镇反"运动期间由于法院系统中旧司法人员占比较多，因此相关规定强调对于反革命分子的惩处可以绕开法院，交由军委会军法处置。如此简化的程序安排虽有利于案件迅速办理，但无疑架空了整个司法制度。与之相似的是，20世纪80年代"严打"期间，全国人大常委会通过的《关于迅速审判严重危害社会治安的犯罪分子的程序的决定》甚至直接降低了1979年《刑事诉讼法》所规定的刑事证明标准，缩短了刑事案件的办理期限，并将其与案件应当判处死刑作为迅速审判的前提。同时，死刑复核权也由最高人民法院下放至高级人民法院。这些"精简"司法程序与制度的举措均是为了提高专项行动期间案件办理的效率。

除法院组织与司法制度之外，与被追诉人权利密切相关的辩护制度，也曾在专项治理中被简化甚至中止。同样是在20世纪80年代"严打"期间，各地为了响应中央号召，陆续下发通知明确要求律师不准为不认罪的被告辩护，重大案件需党组织决定才能辩护。有的律师不认可"严打"期间对律师履行职责过程的相关规定，继续为不认罪被告进行辩护。值得注意的是，当时适用的1979年《刑事诉讼法》关于辩护制度仅有5条规定，但在"严打"期间，这5条规定几乎都被架空。当然，从近期发生的几次刑事专项治理来看，司法制度与辩护制度的极简化已鲜有出现，但这种治理模式对司法制度及辩护制度的影响仍然存在。这显然是将辩护制度作为治理目标实现方式的一种设定思路。

三、刑事专项治理的行动逻辑

行动逻辑是对刑事专项治理的运行方式及运行规律的描述。如果说组织逻辑是从静态的角度归纳支撑专项治理运行的组织、制度等"硬件设施"，那么行动逻辑则是从动态的角度分析专项治理从启动到运行再到完成目标的

---

〔1〕 参见周雪光：《运动型治理机制：中国国家治理的制度逻辑再思考》，载《开放时代》2012年第9期。

"治理程序"。一般来说，专项治理行动经历这一过程：事件出现、有关部门重视、成立专项治理领导小组、动员部署、发布行动方案、执行行动方案、总结治理效果。[1]直到新的事件再次出现，专项治理就将再次启动。刑事专项治理行动与一般专项治理行动并无本质差异，但在事件性质、行动方案的制订、发布与执行方面，却有一定特殊性。

（一）案件的发生与催化

按照惯常的逻辑，先有规制特定领域的实体或程序规范的存在，且这些规范所确定的权利义务关系发生争执或遭到破坏，[2]才会产生所谓"法律纠纷"。而在法律纠纷出现后，才会触发一整套纠纷解决机制。就刑事专项治理而言，唯有特定犯罪事件发生并达到一定程度，才可能引发一系列治理行动，激活相应的治理组织与制度。

1950年3月，西南局向中央报告我国西南省份连续有土匪在各地发动大规模武装暴乱，连续发生抢劫、强奸、杀人、掳掠妇女、学生等恶性犯罪事件，仅川西地区，就有总计不下6万余土匪；北京市委报告的已逮捕、集训和登记的敌特党团分子达6900余名；浙江省统计的反动党团分子超过11万人。山东省统计的反革命分子甚至达到13万余名。[3]在此形势下，百姓受罪，干部也遭殃，仅广西一地，就有3000余名政府干部被杀害。[4]这些严重犯罪和庞大基数的潜在犯罪分子，既是社会的不稳定因素，更是影响新中国政权的不稳定因素，是"镇反"运动展开的诱因。

"严打"斗争虽从1981年正式提出，并于1983年正式启动，但在此之前同样经历了一起起震惊全国的刑事案件。例如在1979年《刑法》与《刑事诉讼法》颁布不到半年时间内发生的妨碍民警执法，流氓分子趁乱实施的抢劫、侮辱妇女的上海"控江路事件"，1980年发生的袭击、杀害民警的广州"滨江路事件"以及北京火车站自杀爆炸事件，1981年发生的强奸、猥亵妇女的北京"北海公园事件"，等等。这些刑事案件对社会影响极坏，导致人心惶惶，

---

〔1〕　参见杨志军：《运动式治理悖论：常态治理的非常规化——基于网络"扫黄打非"运动分析》，载《公共行政评论》2015年第2期。

〔2〕　参见江伟主编、傅郁林副主编：《民事诉讼法学》，北京大学出版社2015年版，第1页。

〔3〕　参见杨奎松：《新中国镇反运动始末（上）》，载《江淮文史》2011年第1期。

〔4〕　参见彭真：《彭真文选（一九四一——一九九〇年）》，《人民出版社》1991年版，第208页。

妇女儿童不敢独自在外。[1]而在案件数量方面，据统计，1980 年全国公安部门立案 75 万多起，大案 5 万多起；1981 年立案 89 万多起，大案 6.7 万起；1982 年公安部门立案 74 万多起，其中大案 6.4 万起。[2]正是这一系列的大案要案以及基数庞大的案件数量直接导致 1983 年"严打"斗争的展开。

进入 21 世纪之后，黑社会性质组织犯罪一直是刑事专项治理的重点。重大黑社会集团案件震惊全国，且此类犯罪已经向乡村基层渗透，并通过设立公司披上合法外衣，以软暴力及非暴力的方式继续实施违法犯罪。正因为如此，"打黑除恶"才升级为更为全面细致的"扫黑除恶"专项斗争。

（二）领导的重视与决策

恶性刑事案件只是刑事专项治理出现的"导火索"，但治理本身并不能自发实现。直到上级领导开始重视并作出相应的决策，专项治理才得以启动。回顾历次刑事专项治理，不难发现，上级领导尤其是中央领导的重视程度与决策状况，一直是影响其启动的决定性要素，只不过随着我国法治的不断演进，上级领导的个人决策才逐渐向集体决策转变。

进入 20 世纪 90 年代至 21 世纪初期，由于已经有了先前的经验与制度基础，各领域的"严打"开始呈现常态化趋势，上级领导下达指令不再是"严打"启动的必要条件，中央或中央特定部门集体决定也可启动。20 世纪 90 年代初期"严打"是由中央政法委决定，主要针对不特定的严重刑事犯罪；20 世纪 90 年代中后期尤其是 1996 年开始的"严打"，是中共中央组织的一场整治社会治安问题的"全国集中统一行动"；2000 年 4 月至 12 月的"严打"，是公安部联合其他部委在拐卖妇女儿童犯罪、制贩假增值税发票犯罪、黑恶性质组织犯罪等领域的专项治理行动；2001 年 4 月至 2002 年底的严打整治斗争是党中央集体决定之下开展的。这些"严打"的启动均非某一位领导作出的决定，而是集体决策的结果。当然，近期开展的"扫黑除恶"专项斗争同样是以习近平同志为核心的党中央作出的重大决策。

（三）治理方案的制订与发布

一般来说，上级领导或中央决定开展专项治理之后，中央及有关部门会

---

〔1〕 参见陶盈：《1983 年"严打"：非常时期的非常手段》，载 https://news. ifeng. com/a/20170306/ 50755465_ 0. shtml，最后访问日期：2022 年 2 月 10 日。

〔2〕 参见刘复之：《"严打"就是专政》，载《人民公安》2000 年第 1 期。

即刻制订并发布治理方案。治理方案既包括展开专项行动的依据和纲领，也包括专项行动所要达到的目标。随着我国国家治理模式的转型，刑事专项治理方案也经历了从"非科学"到科学的转变过程，主要体现为弱化指标、减少修法、加强指引。

在20世纪80年代，在中央发出"严打"决定之后，全国人大常委会于1983年9月2日通过了修改基本法的三个重要决定，即《关于严惩严重危害社会治安的犯罪分子的决定》《关于迅速审判严重危害社会治安的犯罪分子的程序的决定》《关于修改〈中华人民共和国人民法院组织法〉的决定》。这些决定分别扩大了《刑法》关于死刑的适用范围，缩短了审判与上诉的期限，下放了死刑复核权，有效配合了"严打"治理，但也在一定程度上违背了常态的刑事法治规律。

近年来的"扫黑除恶"专项斗争是在中共中央、国务院《关于开展扫黑除恶专项斗争的通知》的宏观指导下开展并顺利结束的。该通知不仅要求各地区各部门打赢"扫黑除恶"这场攻坚仗，还强调要"依法治理""依法严惩"，贯彻"宽严相济"的刑事政策，在以审判为中心的刑事诉讼制度改革指引下，把好事实关、证据关、程序关和法律适用关，严禁刑讯逼供，防止冤假错案。此外，为充分落实该通知的要求，"两高两部"还制定了《关于办理黑恶势力犯罪案件若干问题的指导意见》与《关于办理恶势力刑事案件若干问题的意见》，依据现行《刑法》与《刑事诉讼法》，对此类犯罪构成要件的认定与办案程序要求进行了明确规定。

（四）治理行动的展开与执行

在明确治理主体与治理方案之后，下一步需要解决的问题是如何开展治理行动，以及如何执行治理方案。这一问题在历次刑事专项治理中均有不同答案，且随着刑事基本法律的不断完善，治理行动与治理方案也逐步实现法治化。

例如，由于仅有相关条例而缺少刑事基本法，当年的"镇反"运动实际上就是在中共各级党委领导下，由军政机关分工合作进行。有的地区公安机关逮捕反革命案犯后交审讯科作出结论，而审讯科其实就是法院派驻在公安局的审判机关，该结论交同级裁判委员会审核后再呈上级核准。紧急情况下，还可以先报罪行事实，事后再补充材料。有地区甚至让公检法三机关联合办公。而《惩治反革命条例》更是规定此类案件可交军事法庭审判。这种快速、简化的案件办理程序，虽有助于顺利实现"镇反"指标，却易于脱离法治轨道。

又如，在 20 世纪 80 年代第一次"严打"指令发出后，由于严重刑事犯罪已经十分猖獗，亟需整治，仅靠惯常刑事司法程序难以实现预期目标。因此，中央决定通过连续开展战役的形式治理犯罪。所谓"战役式治理"，是刑事专项治理的进一步演化，是把重心置于实施收容审查、劳教、拘留、逮捕等审前羁押措施的一种犯罪治理方式。据统计，在此次"严打"斗争中，中央通过"三大战役"共逮捕 177.2 万人，劳动教养 32.1 万人，判刑 174.7 万人。[1]逮捕人数与判刑人数基本相同，这意味着完成逮捕被追诉人这一任务就相当于完成了战役的既定目标。这种"逮捕——定罪"的高转化率说明公检法机关在"严打"中的配合度极高，却是在刑事常态治理过程中难以见到的。此外，除前期带有"集中拉网"属性的"战役式治理"之外，后期的严打斗争将集中拉网与专项斗争相结合，整治领域更为集中。最后，"严打"专项斗争虽逐渐取代了集中拉网，但"制订方案——会议部署——宣传发动群众——侦查破案——集中搜捕"[2]这一行动模式却已成形。

再如，"扫黑除恶"专项斗争是按照党中央的决策要求展开的专门针对黑恶性质组织犯罪的一种专项治理，其行动逻辑突出强调各级党委的领导以及各部门的各司其职、齐抓共管。[3]为此，中共中央成立"全国扫黑除恶专项斗争领导小组"，由中央政法委书记任组长，公、检、法、纪委、中组部负责人任副组长。此外，地方也纷纷成立类似的领导小组，统筹各机关的工作。此举可集中刑事治理的权力与资源，便于斗争的展开，符合刑事专项治理的组织逻辑。但与上述"镇反"运动、"严打"斗争这些典型的专项治理相比，领导小组只是传达上级指示，统筹协调各机关工作的临时机构，并不具有实质的司法裁决权，也并没有公开设定治理指标。黑恶性质组织犯罪的认定与处罚仍然是由司法机关依据《刑法》《刑事诉讼法》及相关指导意见作出的，这一过程需要符合刑事法治原则、实体及程序规范、定罪与量刑标准。

---

〔1〕 参见孙中国、李健和主编：《中国严打的理论与实践》，中国人民公安大学出版社 1998 年版，第 9 页。

〔2〕 参见毕惜茜、陈娟：《"严打"整治斗争的回顾与展望》，载《中国人民公安大学学报》2003 年第 2 期。

〔3〕 参见中共中央、国务院《关于开展扫黑除恶专项斗争的通知》。

四、刑事专项治理的推进逻辑

对刑事专项治理而言，组织逻辑与行动逻辑只是其展开的前提与基础，而推进逻辑才是其动力支撑。在司法实践中，推进刑事专项治理展开的因素很多，例如上文提到的在刑事案件发生后的群众反应以及随之而来的领导决策，都可列入推进因素的范畴，是专项治理得以启动的原始动力。但从整个治理过程来看，众多推进因素其实并不是处于同一平面的并列关系，而是逻辑上的递进关系，可从政策、动员、群众、法治四个方面进行归纳。

（一）政策推进

推进刑事专项治理首先需要解决正当性问题，包括当前为何要启动这项治理任务，以及未来为何要持续推进这项治理任务。一般来说，当某一种或某一类犯罪在某一时间段内频繁出现，而既有司法资源与治理能力又不足以有效控制的情况下，专项治理这种资源与权力集中分配的治理方式就成为决策者的首选。但选择专项治理势必打破常态治理的基本规律，尤其是在实体与程序原则、规则众多的刑事司法领域，往往会因此受到外界质疑。例如在上文提到的20世纪80年代"严打"期间，为配合治理工作的展开，全国人大常委会修改了刑事基本法，以实现从重从快从严打击刑事犯罪的目的。但"严打"结束后，公安司法机关前期形成的办案习惯也随之延续，成为后期错案频发的原因之一。为消除抑或缓和"治理"与"质疑"之间的矛盾，除直接修改法律这一简单粗暴有违法治规律的方法之外，更为妥当的方法是将治理任务本身政策化。

因为，相比于立法，政策更具灵活性与前瞻性，其可在不修改立法的情况下，通过调整既有法律框架的侧重点，及时回应实践中的问题。这种归因是指"严打"实际上是对特殊形势的特殊反应，是基于客观情况的变化对刑法打击重点和打击方向的调整。[1]即"严打"被定位为一种具体的刑事政策，而这种刑事政策则成为刑事司法活动的指针。[2]如此，推进"严打"斗争就相当于推进一项新的刑事政策，推进的动力更足，在司法中适用的阻力更小。

（二）政治动员

推进专项治理，除将治理运动"政策化"，解决推进的正当性问题之外，

---

[1]　参见张旭：《"严打"：必须处理好四个关系》，载《法制与社会发展》2001年第6期。

[2]　参见陈兴良：《刑法的刑事政策化及其限度》，载《华东政法大学学报》2013年第4期。

还需解决推进过程的资源供给问题。此处需要供给的资源主要指上文提到的我国相对薄弱的权威性治理资源，而非配置性治理资源。因此，单纯加大刑事治理经费投入无法从根本上解决这一问题，还需提高资源的使用效率与治理活动的执行力度，而政治动员就是这样一种解决方法。所谓政治动员，在专项治理中是一种用来贯彻落实自上而下的政治意图的途径和渠道，[1]主要包括动员目标和动员对象两大范畴。

在动员目标方面，决策者可在刑事专项治理启动之后通过政治动员获得各界政治资源的支持，进而弥补权威性治理资源的缺失。例如，为传达上级领导指示与部署下一步工作所召开的治理项目领导小组会议，为指导各级机关办案所发布的相关规范与文件，为激发各级机关参与治理的积极性所设立的考评指标，等等，都是决策者自上而下传输治理过程所体现的政治意图，以及自下而上汲取基层治理资源的具体方式。通过政治动员，治理决策与治理执行这条逻辑线路得以打通。在动员对象方面，与早先的"镇反"运动争取各界政治力量的支持不同，法治时代刑事专项治理的政治动员对象主要是治理的直接落实方，即通过动员获得各级政府、公安司法机关的支持即可。

（三）发动群众

在刑事专项治理中，群众支持是推进治理进程的另一重要动力，犯罪防治需要吸收社会力量参与。[2]同时，群众支持也是配置性治理资源与权威性治理资源之外的另一种资源类型，可被称为民意基础或群众路线。与政治动员类似，群众支持也需要通过充分发动才能获得，并得以充分激发。但与政治动员有所区别的是，群众具有个体差异、价值多元、认识局限等特征，这意味着决策者难以在短时间内号召所有群众支持某一治理任务。因此，发动群众需要反复、多次进行。

发动群众之所以能够成为刑事专项治理的重要动力，与群众路线是党的基本路线，[3]以及专门工作与群众路线相结合是公安司法机关的优良传统与

---

〔1〕 参见周雪光：《权威体制与有效治理：当代中国国家治理的制度逻辑》，载《开放时代》2011年第10期。

〔2〕 参见高铭暄、傅跃建：《新时代刑事治理现代化研究》，载《上海政法学院学报（法治论丛）》2020年第4期。

〔3〕 参见何挺：《充分认识严打方针的历史作用 努力构建落实严打方针的长效机制》，载《中国人民公安大学学报（社会科学版）》2006年第3期。

一贯方针有密切关联。[1]我国《刑事诉讼法》明确规定公检法三机关进行刑事诉讼，必须依靠群众。但在另一方面，鉴于群众因素的不确定性，发动群众也应有所限度，如果仅重视这项工作而忽略其他推进因素，反而会影响治理工作的展开。正如有学者评论的那样，专项治理可能因社会压力而启动，但随着外界压力的减弱，或者上级领导注意力的转移，这种治理就会虎头蛇尾。[2]

（四）法制推进

作为一种非常态的治理方式，专项治理具有跳出常态治理框架，快速集中治理资源，准确直面治理对象的特点，这就意味着常态治理的基本要素，例如制度规范等，均非必要。但在刑事治理过程中，治理活动以刑事诉讼制度与程序作为载体和依托，刑事法制因此不可缺少。即使在治理过程中颁行的条例、决定或通知突破了既有法律的规定，也至少保证了该次刑事专项治理在一定轨道中运行。例如，20世纪80年代"严打"斗争期间实施的三个"决定"就成为治理活动得以迅速展开的保障。而随着我国法制建设的深入开展以及专项治理经验的不断积累，运用法制（规范）推进刑事专项治理也越发常态化。这在黑恶势力犯罪治理领域体现得尤为明显。

据统计，自新世纪至今，中央层面颁布的关于"打黑除恶"及"扫黑除恶"的法律与政策超过12部，[3]其中不乏全国人大常委会制定的立法解释与刑法修正案，以及我国最高司法机关制定的司法解释、指导意见。这些规范虽对黑恶势力犯罪的治理有所规制，但也明确了认定此类犯罪要素的实体标准与处置原则，例如，何谓"黑社会性质组织犯罪""恶势力犯罪""软暴力犯罪"，以及如何贯彻宽严相济刑事政策，等等。因此，这些规范的存在实则推进了治理进程，提升了治理效果。而在另一方面，在刑事专项治理中采取法制推进的思路，可节省国家力量和社会力量的投入，进而将这些力量运用到其他社会建设领域。[4]

---

〔1〕　参见康均心：《从打黑除恶到扫黑除恶》，载《河南警察学院学报》2018年第3期。

〔2〕　参见侯学宾：《从运动式治理到法治常态化》，载《检察日报》2015年2月25日，第7版。

〔3〕　参见康均心：《从打黑除恶到扫黑除恶》，载《河南警察学院学报》2018年第3期。

〔4〕　参见强世功：《法制的观念与国家治理的转型——中国的刑事实践（1976—1982年）》，载《战略与管理》2000年第4期。

五、刑事专项治理的评价逻辑

刑事专项治理之所以能保持常态，与治理效果也有密切关联。而具体的治理效果往往通过外界评价得以展现。如果通过专项治理能够实现比常态治理更佳的治理效果，并获得良好的外界评价，那么站在功利的角度，专项治理的常态运行就具有正当性基础。在制度逻辑层面，针对刑事专项治理的评价可从空间上的外部与内部，以及时间上的过去与现在进行类型化梳理。

（一）外部评价

对于历次刑事专项治理而言，外界评价从不是单一的，评价视角不同，评价结论也不相同。"镇反"运动取得显著的成就，不仅粉碎了国民党反扑的梦想，实现了发动群众的目标，还极大降低了刑事案件的发案率，党和政府的权威也因此牢固地树立起来。[1]当然，站在刑事治理制度的视角，"镇反"期间的治理活动无法达到《惩治反革命条例》所设立的极为宽松的定罪、量刑与证据标准，这不仅有违刑事治理规律，而且易于造成错案。

到了"严打"斗争期间，具体战果在其外部评价体系中则显得更为重要。据统计，在1983年至1987年第一次"严打"期间所开展的"三大战役"共收容审查、劳教、拘留、逮捕217.32万人。而1996年和2001年这两次"严打"的治理效果与20世纪80年代第一次的"严打"一样突出。从图4-2至图4-4中改革开放以来我国刑事一审收案数的分布来看，三次"严打"斗争的起始年同样都是新一阶段刑事一审收案数的"波峰年"，这说明"严打"斗争的确具有在短时间内发现并处理各类刑事案件的良好效能。[2]

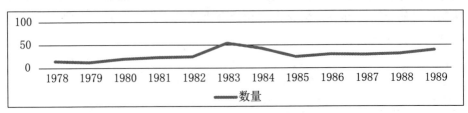

图4-2　20世纪80年代我国一审刑事案件收案数（单位：万件）

---

〔1〕　参见杨奎松：《新中国镇反运动始末（下）》，载《江淮文史》2011年第2期。

〔2〕　图中所有数据均通过国家统计局网站"中国统计年鉴"版块，网址 http://www.stats.gov.cn/tjsj/ndsj/中的各年度"人民法院审理刑事一审案件收结案情况"整理获取。

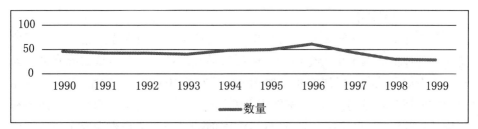

图 4-3　20 世纪 90 年代我国一审刑事案件收案数（单位：万件）

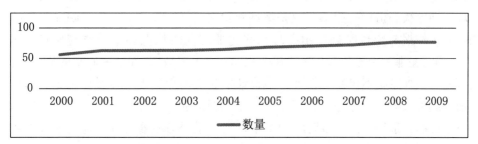

图 4-4　21 世纪初期我国一审刑事案件收案数（单位：万件）

　　然而，短时内犯罪治理数量只是评价某一治理措施或治理行动效果的一个方面，更为重要的方面其实是治理措施或治理行动的犯罪预防效能，即预防刑事案件发生的能力。但从图 4-2 至图 4-4 中看，三次"严打"斗争非但没有降低刑事案件的数量，反而在"严打"结束后快速超过"严打"前的水平。因此在这一层面，"严打"并未达到预防犯罪的效果，只是在治理期间内难以看出。

　　尽管外部评价的结论因视角不同而存在差异，且有些深层结论无法直接呈现，但这一评价方式仍在刑事专项治理的评价体系中处于主流。例如，据官方统计，自 2018 年"扫黑除恶"专项斗争开展以来，全国共打掉涉黑组织3644 个，是前 10 年总和的 1.3 倍；打掉涉恶犯罪集团 11 675 个；全国法院一审判决涉黑涉恶犯罪案件 3.29 万件 22.55 万人。[1]这种外部评价结果无疑是令人振奋的，因为案件数量与涉案组织、人员数量都能通过数字得以展现。短时期内，这种评价对于一项治理行动的正当性认同至关重要。

---

　　〔1〕　参见《扫黑除恶专项斗争三年成绩单公布：答卷里是平安中国建设的三大密码》，载 http://www.chinapeace.gov.cn/chinapeace/c100007/2021-03/31/content_12469448.shtml，最后访问日期：2022 年 7 月 5 日。

（二）内部评价

内部评价是司法机关自身对刑事专项治理的总结与反思。相比于外部评价，内部评价的视角更为全面，指标更为科学，对于治理本身的影响也更为深远。例如，最高人民法院在 2021 年的工作报告中总结"扫黑除恶"专项斗争的完成情况时强调，"严把案件质量关，努力让每一起案件都经得起法律和历史的检验"，在此基础上实现"社会治安明显改善，人民群众安全感显著增强"的目标。[1]这显然是把案件审理的准确程度与规范状况作为评价这次治理活动的核心指标，而不仅仅是案件数量。同样，最高人民检察院在当年的政府工作报告中也明确提出办理黑恶犯罪应同时把握办案数量与质量，即"是黑恶犯罪一个不放过、不是黑恶犯罪一个不凑数"。在这一原则的指引下，最高人民检察院不仅在工作报告中统计了此次治理过程中涉及黑恶犯罪的批捕与起诉人数，而且还统计了不被认定为黑恶犯罪的案件数。此外，在治理效果方面，最高人民检察院将刑事案件与严重暴力犯罪案件受理的缩减倍数作为社会治安秩序改善的标志。[2]

由此可见，关于刑事专项治理的内部评价指标不仅更加多元，而且更能反映这种治理方式的实际效果。一般来说，在短时内评价专项治理，应当将外部评价与内部评价相结合。这样既可以透过处理相关案件及人员的数量了解治理的直接效果，也可以通过案件办理质量以及对社会秩序的改善程度分析治理的真实效果，最终评估出本次治理的实际效果。

（三）历时评价

除短时性的外部评价与内部评价之外，一套完整的刑事专项治理的评价逻辑还应当包括历时性评价。即在治理活动结束一段时间之后，外界对此的全面理解、评估与建议。如果说外部评价与内部评价针对的是刑事专项治理的实然效果，那么历时评价则针对的是其应然效果。到目前为止的几次刑事专项治理中，经受历时评价最多的还是"严打"斗争。因为"镇反"运动已经时隔久远且当时并无法制基础可言，外界更多是从其政治效果的角度进行评价。而"扫黑除恶"专项斗争又刚刚结束不久，目前还不具备历时评价的

---

〔1〕 参见《最高人民法院工作报告》，载 http://www.court.gov.cn/zixun-xiangqing-290831.html，最后访问日期：2022 年 2 月 11 日。

〔2〕 参见《最高人民检察院工作报告》，载 https://www.spp.gov.cn/spp/gzbg/202103/t20210315_512731.shtml，最后访问日期：2022 年 2 月 11 日。

条件。对于"严打"斗争，抛开与之相关的一系列治理成果数据等指标，外界对其的评价明显经历了一个由拥护到理性审视的过程，这一变化的促成因素就是时间。

一方面，随着"严打"在 20 世纪八九十年代至 21 世纪初的多次进行，无论优势还是缺陷均已不断暴露，外界评价已从开始阶段的完全认同转变为理性评估。具有代表性的观点认为，由于治理效果"显著"，"严打"逐渐发展成为治理犯罪的首选甚至唯一手段。而一旦面临严峻的犯罪形势就不假思索地选择"严打"，不仅易使司法干警长期处于高负荷状态，导致司法资源的滥用，还可能阻碍常态犯罪治理的发展。[1]此外，"严打"的惯常使用还使得其内涵被误解，后期出现的各类专项斗争也被认为是贯彻"严打"的主要方式。[2]

另一方面，随着我国法制理念与法律制度的不断发展与进步，"严打"在政策、实体与程序层面都存在一定问题。例如，有学者分析，首先，"严打"的常态化使其逐渐政策化，进而导致我国轻轻重重的两极化刑事政策体系被一元化的刑事政策取代，[3]威胁到我国整体刑事制度布局。其次，20 世纪 80年代"严打"出现的下放死刑复核权、任意判处死刑、大量适用收容审查、让一审法院提前介入侦查、让二审法院提前介入一审，降低刑事证明标准等现象与制度，对我国刑事法制造成了持久的影响。然而，这些问题也成为今后我国刑事法制的完善方向。

六、小结

当今世界，刑事治理包括常态治理与专项治理两种方式。刑事专项治理的常态化有其深层原因，从制度逻辑要素的角度来看：首先，在组织逻辑层面，专项治理中司法体制、指令传导机制、司法制度样态所具有的特殊性，让刑事专项治理与常态治理在组织形态与构造上完全不同；其次，在行动逻辑层面，从案件的发生与形势的变化，到领导的重视与决策，再到治理方案

〔1〕　参见贾宇：《从"严打"到"宽严相济"》，载《国家检察官学院学报》2008 年第 2 期。

〔2〕　参见何挺：《充分认识严打方针的历史作用 努力构建落实严打方针的长效机制》，载《中国人民公安大学学报（社会科学版）》2006 年第 3 期。

〔3〕　参见严励：《"严打"刑事政策的理性审读》，载《上海大学学报（社会科学版）》2004 年第 4 期。

的制订、发布与执行，刑事专项治理的运行方式也有别于传统的常态治理；再次，在推进逻辑层面，政策推进、政治动员、发动群众与法制推进充分助力刑事专项治理的持续运转，直至实现治理目标；最后，在评价逻辑层面，外部评价、内部评价与历时评价这几种类型的评价方式，可从各个方面全面评估刑事专项治理，并使得其优缺点得以充分展现。而从制度逻辑整体来看，组织逻辑、行动逻辑、推进逻辑与评价逻辑不仅是包括专项治理在内的任一治理模式所需具备的逻辑构造，而且只要这些具体逻辑能够与其他刑事治理模式的制度逻辑明确区分，就足以证明其具有独立存在的必要性。换言之，制度逻辑是刑事专项治理在我国不断出现以及稳定存在的原因。

自1981年至今的40多年时间里，我国的刑事治理模式除法制规范与法治理念得以加强之外，治理方式呈现出较强的稳定性，因为这种治理方式的制度逻辑未发生根本改变。尽可能地实现刑事专项治理组织逻辑、行动逻辑、推进逻辑与评价逻辑的法治化，使这四项内在逻辑符合当前的刑事基本法律规范，或遵循基本的刑事法律理念进行构建，确保其在法治轨道上常态运行，或许是未来刑事治理能力改革正确且可行的方向。

第五章

刑事司法中专项治理的积极意义

尽管专项治理在刑事司法场域是一个颇具争议的话题，学界不乏一些质疑的声音，但其从未在我国刑事司法的发展进程中式微，更有积极融入国家治理体系的态势，成为我国刑事司法治理乃至国家治理的重要组成。评判专项治理的利弊，应当立足我国国情、体制和现实需求，否则就难以认知专项治理所蕴含的中国经验和智慧，甚至将该现象视为另类，进而彻底否定。刑事司法中专项治理之所以一直存在，因其具有被普遍认可的价值追求，有效运作的本土根基和多维度的积极意义。理性分析这些支撑刑事司法专项治理生成和发展的因素，是我们合理运用专项治理手段并对之优化改良的前提。

一、刑事司法中专项治理的价值追求

（一）坚持以人民为中心的根本立场

"为了人民、依靠人民、造福人民"是中国共产党百年以来一以贯之的价值追求，专项治理正是贯彻了这种以人民为中心的治理理念，才会在国家治理方式的发展、升级与转型进程中经久不衰。专项治理的逻辑与以人民为中心的价值是一脉相承的。早在革命时期，中国共产党就特别强调群众路线，非常重视组织动员工作，发动了改变广大农民切身利益的土地改革运动。在社会主义建设初期，各项旨在发展生产力、提高人民生活水平的运动接连开展。改革开放以来，我国政治环境和经济环境发生了很大变化，专项治理这种方式得到延续，在关系群众切身利益的重点领域持续发挥重要作用。由于专项治理始终坚持以人民为中心的根本立场，使其具备了长期立足的政治合法性和目的正当性。

在法治建设、执法司法领域，保障人民的主体地位和合法权益是重要的价值追求。习近平总书记指出："推进全面依法治国，根本目的是依法保障人民权益。"[1]习近平法治思想将坚持以人民为中心作为全面依法治国的根本立场，强调坚持法治为了人民、依靠人民，积极回应人民群众新要求新期待，牢牢把握社会公平正义的价值追求。"要广泛听取人民群众意见，要深入了解一线司法实际情况、了解人民群众到底在期待什么，把解决了多少问题、人民群众对问题解决的满意度作为评判改革成效的标准。"[2]以此为出发点和落脚点，是否回应人民群众意见、增强人民群众安全感和满意度、切实解决一线司法实际问题，就成为衡量政法工作是否具有正当性的关键指标。综观我国刑事司法的发展历程，专项治理不仅着眼于维护最广大人民的根本利益，反映人民愿望、维护人民权益、增进人民福祉，而且兼顾特殊群体的正当诉求，可以说其实施充分体现了人民意志，践行了以人民为中心的治理逻辑。首先，公安司法机关依靠广大人民群众的支持和协助，针对严重影响人民健康、幸福生活的犯罪行为，以及长期顽固存在的犯罪组织形式开展专项行动式惩治，切实回应了群众所思所想所盼，凝聚了民心、民智、民力。正如习近平总书记所指出："人民群众反对什么、痛恨什么，我们就要坚决防范和纠正什么。"[3]其次，执法、司法机关在保护未成年人权益、清理超期羁押、营造良好营商环境等领域开展专项治理，同样奉行了以人民为中心的人权理念，协调增进全体人民的正当权利。

时代在变，人民追求美好生活的目标未变，专项治理保留了公权力机关在纷繁复杂的环境之中积极、灵活应对的空间。以人民为中心的法治理念既塑造了积极型法治国家，又构筑了积极型法治国家的发展逻辑。其所蕴含的回应人民需求之蕴意，以及强调的人民主体性地位之主张，带动了国家积极作为义务履行内容以及履行方式的变化，从而引领了积极型法治国家的发展。[4]积极作为义务就要求国家在人民关切领域主动下大力气解决棘手问题，无论

---

〔1〕 习近平：《论坚持全面依法治国》，中央文献出版社 2020 年版，第 2 页。

〔2〕 中共中央宣传部、中央全面依法治国委员会办公室：《习近平法治思想学习纲要》，人民出版社 2021 年版，第 30 页。

〔3〕 习近平：《决胜全面建成小康社会 夺取新时代中国特色社会主义伟大胜利——在中国共产党第十九次全国代表大会上的报告》，载《求是》2017 年第 21 期。

〔4〕 张演锋：《习近平"以人民为中心"法治理念与法治国家的双重面向》，载《华东政法大学学报》2021 年第 6 期。

是过往人民群众日益增长的物质文化需求与落后生产力之间的矛盾，还是如今人民日益增长的美好生活需要和不平衡不充分的发展之间的矛盾，都会集中体现为转型期的社会治安问题、市场秩序问题、文化安全问题和环境保护问题等。在社会转型期，传统科层型政党与政府体制面临治理环境不稳定和治理能力稍欠的治理困境，常规治理在应对累积数年、根深势大的犯罪组织时力有不逮。此时作为专项行动和调试行为的专项治理不失为当局应对治理环境挑战和自身治理能力不足的一种行动选择。〔1〕例如，针对唐山市路北区某烧烤店发生的寻衅滋事、暴力殴打他人的恶劣事件，如果就案办案，不仅可能面临较大阻力，办案效果难以满足民众的期待与需求，而且不能解决该地区长期以来治安的积弊。只有根据群众提供的举报线索主动开展排查挖掘工作，对类似问题进行专项清理和整治，在人民群众的协助与监督下扎实开展"雷霆风暴""百日行动"等专项治理行动，才能为该地区建立常规化"扫黑除恶"工作机制扫清障碍和积累经验，切实提高老百姓的安全感和幸福感。

（二）确立有效解决问题的目标导向

习近平总书记指出："坚持问题导向、目标导向，树立辩证思维和全局观念，系统研究谋划和解决法治领域人民群众反映强烈的突出问题，不断增强人民群众获得感、幸福感、安全感，用法治保障人民安居乐业。"〔2〕专项治理是一种典型的问题导向型和目标导向型治理方式，启动专项治理必然是以有效解决某一问题为出发点和落脚点，否则人力、物力的投入与治理的收益将不成正比，同时还会招致考核机关与舆论民意的负面评价。学界对于专项治理能否实现有效解决某一问题的目标有一定争议，持消极观点者认为专项治理目标单一，持续时间往往不长，这种方式容易助长一种投机主义心理，将社会治理的主要精力着力于开展专项行动，而忽视对整个社会长效机制的建设。〔3〕这种适应性治理的临时性和紧迫性对领导小组的常规化稳定不可避免地产生冲击，促使其功能经常以无序化的方式发挥出来。〔4〕实际上，这种认

---

〔1〕　参见黄科：《组织僵化、调适行为与中国的运动式治理》，载《江海学刊》2019年第3期。

〔2〕　习近平：《论坚持全面依法治国》，中央文献出版社2020年版，第15页。

〔3〕　曹龙虎：《国家治理中的"路径依赖"与"范式转换"：运动式治理再认识》，载《学海》2014年第3期。

〔4〕　杨志军：《运动式治理悖论：常态治理的非常规化——基于网络"扫黄打非"运动分析》，载《公共行政评论》2015年第2期。

识是片面的，没有正确定位常规化治理与专项治理的逻辑关系。专项治理是在常规化治理的基础上，通过调动和整合资源，凭借体制压力推进专项行动，进而在短时间内达到明显效果的治理机制。专项治理与常规化治理并行不悖，专项治理是常规化治理的必要补充，在亟需改观的领域制度性和常规性措施收效甚微时，超越常规的专项治理就可以发挥重要作用。"运动型治理机制恰恰是针对常规机制，旨在打断常规过程、治理常规过程的惰性与失控。在这个意义上，专项治理可以解读为应对这一组织失败、校正其积习惰性和偏离轨道的机制，常规机制本身即是运动的对象。"[1]尤其是在社会快速发展中，变数较多，一些治理事务是新近出现的，一些治理事务还在变化，这些事务往往具有整体性，分割的、专业化的部门难以应对新出现的整体性事务。[2]此时就需要通过专项治理来满足社会转型期和高速发展期对高效治理的迫切需求。专项治理虽然时常被诟病无法一劳永逸地解决问题，但对于专项治理都无法克服的难题，常规化治理在一定时间内照样无所适从。

从解决问题的效果而言，专项治理的效果可以分为三个层次。首先，最好的效果是标本兼治，这是专项治理的目标导向，不过难以达到，毕竟有些问题一直存在的原因并非治理方法不当，而是其本身就是一种无法消除的现象。比如，无论开展多少轮"扫黑除恶"专项斗争，都不可能在全国范围内彻底消除黑恶势力。从另一角度来看，通过多轮"扫黑除恶"的经验积累和制度探索，完善长效机制，实现常规化开展"扫黑除恶"斗争，也可以称得上"标本兼治"。其次，保底的效果是实现直接、短期、可评估的绩效表现，缓解当前社会治理的压力。比如部分城市时不时开展的"禁毒会战"，虽然较难扭转毒情趋重的整体态势，但至少集中侦破了一批毒品犯罪案件，降低了当地毒品交易的活跃度。最后，最常见的折中效果是在短期治标的同时为治本打下基础，从而推动量变走向质变。事实上，专项治理存在间接、长期的绩效表现，只是这些绩效表现不易被察觉和衡量。比如某市历经十年的创城运动，多次重复的专项治理通过效果累积对改善城市面貌发挥了重要功能。[3]

---

〔1〕 周雪光：《中国国家治理的制度逻辑：一个组织学研究》，生活·读书·新知三联书店 2021年版，第 87 页。

〔2〕 杨华：《县乡中国：县域治理现代化》，中国人民大学出版社 2022 年版，第 93 页。

〔3〕 李辉：《"运动式治理"缘何长期存在？——一个本源性分析》，载《行政论坛》2017 年第 5 期。

专项治理较之常规化治理的特别之处在于其以鲜明的问题导向和目标导向为引领，在资源享有、主体权责和绩效压力等方面都有明显的增加。具体到刑事司法领域，专项治理实现既定目标的运作原理是资源集中、主体能动和法政贯通。资源集中统一和统筹利用是所有领域专项治理的共通做法。人们常说，中国特色社会主义体制的最大优越性就在于能够集中力量办大事。打击犯罪，保障公共安全显然是大事，也需要举国体制予以支撑，并配以完善的治理运行机制。[1]专项治理为何在我国较为常见？显然与能够迅速整合资源、集中力量办大事的治理体制密切相关。普遍存在的常规化治理必须保持一定的稳定性，其所需的体制资源是比较分散的，分布在各个职能、机构和编制内，以使他们有效地发挥作用。但是，稳定性使体制无法应对社会的变化，普遍性使体制难以回应社会的特殊性，分散性无法使体制集中力量进行综合攻关。[2]因此专项治理就成为必要补充。比如前述针对毒品犯罪的专项行动中，各级党委政府指令相关职能部门密切配合公安行动，省公安厅统筹调用全省警力实现异地用警和警力补充，集中力量、统一行动对一举破获多个制毒、贩毒团伙起到重要作用。又如2018年以来开展的"扫黑除恶"专项斗争，全国自上而下掀起了一场前所未有的"扫黑风暴"，取得了历次打黑除恶斗争都未取得的显著成效。究其原因，各级党委政法委和公安司法机关均成立了"扫黑除恶"斗争领导小组，统筹安排部署辖区内"扫黑除恶"专项行动。除强调公安司法机关完成分工、配合、制约的本职工作外，还配套推进了相关工作：加强纪检监察机关、宣传部门的衔接配合；发动群众积极支持"扫黑除恶"斗争，激发他们举报犯罪的积极性；省级财政划拨专项经费，对参与"扫黑除恶"斗争的部门和人员予以绩效奖励。全方位的动员、各阶段的严控和各主体的合力，以及条块协同形成的体制压力，给予了此次"扫黑除恶"斗争前所未有的"资源集中"。

相比于我们较为熟知的一些国家的刑事司法而言，我国刑事司法之所以更容易发生专项治理，与司法主体能动性较强的职能特征和法政贯通治理的体制特点有密切关系。公安机关是治安执法、刑事侦查和维护社会安全的一线主体，其灵活性与主动性自不待言。检察机关以法律监督职能为依托，探

---

〔1〕　参见童星：《中国社会治理》，中国人民大学出版社2018年版，第127页。

〔2〕　杨华：《县乡中国：县域治理现代化》，中国人民大学出版社2022年版，第89页。

寻参与社会治理的载体和抓手，积极适应社会治理新需求，创新参与社会治理的方式方法，在诸如公益诉讼、未成年人检察、支持保障民营经济等领域充分发挥主观能动性。张军检察长也明确强调检察机关要依法能动践行以人民为中心的发展思想。法院通常被认为是被动裁决纠纷的司法机关，但早在十余年前，我国法院就开始立足于充分发挥审判职能，扩大审判服务领域，一时间"能动司法"理念风靡法院系统，调解率大幅提升。近年来，全国法院系统针对执行难问题发起的运动式攻坚战充分体现了法院开展执行工作的能动性。我国司法机关充分发挥主体能动性的目的就是有效解决司法实践中的某一具体问题，事实上取得了较之常规办案模式的明显效果，得到了人民群众的认可。在我国司法机关积极而为的背后，法政贯通的治理体制无疑起到了增强司法机关能动性的作用。法政贯通在我国体现为党政体制对司法的塑造和司法对党政体制的依靠。〔1〕政治势能的叠加与政治伦理的嵌入，在一定程度上提高了司法效能，增强了司法人员大局观和奉献意识，摆脱了就案办案的司法局限，也为司法机关引导相关行政机关予以协同、配合提供了路径。党政治理与司法治理相辅相成、权限范围并行不悖，只要有效防范其他权力对司法权的不当干涉，通过法政贯通的专项治理就能够将国家治理的需求与司法办案充分结合。

二、刑事司法中专项治理的本土根基

价值追求得到普遍认可只是专项治理在刑事司法领域生成和展开的动因，那么又是何种因素支撑着专项治理在刑事司法领域有效运作？以"国家—政法—司法"为分析脉络，可以发现从宏观的全局领域，到中观的政法体制，再到微观的司法内部，都为专项治理提供了制度基础与实施环境，使其在刑事司法中具备政治正当性和实践合理性。

（一）遵循我国国家治理的共通规律

2019 年，党的第十九届四中全会通过的《中共中央关于坚持和完善中国特色社会主义制度 推进国家治理体系和治理能力现代化若干重大问题的决定》指出，坚持和完善中国特色社会主义制度、推进国家治理体系和治理能力现代化，是全党的一项重大战略任务。这是我国第一次通过党的重要会议

---

〔1〕 参见郑智航:《党政体制塑造司法的机制研究》，载《环球法律评论》2020 年第 6 期。

对中国特色社会主义制度和治理体系进行判断和定位，系统总结了我国国家制度和国家治理体系的显著优势，提出了坚持和完善中国特色社会主义制度、推进国家治理体系和治理能力现代化的总体目标。国家治理是国家的总体治理，涉及国家的各方面社会关系和社会联系，包括政治、经济、法律、社会、文化、军事、生态建设等方面的社会联系。不同领域的治理相辅相成、相得益彰，紧密契合于新时代发展需求，形成了新时代中国国家治理体系。[1]可以说，国家治理是一个宏大的概念，统合了各领域的治理理念、治理目标与治理逻辑，在错综复杂的内外形势下指引着各领域治理体系与治理能力的现代化转型。国家治理的过程，就在于充分动员各方面的力量，以多元共治激发国家、社会与市场的活力，促使三方积极互动，实现国家治理的预期目标。[2]历经改革开放四十多年的发展，我国国家治理体系与治理能力逐步完善，特别是在党的十八大以来，随着全面深化改革的推进，我国国家治理体系充分显示出自我革新与自我完善的能力。从高屋建瓴的顶层科学设计框架，到瞄准问题真抓实干的实践路径，结合"摸着石头过河"的试验求证，国家治理体系和治理能力在反复的检验、总结、纠偏中成熟和定型。[3]在不断摸索中形成了顶层设计、中观实践与微观探索相协调的治理体系，足以应对面临的困境，突破发展道路上的障碍。我国具有巨大的制度优势与治理优势，不过在应对一些突发、棘手问题时，也暴露出治理的短板，因此还需要持续推进国家治理体系与治理能力现代化。

总结我国国家治理各领域的优势经验，可以发现一条将常规治理与专项治理充分结合的共通规律。如前所述，专项治理与常规化治理并行不悖，专项治理是常规化治理的必要补充，当常规性措施在亟需改观的领域收效甚微时，超越常规的专项治理就可以发挥重要作用。如有的学者所言，常规治理和专项治理是一个双层治理的有机体系，专项治理以常规治理为基础，常规治理以专项治理为补充，两者纵向协同才能完成治理过程。[4]如果将专项治理视作对常规化治理的替代，那么既是对常规化治理的否定，也无助于证成

---

〔1〕　张文显：《新时代中国社会治理的理论、制度和实践创新》，载《法商研究》2020年第2期。

〔2〕　张福俭编：《国家治理体系和治理能力现代化党员干部读本》，红旗出版社2019年版，第24页。

〔3〕　参见刘须宽：《国家治理体系和治理能力现代化》，人民日报出版社2020年版，第93-108页。

〔4〕　安永军：《常规治理与运动式治理的纵向协同机制》，载《北京社会科学》2022年第2期。

专项治理的正当性，最后陷入怎么做都不对的境地。[1]将常规化治理与专项治理作为同一领域治理的一般方式与特殊方式，根据不同治理阶段的需求进行适配，通过专项治理对常规化治理进行再造升华，从而实现二者的促进、融合。这是一条将两种治理方式协同运用的路径，一方面，专项治理意在短期内形成一种示范效应，实现纠偏，或者集中精力、资源攻克某一难题；另一方面，专项治理也面临着成果巩固和持续性问题，因此不同程度的常规化努力也存在于其实施过程中。[2]可以说，专项治理这种方式已经成为各领域解决重点问题的常见方式，因其以人民为中心和有效解决问题为导向的价值追求而成为各级治理主体敢于使用的一种治理工具。

在刑事司法领域内，常规化治理体现了司法最本质的特征。以个案的公正处理为主线，从侦查犯罪到审查起诉，再到刑事审判，办案人员努力实现惩治犯罪与保障人权并重，实体公正与程序公正兼顾。常规化治理模式融入办案人员的日常工作之中，通常不被专门提起，毕竟查明事实、打击犯罪、公正司法、维护社会安全和人民的切身利益本就是公安司法机关的基本职责。在绩效考核、上级督查、法律监督、群众关注的合力推动下，公安司法机关和办案人员需要完成职责内的基本任务，工作质量要得到基本保证，否则将在年度考核中受到负面评价，或者因个案的不当处理而遭到责任追究。刑事司法一线的办案人员通过不断地完成本职工作和累积工作经验，对外取得解决社会安全问题、维护社会和谐稳定，乃至维护国家安全的成绩，对内提升个人业务素养、优化办案机制，乃至推进制度完善。认真地开展常规化治理，可以实现刑事司法工作的基本目标，完成刑事司法系统的基本任务。诚然，日复一日的常规化治理亦可通过积跬步达至千里，但难以在短期内突破沉疴积弊，做到"急人民之所急，解人民之所忧"。因此，专项治理就成为必要之补充，与常规化治理协同作战。如今，通过一次又一次的专项整治与探索改革，刑事司法中的专项治理已经与常规化治理充分结合，不论是针对耳熟能详的老问题，还是针对社会发展中出现的新问题，往往能发挥其突出结果导向、集中力量攻坚、迅速取得成效的优势。前者如打击黑恶势力的扫黑除恶

---

〔1〕 替代论是以组织失败和危机为专项治理的出发点，忽略了专项治理的独立价值。协同论更能实现常规化治理与专项治理的有机融合，客观理性地反映我国国家治理的共通规律。

〔2〕 参见郝诗楠：《理解运动式与常规化治理间的张力：对上海与香港道路交通执法案例的比较》，载《经济社会体制比较》2019 年第 4 期。

运动、解决羁押率高起诉率高的少捕慎诉慎押政策等举措，后者如保障民营企业的合规改革、严厉打击危害数据安全的各类违法活动等举措。这些举措都会在一定程度上实现专项治理对常规化治理的补充、升华和重塑。一段时间的专项治理之后，整体治理效能可能会有所削弱，但相比于专项治理之前的常规状态始终都会有所进步。因此，专项治理与常规化治理充分结合，互相转换的另一重要目标就是将专项治理的成果制度化和固置化，由"专项行动"发展为"常规"，而非由"专项行动"回到"常规"。例如，在为期三年的"扫黑除恶"专项斗争告一段落后，党中央召开了全国"扫黑除恶"专项斗争总结表彰大会，总结三年"扫黑除恶"专项斗争成绩经验，部署常态化开展"扫黑除恶"斗争。基于"扫黑除恶"专项斗争的经验得失，全国人大常委会于 2021 年 12 月表决通过了《反有组织犯罪法》。该法设置了不少程序条款，确定了反有组织犯罪活动中主体间互动的方式和案件处理的措施，具有较强的社会治安综合治理面向，体现了从严预防与治理的刚性。[1]时任全国人大常委会法工委刑法室主任王爱立指出："制定反有组织犯罪法是总结扫黑除恶专项斗争经验，加强制度假设，保障在法治轨道上常态化、机制化开展扫黑除恶工作的重要举措。"社会各界也普遍期待该法可以保障长效、规范、专业、精准地开展"扫黑除恶"斗争，将专项行动式"扫黑除恶"转向常态化。建立长效治理机制是此次打击黑恶势力与以往专项治理行动的不同之处，体现了常态化治理与专项治理充分结合、互相融合的发展趋势，也体现了我国国家治理将常规运作与专项行动有机结合的共通规律。

在我国，专项治理之所以可以与常规化治理并存而共同发挥作用，是因为专项治理模式下的组织特征和推进方式与我国国家治理的常见特征与运作逻辑是相契合的，比如惯常采用整体性治理和压力型治理。

整体性治理是一种综合性、多元性、协同性的系统治理模式，在宏观的社会治理层面体现为党委领导、政府负责、多方协作、公众参与、法治保障等多维度联动融合的治理机制，从而凝聚共识和力量形成社会治理行动的共同体。以市域社会治理为例，有学者指出，当下中国的市域治理是一种迈向结构化的整体性的"市域社会治理"，目的是破解市域治理"碎片化"症结，

---

〔1〕　参见印波:《〈反有组织犯罪法〉的程序内涵与法治嬗选》，载《江西社会科学》2022 年第 2 期。

抑制城市的负面性、激发城市的正面性，将人民性贯穿于空间规划、经济发展、社会发展和政治建设"四个维度"之中。[1]从某种程度上讲，各领域相当部分的专项治理实际就是一种更讲究效率、更重结果、更有力度的整体性治理，而常规化的整体性治理则吸收了作为专项治理优势内核的协调整合机制，从而更好地应对外界环境变化和重大突发事件。相比于传统科层制架构，整体性治理的协调、整合和相互嵌入关系机制可以消除不同政策间的紧张和矛盾，提升政策效果；通过消除不同项目间的矛盾或重复，更好使用资源；改进特定政策领域不同利益相关者的合作，产生协同效应。"整体性治理作为大的治理机制，涵摄运动型治理、项目治理等不同层面或不同时期的非常规治理机制，是中国政府治理模式重要的新趋向和新特征。"[2]

在法治建设、执法司法领域，这种整体性治理的特点逐步显现，尤其是涉及政法机关与体制外其他治理主体或政法体制内多机关协作的治理事项时，整体性治理的体制机制优势和治理效能明显更为突出。多数业已实施的刑事司法专项治理与整体性治理的规律相契合，如重点打击某一领域犯罪、庭审实质化的地方性试点改革、保护涉案民营企业权益等专项行动，都不只是某一机关单打独斗的任务，而是由政法机关之间、政法机关与主管行政部门、社会组织联动开展，协作配合。当某一专项行动作为二级任务服务于更高层面的一级目标时，专项治理的规模和范围更广，整体性治理的特点更为突出。比如近两年开展的依法惩治长江流域非法捕捞等违法犯罪的活动，就是服务于保障长江经济带发展的大目标。在检察机关的推动下，公安司法机关与相关主管部门加强协作联动，采取系统思维，注重标本兼治，推动全流域、全行业系统化治理，构建共抓长江大保护格局。

我国各领域的治理以明确的目标追求和结果导向为出发点和落脚点，治理主体背负一定的压力，来自上级或是人民。这种压力能够转化为达成目标的动力，进而转化为治理效能。从压力到效能的转化，体现了我国各领域治理重过程，更重结果的治理特点。我国各领域的常规化治理是压力型体制下的以完成绩效考核为目标的治理，包含着照章办事、循规蹈矩的成分，治理

---

〔1〕 参见吴晓林：《城市性与市域社会治理现代化》，载《天津社会科学》2020 年第 3 期。

〔2〕 陈丽君、童雪明：《科层制、整体性治理与地方政府治理模式变革》，载《政治学研究》2021 年第 1 期。

主体通常在保证"不出事"的前提下完成既定任务。常规化治理通常可以将制度优势转化为现实的治理效能，但可能受制于地方规则、工作习惯、利益驱动、人情关系等因素而效果欠佳。

相比于常规化治理中行政压力的传导，专项治理则提升至政治压力的施加，政治绩效给予的压力越大，转化的效能就越高。

在司法实践中，压力型治理与专项治理相结合，同样能够迸发出巨大的能量。例如，为深入贯彻落实党中央关于切实解决执行难的决策部署，各省政法委会同省高级人民法院统一安排、督导，自上而下开展集中攻坚行动，市、县两级法院执行法官感受到前所未有的政治责任感和历史使命感。专项治理下，"执行体制强调顶层设计与层层落实相结合，组织权力分布呈金字塔形，位于组织权力金字塔顶端的核心决策者不断实施动员而推动组织行为的实施，形成了一种解决执行难的压力型体制"。[1]在常规化治理模式面临压力与动力不足的时候，专项治理呈现出的增压效应就成为及时补充。当然正如前述，我国各领域的治理皆坚持以人民为中心的根本立场，同样以广大人民利益为出发点的专项治理，其原始压力往往来自于人民，人民的利益诉求和权益保障成为执政党的关注的重点。比如唐山市于2022年6月开展的"雷霆风暴"行动就是在人民群众给予的压力之下，开展的一场全面整治社会治安领域的突出问题，依法打击各类违法犯罪活动的专项行动。这种压力型的回应式治理同时扩大至全国范围，公安部部署了夏季治安打击整治"百日行动"，重拳打击突出违法犯罪，攻坚化解各类安全隐患，保障人民群众的安宁生活。

（二）契合我国政法体制的治理架构

政法体制是中国特色社会主义法治体系中最具标志性的制度范畴，也是我国刑事司法治理区别于其他国家的组织因素。如上一章所分析，刑事司法专项治理之所以复杂，就在于其内部存在着不同行动逻辑的行动者，治理过程是一个多元利益主体互动博弈的"政—法对话过程"。从发起者的治理逻辑，到专门机关的行动逻辑，再到其他相关主体的参与逻辑，三种逻辑交织作用于刑事司法专项治理中，协调政策贯彻与法律适用，调配社会资源与司

---

〔1〕　侯学宾、陈越瓯：《人民法院的运动式治理偏好——基于人民法院解决"执行难"行动的分析》，载《吉林大学社会科学学报》2020年第6期。

法资源，同时实现专项治理的目标与刑事诉讼的任务。其中，政法体制这样一套组织运作体系发挥着最大程度的凝聚共识、协调整合部门利益的基石性作用。要了解专项治理在政法领域的可靠根基，首先要理性认知我国政法体制产生的必然性与正当性，从其运作目的与内外关系探寻与专项治理相契合的结构性元素。

新中国成立初期的政法体制是以政务院政治法律委员会为中心形成的维护人民民主专政的体制，主要任务在于打击国内外敌对势力的颠覆破坏活动，巩固新生政权。改革开放以后，各级党委成立政法委员会，联系、指导政法各部门的工作，主要任务在于推动社会治安综合治理，维护社会稳定。如今，政法体制的属性、职能更加多元化，其主要任务在于维护国家政治安全、确保社会大局稳定、促进社会公平正义、保障人民安居乐业。[1]有学者将当今政法体制描述为"在执政党的领导下，政法机关和各种治理主体共同建设平安中国和法治中国的治理架构"[2]。其中，建设平安中国是习近平总书记对政法工作作出重要指示时提出的，反映了人民群众的普遍诉求。过去高速发展的四十年，我国社会保持长期稳定，治安情况逐步向好，人民群众安全感位居世界前列，这些成就与我国政法体制的治理架构密切相关。全面推进依法治国、建设法治中国需要坚持党的领导，坚持中国特色社会主义法治道路，政法体制将党与法治、党与司法连接起来，充分体现了中国特色政法关系。"法治当中有政治，没有脱离政治的法治。每一种法治形态背后都要一套政治理论，每一种法治模式当中都有一种政治逻辑，每一条法治道路底下都有一种政治立场。"[3]当今政法体制将党的领导嵌入政法领域的治理，通过政法工作的开展，实现党对政法单位依法履行专政职能、管理职能、服务职能的领导。政法工作旨在创造安全的政治环境、稳定的社会环境、公正的法治环境、优质的服务环境，从而增强人民群众的获得感、幸福感、安全感。政法体制

---

[1] 《中国共产党政法工作条例》第 5 条明确了政法工作的主要任务：在以习近平同志为核心的党中央坚强领导下开展工作，推进平安中国、法治中国建设，推动政法领域全面深化改革，加强过硬队伍建设，深化智能化建设，严格执法、公正司法，履行维护国家政治安全、确保社会大局稳定、促进社会公平正义、保障人民安居乐业的主要职责，创造安全的政治环境、稳定的社会环境、公正的法治环境、优质的服务环境，增强人民群众获得感、幸福感、安全感。

[2] 黄文艺：《中国政法体制的规范性原理》，载《法学研究》2020 年第 4 期。

[3] 中共中央宣传部、中央全面依法治国委员会办公室：《习近平法治思想学习纲要》，人民出版社 2021 年版，第 38 页。

的运行贯彻民主集中制原则，在我国政权体制中具有政治正当性。但植根于国家治理体系和治理能力现代化的时代背景，政法体制仍需不断塑造、完善，以适应新时代国家治理的新要求。

司法领域的专项治理实质上是将法治思维与政治思维相贯通，要求办案人员同等重视社会和谐稳定和社会公平正义。如前所述，法政贯通的治理架构为我国刑事司法专项治理构筑了制度基础，增强了办案人员的大局意识和奉献意识。政法体制就是这种法政贯通治理模式的重要载体，一方面连接党政与司法，将执政党的意志、政策和势能导入司法；另一方面协调其他治理主体与政法机关，将司法治理融入社会治理的广阔场域中，为专项治理集中资源、力量。总体而言，我国刑事司法中专项治理与我国政法体制的治理架构互相协调，后者为前者的运作提供了结构性支撑。

其一，我国政法传统为刑事司法专项治理提供观念支持。所谓政法传统，就是长期以来在政法领域形成的一套观念意识和制度实践。在古今的国家治理中，政法场域是一个运用法律手段维护政治和社会稳定的权力场域，我国古典政法传统蕴含的民为邦本、天下太平、变法图强、综合为治、防患未然、情理法融合等思想得以传承。[1]当下，国家安全、社会发展、安定太平、公平正义的环境是国家和人民都需要的，也是政法机关参与国家治理的任务目标。我国老百姓天性喜好和平安定，追求国泰民安，厌恶战乱动乱，对个人人身、财产安全非常看重。在和平年代，人民群众主要担心的就是自己的美好生活被犯罪破坏。所以古往今来，无论政法体制的架构如何变化，政法机关的职能如何调整，政法工作的目标如何设定，整治违法犯罪始终是政法机关的第一要务，也是人民对政法机关的期待。如果政法机关在打击犯罪上有所懈怠或履职不力，很容易遭到人民群众的负面评价。正是因为具有这种以维护稳定和保障安全为己任的政法传统，政法机关一直对危害国家和人民安全的犯罪行为持续保持打击高压态势，任何针对某一领域采取的专项整治行动都会得到人民群众的支持。尽管这样的专项行动式治罪行动会受到学者的质疑，被认为与追求正当程序的现代司法理念相抵牾，但在大多数老百姓的眼里，"维权"当然需要，但"维稳"更重要。在国家社会中寻求价值的协调是一项复杂的工作，政法广泛地涉及政治和生活的各个方面，从其价值维

---

〔1〕　参见黄文艺、邱滨泽：《论中国古典政法传统》，载《中外法学》2022年第1期。

度来看偏重于稳定价值。[1]即使是发挥审判执行职能的法院，也要同时服务于维护社会稳定的大局，不仅是运用司法手段，还要以更能动性的方式参与进来。社会治安综合治理体系构成法院运行的重要外在体制环境，无论是党政系统还是一般民众，在很多时候都会以综合治理的标准要求和评价法院工作。[2]

在转型时期，政治与法律结合的社会控制往往需要一个权威体制，才能组织步调一致的专门行动解决社会转型期的诸多问题。因此，政法领域专项治理的目的合理性使其在我国具备了运行的正当性。如何兼顾维稳和稳权，如何融合政法工作的政治性、法治性和人民性，既是专项治理需要作出的转变，也是推进政法体制完善和政法工作发展的重点关注课题。

其二，党管政法的组织结构为刑事司法专项治理赋予政治势能。我国政法体制最显著的特征是执政党对政法机关的领导，这是当代中国治理中党政结构在政法领域的体现。党的十八大以来，执政党深度融入政府体系，形成党政一体的复合型治理结构，党政的紧密联系使得治理结构具备系统性、整体性和协同性的优势，从而释放更大的治理效能，产生更优的治理绩效。[3]虽然党法关系与党政关系的深度整合性、嵌入性有明显区别，但基于执政党的集中统一领导体制，以及推进法治建设需要立足党在国家政权结构中总揽全局、协调各方的核心地位和开展政法工作需要依靠党的政策支持和资源倾斜，党法关系呈现出一定的统筹协同特征。从宏观层面的党对全面依法治国的领导，到中观层面的党对政法工作的指导，再到微观层面的党对司法工作的塑造，都体现出我国特色党政结构的治理优势。全国各级党委成立了全国依法治国（省、市、县）委员会，由书记担任主任；各级党委设有政法委员会，由常委兼任书记；各级司法机关设有党组，一般由院长担任书记。执政党嵌入法治建设并嵌入政法体制，体现了党对法治工作的重视，一方面有助于引导政法机关与政法工作者跳出部门利益、只顾自己"一亩三分地"的局限，从而站在整体利益、全局高度思考问题，另一方面可以依靠党的领导地位和组织保障，统筹协调政法机关之间、政法机关与其他治理主体之间解决有分歧的问

---

〔1〕 参见邓达奇：《政法：一个中国法概念的观念史考察》，海天出版社 2021 年版，第 149-150 页。

〔2〕 刘磊：《维稳压力对基层法院组织形态的形塑》，载《交大法学》2021 年第 1 期。

〔3〕 参见王浦劬、汤彬：《当代中国治理的党政结构与功能机制分析》，载《中国社会科学》2019 年第 9 期。

题，在共同参与治理的事项中拿出协商一致、形成合力的执行方案。但是，坚持党管政法的总体方针的同时，需注意到党对政法工作的领导并非没有限制。习近平总书记指出："党对政法工作的领导是管方向、管政策、管原则、管干部，不是包办具体事务，不要越俎代庖，领导干部更不能借党对政法工作的领导之名对司法机关工作进行不当干预。"〔1〕由此可见，党对政法工作的领导是一种宏观领导，主要是在思想和组织层面进行领导，不得代行审判委员会、检察委员会等办案机关的法定职责，也不得干预执法司法活动、插手具体案件处理。

在党管政法的组织结构中，执政党通过政治势能的导入将党的意志和政策传递到政法系统，进而对政法工作进行塑造。执政党通过加强政治领导、思想领导，组织开展执法为民、服务大局等法治教育，推动执法司法人员更好地把握中国法治的终极目标和基本精神，防止法条主义式的机械执法办案，从而在法治约束下取得令人民满意的执法司法效果。〔2〕党委政法委是党委领导和管理政法工作的职能部门，是实现对政法工作领导的重要组织形式，其主要职责之一就是贯彻党中央以及上级党组织决定，研究协调政法单位之间、政法单位和有关部门、地方之间有关重大事项，统一政法单位思想和行动。在司法机关内部，基于司法运行专业性、亲历性和程序性的基本规律，不宜按照党政机关的运作逻辑进行业务领导。贯彻党的政策主张，需要借助司法机关党组的议程设置将党的政策主张融入决策，实现党对司法工作的领导。法院党组的政治领导促使法院积极回应政治，从而实现党的领导战略性与司法治理的常规性的有效协同，党组的行动引领为法院的高效运行提供稳定持久的推动力，有助于克服科层司法的内在局限。〔3〕在推动某个专项任务的时候，执政党会成立临时性的领导小组等机构，充分发挥党的组织和动员优势，充分发挥政法委员会把握政治方向、协同各方职能、统筹政法工作的职能，将政治势能释放到各政法机关，通过动员和宣传强化专项任务的重要性，推动政法机关迅速采取行动。党的这种高位推动机制，能够协调和沟通不同部

---

〔1〕 习近平："在中央政法工作会议上的讲话"（2014年1月7日），中共中央文献研究室编：《习近平关于全面依法治国论述摘编》，中央文献出版社2015年版，第111页。

〔2〕 黄文艺：《中国政法体制的规范性原理》，载《法学研究》2020年第4期。

〔3〕 郭松：《法院党组制度的历史变迁与功能实现》，载《中外法学》2022年第4期。

门，整合各方资源，并对各部门的执行情况进行监督。〔1〕这种依靠体制压力启动的治理协同机制，在给各级政法机关施加压力的同时，无形中给予其执行专项任务时更大权力。

具体到刑事司法中的专项治理，根据发起方式的不同，可以将其分为三种类型，即根据执政党的指示直接发起的专项行动、根据党的政策和文件组织启动的专项行动、根据自身绩效需求主动开展的专项行动。第一种类型，政法系统获得的政治势能最大，丝毫不敢怠慢，行动更为积极。此次"扫黑除恶"专项斗争就是典型例证，由于执政党将此次斗争作为重大政治任务，中央专门成立了"扫黑除恶"专项斗争领导小组，各级党委、政法机关迅速跟进建立机制采取行动，打击黑恶势力的力度前所未有，最后取得了远超以往任何"严打"的治理效果。正是强大的"政治势能"的积聚与释放，破除了"扫黑除恶"专项斗争政策执行中的碎片化问题，提升了跨部门、跨行业、跨地域的联动机制，有效推动了相关部门间的协同与配合。〔2〕第二种类型给予各地政法机关一定的自主操作空间，由于中央政策或文件只是先勾勒出蓝图或提出一些原则性要求，需要各地政法机关再进一步谋划详细方案，因此各地响应中央政策、文件精神的力度不统一，启动专项治理的时间不尽相同。当牵头的政法机关开始实施行动时，可以借助党管政法工作的组织结构将政治势能传导给其他机关，让他们协同和配合牵头单位的工作，将党对政法工作的政策精神落到实处。比如前几年部分地区由法院牵头开展的庭审实质化试点改革，因为是对党的十八届四中全会通过的《中共中央关于全面推进依法治国若干重大问题的决定》提出的"推进以审判为中心的诉讼制度改革"进一步展开，得到了当地政法委的大力支持，检察院和公安机关必须予以协助。同样，中央全面依法治国委员会于2021年4月将少捕慎诉慎押刑事司法政策列入年度工作要点，将少捕慎诉慎押从刑事司法理念上升为刑事司法政策后，检察机关开展羁押必要性审查专项活动较之以前必然能得到公安机关和法院更多的支持。第三种类型没有上级推动，但政法机关迫于外界压力或基于对政绩的追求，有时也会开展某项专项运动，比如针对当地近期频发的

---

〔1〕 参见贺东航、孔繁斌：《公共政策执行的中国经验》，载《中国社会科学》2011年第5期。

〔2〕 李想、何得桂：《加强和创新社会治理的政治势能研究——以扫黑除恶专项斗争为例》，载《领导科学论坛》2021年第2期。

犯罪进行专项整治。缺乏上级文件或指示，政法机关在开展这类专项治理时可能会孤掌难鸣，尤其是在治理领域超出自己的权力范围时。对此政法机关可以主动向同级党委及其政法委员会请示汇报，借助党管政法的组织形态请求本级党委协调解决工作难题，吸引党委主要领导对司法议题的注意力，进而获得一系列政策支持与资源倾斜。[1]

其三，政法体制外部的协同性为刑事司法专项治理添加保障。多年以来，我国社会治理形成了一套以政法机关为中心的综合治理体制，其中以维护社会治安和化解矛盾纠纷为治理的中心工作。地方各级社会治安综合治理中心是整合社会治理资源、创新社会治理方式的重要工作平台，由同级党委政法委员会负责工作统筹、政策指导。在经济转型、诉讼爆炸、矛盾凸显的当下，政法工作不再聚焦于社会治安领域，而是扩展至全社会领域，通过与政法体制外的治理主体协作配合，充分了解掌握和分析研判社会稳定形势。《中国共产党政法工作条例》指出，政法委员会要创新多部门参与的平安建设工作协调机制，协调推动预防、化解影响稳定的社会矛盾和风险，协调应对和妥善处置重大突发事件。在治理犯罪方面，政法机关在党的领导下，动员各方力量，对犯罪实施系统治理、依法治理、源头治理、综合施策，完善社会治安防控体系，加强预防和化解社会矛盾机制建设，积极消除犯罪的深层次原因，把犯罪扼杀在萌芽状态，全面预防和减少犯罪。[2]可以说，政法机关与政法体制外部治理主体的协同配合，为政法机关有力开展政法工作，完成专项重点任务提供了更多的资源和更大的空间，对于政法机关开展专项治理增添了保障。

外部治理主体之所以对政法机关予以协作配合，形成协同治理机制，一方面同样是因为政治势能的导入，使其被施加积极参与社会治理的压力和责任，另一方面可以发挥自身专业优势和职能，从而体现其存在的价值。具体而言，政法体制外部的协同配合体现为宣传动员、信息共享、专业支持等措施。在"扫黑除恶"专项斗争期间，政法机关对公民进行宣传动员，借助他们的信息资源以及行动来支持专项治理，高密度宣传克服了常规宣传动员中

---

〔1〕　参考张文波：《司法运作中的政治治理——以人民法院"重大事项请示报告制度"为例》，载焦宝乾主编：《浙江大学法律评论》（第7卷），浙江大学出版社2021年版，第179—186页。

〔2〕　谢红星、周治国：《坚守人民政法工作的刑事法治传统》，载《人民法院报》2019年10月11日，第5版。

的信息损耗和信息不对称问题。针对黑恶势力犯罪的预防，不同行业、领域的行政主管部门通过分析、研判其日常监管获取的数据，容易发现本行业、领域内黑恶势力违法犯罪的原因及其形成机理，[1]掌握黑恶势力犯罪的早期动态，为政法机关制定有针对性的预防对策，协同开展前端治理提供了信息支持和工作协助。比如，民政部门会同公安机关建立对现任村"两委"以及参选村"两委"人员联审机制，逐一核实身份信息、有无前科劣迹、是否涉黑涉恶等情况，防止黑恶势力把持、操纵基层政权。[2]正如火如荼开展的企业合规试点，由检察院协同市场监督局、工商联等部门建立第三方监督评估机制。第三方监督评估组织对符合合规改革试点条件的涉罪企业的合规承诺进行调查、评估、监督和考察，为检察机关作出正确的处理提供了专业支持和资源保障。检察机关借助合规整改，可以发现案件背后反映的行业监管漏洞和社会治理问题，主动与行政主管部门沟通，通过制发检察建议等方式，加强对涉案企业的前端治理。

其四，政法体制内部的整体性为刑事司法专项治理凝聚共识。在政法委的统筹协调之下，各政法机关在刑事司法战线上已经形成一套整体性治理机制。如前所述，整体性治理是一套多维度联动融合的治理机制，通过凝聚各主体的共识和力量形成社会治理行动的共同体。从政法体制外部的视角来看，公检法司等机关形成的是一个政法共同体，各机关的性质地位相近，职责具有一定的关联性。在多数老百姓眼里，各政法机关肩负的使命是一致的。"在政法传统下，动员所有力量为大局服务的要求使得我国刑事司法权力被以一种契合于国家追求一体化目标之需要的方式组合、运作和检查，因而形成了所谓的刑事司法权力一体化结构。"[3]实际上，刑事司法中打击犯罪和保障人权的确是公检法三机关共同的任务，至少从规则层面三机关不分彼此。例如，对于犯罪线索的处理，刑事诉讼法律法规要求公安机关、检察院或法院对于报案、控告、举报，都应当接受。对于不属于自己管辖而又必须采取紧急措施的，应当先采取紧急措施，然后移送主管机关。在职责高度关联而被人民群众整体认知的背景下，刑事司法权力的行使一体化对外呈现，政法机关事

---

〔1〕 参见刘伟琦、苏维：《扫黑除恶多方协作机制研究》，载《山东警察学院学报》2018年第6期。

〔2〕 刘伟琦、苏维：《扫黑除恶多方协作机制研究》，载《山东警察学院学报》2018年第6期。

〔3〕 张青：《政法传统、制度逻辑与公诉方式之变革》，载《华东政法大学学报》2015年第4期。

实上成为一荣俱荣、一损俱损的命运共同体，任何政法体制内部的负面行为都可能使政法共同体遭受负面评价。因此，无论提高司法公信力，还是改善政法机关整体形象，都需要政法机关采取集体行动。[1]某种程度而言，政法体制内部的整体性有助于政法机关之间凝聚共识，形成合力，为了整体的荣誉即是为了自己的利益。即使是相对消极的法院，在重要任务面前同样不敢怠慢。在执行专项法律任务时，党委政法委通过动员和宣传强化任务的重要性，在这一强大的政治势能下，法院不但要从法律技术角度来看待审判工作，而且要把这种势能转化为追求社会效果的具体实践，否则就会在专项工作中比其他机关"慢半拍"，[2]最终影响的是政法共同体的整体形象。

（三）契合我国刑事司法的运行机理

刑法和刑事诉讼法是刑事司法的基本法律依据，从两法的立法目的和任务可以看出我国刑事司法的运行逻辑。《刑法》第 1 条和第 2 条阐明了我国刑法的立法目的和任务，即惩罚犯罪，保护人民，用刑罚同一切犯罪行为作斗争。《刑事诉讼法》第 1 条确立了刑事诉讼法的立法目的，即保障刑法的正确实施，保障刑法的目的得以实现。《刑事诉讼法》第 2 条明确了刑事诉讼法的任务，从程序的角度准确、及时查明犯罪事实，尊重和保障人权，从社会的角度增加公民的法制观念，提高同犯罪行为做斗争的自觉性。[3]从中可见，我国刑事司法是围绕"查明犯罪事实——正确适用刑法"这条主线展开，同时兼顾"保障人权+教育公民"的任务。但长期以来，我国刑事司法追求打击犯罪而忽视个人权利，追求实体结果而轻视程序公正。刑事司法的首要目标是通过惩治犯罪来维护社会稳定，在以打击犯罪为核心价值追求的诉讼链条上，侦查、审查起诉和审判成为治罪的一道工序，保障程序公正和个人权利的功能在惩罚犯罪面前难以彰显。而对打击犯罪的过度追求非但不能实现刑事司法的程序价值，还可能带造成实体错误，这是学界对刑事司法专项治理多有诟病的原因所在。当专项治理的目标是打击某一领域犯罪的时候，"打击"的重要性就会被成倍放大，"保障"的权重就会彼长此消。随着国家治理体系和治理能力现代化的推进，公民的权利意识以及对程序公正认知已有了

---

〔1〕　黄文艺：《中国政法体制的规范性原理》，载《法学研究》2020 年第 4 期。

〔2〕　郑智航：《党政体制塑造司法的机制研究》，载《环球法律评论》2020 年第 6 期。

〔3〕　参见王爱立主编：《中华人民共和国刑事诉讼法释义》，法律出版社 2018 年版，第 4 页。

明显改观，专项治理不再是"严打"的专利，也可以用以权利的保障。即使是针对犯罪的专项治理，也不能像以往那样只顾治罪不顾维权。实现司法正义必须强化程序意识，坚持程序公正与实体公正并重。在刑事司法过程中，应当满足可实现实体公正价值和程序公正价值之双重目标的基本要求，不得借社会利益、社会稳定等理由而罔顾公民权益。[1]因此，我们在讨论专项治理与我国刑事司法制度的契合度时，应当以现代刑事法治的公正标准来衡量专项治理，引导专项治理以符合法治程序基本规律的方式展开。

"分工负责、互相配合、互相制约"是我国宪法和刑事诉讼法对公检法三机关办理刑事案件确立的基本原则，集中体现了三机关的相互关系和我国刑事司法的运行机理。该原则因为实践中三机关重配合轻制约、配合有余而制约不足的现象遭到不断批判，这一问题突出表现在公安检察机关对审判权运行的影响、各机关对程序违法现象的互相容忍等方面。其中，某些法院与当地公安检察机关的配合在某种程度上成为一种潜规则，在诉讼结构、法院的疑罪处理以及审辩关系等问题上表现得尤为突出。[2]在中央高级别文件提出"推进以审判为中心的诉讼制度改革"后，更有呼声认为应当废除与之相冲突的"分工负责、互相配合、互相制约"原则。但无论是因专项治理存在弊端就呼吁将之摒弃，还是因实践中三机关职能及关系异化就呼吁将该原则废除，都是不理性的建议。"配合有余、制约不足"并非肇因于该原则，光废除该原则也无助于改变现状，只不过该原则长期以来模糊的内涵未能对三机关的刑事司法实践关系和运行状态形成"制约"。该原则产生于20世纪50年代，"配合"源于各机关分工精细、职能碎化，在各机关之间催生出协调各职能、总揽全局工作的需要。该原则是为了改变新中国成立初期公安部门独大的政法结构，塑造合理的刑事诉讼机构。时任政法战线领导人强调公检法"这三个机关是互相配合、互相监督、互相制约的，目的是建立一种制度，以便在处理案子时少犯错误"，党的八大报告也明确指出"公安机关、检察机关和法院，必须贯彻执行法制方面的分工负责和互相制约的制度"。[3]1982年，"分工负责、互相配合、互相制约"上升为具有宪法位阶的原则，不再是一项纯

---

〔1〕《刑事诉讼法学》编写组：《刑事诉讼法学》，高等教育出版社2019年版，第10页。

〔2〕孙长永等：《中国地方性刑事司法规则研究》，法律出版社2016年版，第276页。

〔3〕参见刘忠：《从公安中心到分工、配合、制约——历史与社会叙事内的刑事诉讼结构》，载《法学家》2017年第4期。

粹的刑事诉讼原则，这是在充分考虑我国政体和国情后设定的，已经成为构建我国政法内部关系和指导刑事司法实践展开的基础。因此，"以审判为中心"话语的提出并不会对该原则造成冲击，反而为我们正确理解和诠释该原则提供了契机。"以审判为中心"要求侦查、审查起诉活动服从审判要求，审判对侦查和审查起诉形成制约作用，"侦查机关、人民检察院应当按照裁判的要求和标准收集、固定、审查、运用证据，人民法院应当按照法定程序认定证据，依法作出裁判"。[1]在此语境下，公检法三机关的"分工负责"是指职责分工和案件管辖分工，强调各司其职，不得互相推诿，也不得越权行事；"互相配合"是指三机关在惩罚犯罪和保障人权的大方向上互相支持，强调有效协助，不得相互掣肘、扯皮；"互相制约"是指三机关通过程序上的制约防止和纠正错误，保证案件质量。[2]其中"配合"主要强调的是侦诉工作的配合，从而适应"以审判为中心"的要求；"制约"主要强调的是刑事诉讼进程中后一机关对前一机关的制约，从而起到"层层把关"的作用。

专项治理应坚守法治原则，不能突破诉讼的基本规律。重塑我国刑事司法中的专项治理，应当以"分工负责、互相配合、互相制约"原则真正的法律意涵去统摄，坚持以审判为中心的基本立场，方能在程序法治框架下赋予专项治理的正当性。首先，"分工负责"要求专项治理中各机关应做好本职工作，不能因为"专项行动"而打乱"建制"。"分工"更基本的含义应是"分权"，可理解为由数个主体各自发挥不同权能共同参与同一项决策活动。[3]在专项治理中，各机关要充分行使自己的职权，充分发挥职能优势，不仅要克服仅有分工没有负责的惰性，也要时刻警惕自己的行为"越界"。其次，"互相配合"要求专项治理中各机关加强衔接、协作，共同完成专项治理的任务。"配合"是专项治理发挥优势的核心元素，正是因为各机关目标一致，协同性加强，专项治理机制相比于常规化治理机制才释放了更大的治理效能。对于刑事案件的办理而言，"配合"强调各机关在证据运用和程序衔接上形成合

---

〔1〕　详见最高人民法院、最高人民检察院、公安部、国家安全部、司法部联合制定的《关于推进以审判为中心的刑事诉讼制度改革的意见》。该文件由中央全面深化改革领导小组于2016年6月举行的第25次会议审议通过。

〔2〕　参见王爱立主编：《中华人民共和国刑事诉讼法释义》，法律出版社2018年版，第11-13页。

〔3〕　孙远：《"分工负责、互相配合、互相制约"原则之教义学原理——以审判中心主义为视角》，载《中外法学》2017年第1期。

力，尤其强调公检作为"大控方"在查明事实上的协作，从而确保证据的质量和提高诉讼的效率。但各机关不能为了"定罪"而配合，不能迁就上一办案机关犯下的原则性错误。最后，"互相制约"要求专项治理中各机关独立行使监督权和裁判权，从而控制专项治理存在的风险。专项治理需要在案件办理的机制上强调"配合"，在案件质量的把关上强调"制约"。这种"制约"一方面是为了减缓专项行动可能存在的"定罪一边倒"倾向，另一方面可以对破坏专项行动大局的徇私办案行为进行监督。

以审判为中心的诉讼制度改革提升了法院审判的话语权，推动了庭审实质化的发展，但在分工负责、互相配合、互相制约的政法格局下，并未动摇我国刑事司法的运行基础，犯罪控制、职权主导和案卷流转仍然是我国刑事司法的主要支柱。相比于过去，司法机关在履行惩治犯罪职责时注入了更多的程序理性，但控制犯罪的价值仍优位于程序公正的价值。在面对某一形势较为严峻、百姓集中关注的犯罪时，专项行动仍然是最有效、最及时的犯罪控制路径。在程序公正价值日益受到重视的当下，被追诉人的主体地位和辩护人的辩护权能不断增强，但社会对犯罪的控制仍然需要政法机关的职权主导，这一基调始终未改变。以审判为中心的诉讼制度改革尽管要求强化律师介入，以促进司法行为规范化，却难以打破业已定型的主体关系格局。〔1〕职权主导的刑事司法结构给专项治理提供了足够的空间，各政法机关可以在各自职权范围内积极主动地执行专项行动任务。职权主导并非排斥公民的参与和其他力量的介入，毕竟获取更多的意见信息更有助于权力者作出正确的判断。我国刑事诉讼素有"案卷笔录中心主义"的标签，无论是对抗式改革还是以审判为中心改革，都未改变案卷材料贯穿诉讼全程的格局。案卷的流转对各机关之间的"配合""制约"起到保障作用，可以帮助各机关互相了解办案思路和判断理由。对于专项治理而言，案卷流转可以将各机关紧密串联起来，对于标识有"专案"的案件，各机关及办案人员会采取不同的行动策略，从而落实上级对专项任务的指示精神。当然，这种不同于常规的行动策略主要体现在工作机制和办案模式上，决不能体现于降低定罪标准和程序要求。

---

〔1〕 李奋飞：《从"顺承模式""层控模式"——"以审判为中心"的诉讼制度改革评析》，载《中外法学》2016 年第 3 期。

三、刑事司法中专项治理的积极效果

除了正当合理的价值追求和适合展开的本土根基，专项治理得以被推崇和惯用的最关键原因在于能达到常规化治理通常难以企及的效果，取得更好的治理绩效。总体而言，专项治理在解决具体问题时针对性更强、力度更大、效率更高，其积极意义自不待言，自然就成为常规化治理的必要补充，更有走向专项治理常态化的趋势。探讨专项治理的积极意义时，应当清晰认识到并非每一次专项治理都能取得很好的效果或达到预期的目的，有的专项治理只能在试错层面有所收获，也有的专项治理未取得任何成绩则无疾而终。在刑事司法领域，专项治理或多或少能产生积极意义，但应同时警惕某些专项治理对司法权运行规律、程序法定和权利价值的破坏。从既有经验和实施目标来看，可以将刑事司法中的专项治理主要分为既有联系又有侧重的四个方面，即惩治犯罪、保障权益、落实政策和完善制度，下文将分别从这四个视角探讨专项治理的积极意义。

（一）惩治犯罪方面：专项治理权威高效

毫无疑问，刑事司法中专项治理在惩治犯罪方面运用最频繁，范围最广，力度最大。毕竟安全和稳定是国家和人民最为关注的事项，事关政权的长期稳定和人民的切身利益，而犯罪又是对国家安全、社会稳定和人民利益的威胁和破坏。所以针对各种形势严峻的犯罪，国家不惜动用大量的人力、资源来进行治理，同时能得到最广大人民群众的支持拥护。在人民群众对犯罪及其危害性都能普遍认知，且对刑法常识的掌握越来越丰富的情况下，相关部门采取的行动和取得的战绩能被外界直观可见。对于专项打击犯罪的议题，公权力机关与人民群众之间很容易形成有效互动和共识，甚至合力推进，最终共享专项治理的成果。事实上，相比于其他事项的治理，针对犯罪的专项治理几乎都能取得好的效果。一方面，是因为被专项整治的犯罪一般在实际数量和危害后果方面都达到一定程度，公安机关等相关部门在发起专项治理前已经对形势进行分析，甚至摸排掌握部分犯罪线索，专项治理的靶向性更强。另一方面，针对犯罪的专项治理往往更权威高效。鉴于犯罪是全社会的问题，针对部分事关政权稳定、社会安宁和百姓切身利益的犯罪，专项治理发起的层级普遍较高。作为各地执行机关的监察机关和政法机关的政治地位、行政级别（或主要负责人的级别）普遍高于当地其他行政机关，在执行惩治

犯罪专项任务时受到的阻力较小，也能够得到各领域各行业主管行政机关的配合。专项治理针对同一类型或类似形态的犯罪集中收集线索，通过对样本和数据的统一研判分析掌握犯罪规律和特点，加之专项行动任务的优先性，专项治理下惩治犯罪的效率显著提高。专项行动的优势使专项治理成为政法机关打击犯罪的"利剑"。如表5-1所示，2022年，由公安部等中央部委发起的全国性的惩治犯罪专项行动已多达10余项，有的行动是综合性的，有的行动是针对性的，涉及诈骗、污染环境、破坏自然资源等多个领域。

表 5-1　2022 年中央部委层面发起的惩治犯罪专项行动

行动名称	主要内容	发起主体	发起时间
夏季治安打击整治"百日行动"	重拳打击突出的违法犯罪，大力整治社会治安问题，攻坚化解各类安全隐患	公安部	2022 年 6 月
重拳打击危险废物环境违法犯罪	深入打击危险废物环境违法犯罪和重点排污单位自动监测数据弄虚作假违法犯罪	公安部、生态环境部、最高人民检察院	2022 年 4 月，为期半年
打击整治养老诈骗	依法严惩养老诈骗违法犯罪，延伸治理侵害老年人合法权益的涉诈乱象问题，为广大老年人安享幸福晚年营造良好社会环境	平安中国建设协调小组牵头成立全国打击整治养老诈骗专项行动办公室	2022 年 4 月，为期半年
打击整治枪爆违法犯罪	严管严控枪爆危险物品，严打严治枪爆违法犯罪，坚决消除影响安全稳定的枪爆隐患，坚决铲除枪爆违法犯罪的滋生土壤	公安部	2022 年 4 月
打击拐卖妇女儿童犯罪	全力侦破拐卖妇女儿童积案、全力缉捕拐卖犯罪嫌疑人，全面查找失踪被拐的妇女儿童	公安部会同民政部、国家卫健委、全国妇联	2022 年 3 月，为期一年
"猎狐 2022"	全力缉捕各类外逃经济犯罪嫌疑人，通过多种方式拓展追赃渠道，协助纪检监察部门开展对外逃职务犯罪嫌疑人的追逃追赃工作，加大反洗钱力度等	中央反腐败协调小组牵头，公安部部署	2022 年 3 月

续表

行动名称	主要内容	发起主体	发起时间
"滤网—2022"站车查缉	进一步织密站车查缉防线、强化信息分析研判、强化专案打击力度、强化站车查缉追逃、强化规范执法工作	公安部	2022年2月
打击长江流域非法捕捞非法采砂	严打非法捕捞犯罪团伙和犯罪链条,紧盯重点水域、重点部位和重要时间节点开展区域性专项打击,坚决遏制非法捕捞犯罪活动的反弹势头	公安部、农业农村部	2022年1月
"云捕—2022"	持续深化对盗抢骗等侵财犯罪集中打击治理,全力控发案、强破案,最大限度挤压流窜犯罪活动空间,全面净化铁路站车治安秩序	公安部	2022年1月
打击整治"沙霸""矿霸"等自然资源领域黑恶犯罪	全力再侦破一批涉及面广、社会影响大、群众反映强烈的黑恶犯罪案件,再铲除一批顶风作案、破坏生态环境和自然资源的"沙霸""矿霸"	公安部	2022年1月
"昆仑2022"	对食药环和知识产权领域犯罪发起凌厉攻势,坚决斩断食药环和知识产权领域犯罪利益链条	公安部	2022年1月

公安部等中央部委还发起过打击治理电信网络违法犯罪、打击非法集资犯罪、打击跨境违法犯罪、打击防范文物犯罪、打击防范涉疫苗犯罪、深化严打暴恐活动、开展命案积案攻坚等专项行动,取得了明显成效。从专项行动取得的成绩来看,直观体现专项治理成效的主要指标是:在一定时期内破获的案件数量、挽回的财产损失和人民群众的安全感。以此为标准,下文将梳理专项治理在重点领域惩治犯罪方面取得的成绩。

有效打击黑恶势力是专项治理在惩治犯罪方面最突出的成就之一。改革开放以来,随着我国经济社会的快速发展,黑恶势力开始滋生蔓延。针对露头的黑恶势力,我国曾一度采取"严打"高压政策,但仍止不住其不断壮大。自2000年以来,我国共组织开展过三次针对黑恶势力的大规模专项治理行动，在此期间，一些省市也自行组织过针对黑恶势力的专项治理行动。前两次全国规模的"打黑除恶"运动和各省市自行开展的"打黑除恶"运动虽然铲除了部分黑恶势力，但由于种种原因没能"除恶务尽"，也没有止住黑恶势力的反弹。2018年1月，中共中央、国务院发出《关于扫黑除恶专项斗争的通知》，全国范围内为期3年的"扫黑除恶"专项斗争拉开帷幕。比起前两次全国性"扫黑除恶"运动，此次专项行动的规范性、科学性、法治化程度都在不断提升，各机关之间的组织性、协作性和执行力更强。"两高两部"先后出台了《关于办理黑恶势力犯罪案件若干问题的指导意见》《关于办理恶势力刑事案件若干问题的意见》《关于办理实施"软暴力"的刑事案件若干问题的意见》等规范性文件，逐步推动"扫黑除恶"运动的制度化，探索黑恶犯罪治理长效机制。三年"扫黑除恶"专项斗争有效铲除了黑恶势力，社会环境显著改善。

> 全国共打掉涉黑组织3644个，涉恶犯罪集团11 675个，抓获犯罪嫌疑人23.7万人，缉拿目标逃犯5768人，境内目标逃犯全部缉拿归案，境外目标逃犯到案率达88.7%，43 144名涉黑涉恶违法犯罪人员投案自首。通过专项斗争，彻底打击了黑恶势力的嚣张气焰，黑恶犯罪得到了根本遏制。全国公安机关共破获涉黑涉恶刑事案件24.6万起，缴获枪支3114支，带动破获2015年以前陈年积案8.08万起，其中命案积案2669起，极大震慑了犯罪。2020年全国刑事案件比2017年下降13.1%，八类严重暴力案件下降30%。通过专项斗争，攻克了一批长期悬而未破的重大刑事案件，全面整治了治安乱点，有效净化了社会治安环境。[1]

此次"扫黑除恶"专项斗争坚持以法治思维和法治方式推进，同时彰显了法治权威，还取得党风政风社会风气明显好转、基层基础全面夯实、发展环境持续优化、政法队伍战斗力进一步增强、人民群众获得感幸福感安全感不断提升等成绩。

在反腐败领域，我国在新中国成立初期就开展过声势浩大的"三反"运

---

〔1〕《全国扫黑除恶专项斗争总结表彰大会在京召开 部署常态化开展扫黑除恶斗争》，载http://www.chinapeace.gov.cn/chinapeace/c100007/2021-03/30/content_12468913.shtml，最后访问日期：2022年7月25日。

动，第一次采取专项行动式反腐斗争形式，在随后的几十年内专项行动式反腐时有出现。21 世纪初，专项行动式反腐开始在某一具体领域局部开展，比如 2006 年重点治理商业贿赂，全国共查办商业贿赂案件 8 万余件。专项行动式反腐虽然能集中查处一批腐败案件，但还是饱受争议，因为在专项行动式反腐过程中，"不注重制度的构建，不注重长效机制的建立，看起来虽然反腐的声势大，但效果可能适得其反。一旦运动过了，反腐温度就降下来了，没有相关制度，腐败迟早还会卷土重来"。〔1〕党的十八大以来，中央开展全面从严治党，形成廉政风暴，在反腐斗争取得压倒性态势的同时逐步走向制度性反腐，完成了监察体制改革。如今，专项行动式反腐在监察制度和巡视制度的统领下有序展开，与多年前相比法治化程度明显提升。在常规化反腐的同时，各地纪检监察机关瞄准重点领域开展专项整治。腐败问题往往在大发展大建设时期、资金资源密集领域易发多发，因此要聚焦政策支持力度大、投资密集、资源集中的领域和环节，严肃查处重点领域腐败问题。〔2〕比如，内蒙古自治区纪委监委聚焦涉煤腐败，于 2020 年开展煤炭资源领域违规违法问题专项整治，严查违规违法获取倒卖煤炭资源、违规违法配置煤炭资源等问题。在"倒查 20 年"的煤炭资源领域反腐斗争期间，共立案涉煤案件 736 件 1023 人，为国家挽回经济损失 523.88 亿元。经过一年多集中整治，当地涉煤腐败突出问题得到全面整治，煤炭资源发展环境明显改善，政治生态实现净化修复，良好社会效应逐渐形成。由此可见，这种针对重点领域的专项反腐治理成绩斐然，类似的专项反腐在医疗、金融、环保、扶贫、国企等领域或系统也取得突出成绩。

在其他涉及民生领域的犯罪惩治中，专项治理同样取得显著效果。比如，2022 年夏季治安打击整治"百日行动"开展一个月以来，公安部会同全国"扫黄打非"办联合挂牌督办重大案件 70 余起，组织各地成功破获重大黄赌刑事案件 790 余起，打掉黄赌犯罪团伙 960 余个，及时铲除了一批顶风作案的涉黄场所、卖淫窝点、流动赌场、涉黄涉赌网站，坚决铲除网络黄赌毒瘤，

---

〔1〕　马怀德：《反腐靠制度，警惕"运动式反腐"》，载 https://www.bjnews.com.cn/opinion/2012/12/15/239397.html，最后访问日期：2022 年 7 月 25 日。

〔2〕　《深化重点领域反腐败斗争》，载 http://fanfu.people.com.cn/n1/2021/0219/c64371-32031384.html，最后访问日期：2022 年 7 月 25 日。

有效净化了社会治安环境。[1] 又如，公安部于 2022 年 4 月部署打击整治养老诈骗专项行动以来，各地公安机关迅速行动、多措并举，向以提供"养老服务"、投资"养老项目"、销售"养老产品"等为名，实施诈骗、集资诈骗、非法吸收公众存款、组织领导传销活动等侵害老年人财产权益的各类违法犯罪活动发起猛烈攻势。截至 2022 年 6 月底，已成功破获侵害老年人权益案件 7880 余起，抓获违法犯罪嫌疑人 17 510 余名，打掉违法犯罪团伙 1040 余个，为人民群众挽回经济损失 84 亿余元，取得明显阶段性成效。[2]

（二）保障权益方面：专项治理重点突出

相比于在惩治犯罪方面的频繁运用，专项治理在保障诉讼主体权益方面运用明显偏少。出现这种情况，一方面，与两者历来受重视和关注的程度直接相关，对犯罪的惩罚情况不仅受到犯罪之人的关注，还受到被犯罪侵害之人，乃至关心自身安全的人民群众的关注。因此，在惩治犯罪方面采取专项治理更容易获得广泛支持，创造更好的社会效果和直观可见的政绩。另一方面，尽管我们强调刑事司法应当在打击犯罪和保障人权之间取得平衡，从而实现刑事司法功能的最优化，但现实是在一些案件的办理当中，惩治犯罪与保障权益容易发生冲突。而针对保障权益发起的专项治理就更容易将惩治犯罪中的突出问题暴露出来，甚至在刑事司法体制内部产生较大的部门利益冲突。例如，治理冤假错案能够集中为被错误定罪的无辜公民平反，本是司法机关应当履行的职责，但由于这种治理必然会将错案产生的原因揭示出来，从而将办理错案的机关和人员推到舆论民意的风口浪尖和错案追究的不利境地。又如，治理刑讯逼供等非法取证行为是对被追诉人基本权利的保护，但不仅会将办案人员的违法行为予以暴露，使其受到惩戒，还会导致非法证据的排除，影响对被追诉人的顺利定罪，因而难免遭到阻力。

正是因为对诉讼主体权益受到侵害和权益保障不力的治理存在较大的阻力，才更需要通过专项治理来破除这种阻力，进一步提高公安司法机关保障权益的意识和行动力。这种针对权益保障方面的专项治理多由高级别的政法

---

〔1〕《"百日行动"以来打掉黄赌犯罪团伙 960 余个》，载 https：//www. mps. gov. cn/n225 5079/n6865805/n7355741/n7355786/c8634755/content. html，最后访问日期：2022 年 7 月 25 日。

〔2〕《公安机关深入推进打击整治养老诈骗专项行动 破获案件 7880 余起 打掉违法犯罪团伙 1040 余个》，载 https：//www. mps. gov. cn/n2255079/n8310277/n8568134/n8568141/c8569366/content. html，最后访问日期：2022 年 7 月 25 日。

机关倡导、指示或发起，充分将党的政策和文件精神传导至各地政法机关，形成条块结合的组织推动模式，不仅推动一线治理主体积极作为，而且提高被治理对象所涉主体的自觉意识，使其检视纠正不当办案行为，加强权益保障功能。由此可见，对诉讼主体权益保障的强调，通常也是对办案机关行为规范的强调，这种治理可以达到一举两得的效果。以下从治理冤假错案、治理超期办案和保障律师权利三个方面对专项治理保障权益的成效进行介绍。

在治理冤假错案方面，我国虽然从未明确部署任何专项行动，但从特定时期治理冤假错案的数量、力度和克服的阻力来看，我国实际出现过专项治理冤假错案的态势。基于特殊的历史背景和遗留问题，我国曾经在 20 世纪 70 年代末和 80 年代初集中纠正平反了大量冤假错案，当时的党和国家领导人面对复杂的情况，区分不同的对象，稳步推动平反冤假错案深入进行。1978 年到 1984 年，全国检察机关共平反冤假错案 40.2 万余件，为大批干部群众伸张了正义。随后三十年，囿于侦查技术的落后和命案必破的压力，我国时有冤假错案发生，但发现和纠正冤假错案严重依赖于"死者"复活、"真凶"落网等"偶然"事件。[1]这种依赖偶然性事实因素的纠错模式在党的十八大以后有所改观，在党中央的高度重视下，我国司法机关加快了纠正冤假错案的进度，对一些申诉已久、问题暴露已久的冤假错案进行了平反。两年间，全国一共有 23 件重大冤假错案得到平反，多数案件的处理贯彻的是疑罪从无的精神。在大力平反冤假错案的同时，中央政法委牵头建立冤假错案防范机制，于 2013 年 7 月出台了《关于切实防止冤假错案的规定》，一时间中央各政法机关纷纷通过下发通知、召开电视电话会议、发表署名文章等形式，重申防止和纠正冤假错案的决心，切实维护人民群众合法权益。党的十八大以来，党中央高度重视纠正和防范冤假错案，全国政法机关对冤假错案展开集中治理，不仅纠正平反了一批重大冤假错案，而且建立起系统的纠错和防错机制，让人民群众切实感受到司法机关用于纠错的态度。

在治理超期办案方面，我国各地政法机关针对超期羁押和久押不决的办案现象进行过集中整治。超期羁押和久押不决的现象源于办案人员重实体轻程序的不当思维，认为"只要案件办正确就行，超不超期是次要的，反正羁押期限要折抵刑期"。这种思维导致办案人员想方设法延长办案期限，不严格

---

[1]　参见李奋飞：《刑事误判纠正依赖"偶然"之分析》，载《法学家》2015 年第 4 期。

遵守羁押的时间限制。案件长期悬而不久增加被追诉人的精神负担，超期羁押不当剥夺被追诉人人身自由，不仅侵犯了被追诉人的合法权益，久而久之导致更多的积案。2013 年 3 月，在中央政法委统一部署下，各级政法机关开展了清理纠正久押不决案件专项活动，取得明显成效。在一个多月时间内，发现全国羁押 3 年以上的久押不决案件共计 1845 件 4459 人，目前已清理纠正 1766 件 4299 人，尚未完全纠正的久押不决案件绝大部分进入新的诉讼阶段，久押不决案件清理工作取得阶段性成果。[1]但是此次专项行动期间部分地方存在"边清边超、前清后超"的现象，减损了专项行动的效果。为此，对超期羁押和久押不决的治理逐步走向常态化，采取纠正和预防两手抓。

在保障律师权利方面，我国司法机关多年来采取了不少有益举措，律师在诉讼中的作用和地位日益提升，但在刑事司法领域，由于律师辩护和打击犯罪容易形成对立面，甚至产生激烈对抗，因而律师执业权利更容易遭到打压，对此全国检察机关曾进行集中整治。2019 年 7 月至 2020 年 1 月，在最高人民检察院的部署下，全国检察机关开展保障律师执业权利专项监督活动，将保障律师的会见、通信权，阅卷权，调查取证权，人身权利，以及其他妨碍律师依法履行辩护、代理职责的情形等五个方面的执业权利作为监督重点。此次专项监督活动重点检查检察机关各职能部门依法保障律师执业权利情况，协调推动人民法院、公安机关、国家安全机关积极回应律师关切，共同深化律师执业权利保障工作。[2]最高人民检察院对这次全国检察机关开展专项监督活动实行月度通报制度，从而督促各地检察机关积极开展专项监督活动。此次专项行动的意义不只是行动期间检察机关办理控告申诉案件数量和发出检察建议案件数量的明显提升，更大的意义在于进一步提升了检察人员维护律师合法执业权利的意识。

（三）落实政策方面：专项治理迅速及时

在我国国家治理视域中，政策的贯彻落实与专项行动有时是相伴进行的。过往刑事司法中一些专项治理基于国家层面的政策展开，通过专项治理贯彻落实政策的精神和要求，实现政策到实践的转化，最终促进制度的完善。比

---

〔1〕《最高检：2013 年核查羁押 3 年以上未结案 4459 人已全部清理纠正》，载 https://www.spp.gov.cn/zdgz/201611/t20161105_171719.shtml，最后访问日期：2022 年 7 月 26 日。

〔2〕周斌：《检察机关持续开展保障律师执业权利专项监督工作》，载 https://www.spp.gov.cn/spp/zdgz/202102/t20210206_508651.shtml，最后访问日期：2022 年 7 月 26 日。

如基于国家"严打"政策对危害社会治安的犯罪开展的专项治理，基于国家反腐败政策对重点领域的腐败犯罪开展的专项治理。政策驱动型司法治理在起步阶段往往都会带有一点"运动"特征，通过专项行动来落实国家层面的政策，可以体现执行政治任务的机关对国家政治诉求的积极回应。某种程度上，政策落实与专项治理是相辅相成的，政策推动专项治理的展开，政策的导向可以明确专项治理的方向、重点和目标，专项治理有效地贯彻落实政策。专项治理之于政策落实的优势在于迅速及时，与常规化治理相比，专项治理对于政策传达的进度、转化的力度和落实的精度都有明显增量。在刑事司法领域，国家层面的政策主要面向犯罪治理、权益保障和司法改革，宏观性地指出当前刑事司法参与国家治理的重点领域。有的政策针对刑事司法服务社会提出要求，比如支持民营经济的发展，有的政策针对刑事司法自身问题提出要求，比如少捕慎诉慎押。下文以这两项政策为例，展现专项治理在落实政策方面的效果。

随着近年来民营企业及企业家的涉罪案件不断增多，民营企业及企业家的人身、财产安全问题开始得到更多关注。中共中央、国务院先后于2016年11月、2019年12月出台了《关于完善产权保护制度依法保护产权的意见》和《关于营造更好发展环境支持民营企业改革发展的意见》，均要求健全平等保护的法治环境。为贯彻中央精神，最高人民法院、最高人民检察院等中央政法机关制定出台了一些政策和规范性文件，对民营企业及企业家产权采取了一些有力保护措施，依法纠正顾雏军案等涉产权和企业家冤错案件。近三年，各地司法机关以"支持民营经济发展"政策为引领，多举措推进民营经济司法保护，优化民营企业法治营商环境。在此期间，中央依法治国办部署开展"营造法治化营商环境　保护民营企业发展"专项督察，各省督察组通过到民营企业实地走访、个别谈话、评阅案卷、暗访调查、深入群众和基层执法司法机关听取意见等多种方式，全面了解本地区在营造法治化营商环境、保护民营企业发展方面的工作情况和存在的问题，研究提出整改意见。针对民营经济的刑事司法保护是系统性的，需要建立刑事一体化司法保障体系以有利于企业发展和权益保护的政策为载体，充分依靠政策的目的性导向，在实体和程序两个层面指引制度的完善和司法的运行。实体层面包括惩治各类侵犯企业财产、损害企业利益的犯罪和依法慎重处理企业涉罪案件，程序层面包括及时纠正针对涉企案件的违法办案行为和依法合理采取更加灵活务实的司法措施。

落实"支持民营经济发展"政策以来，全国检察机关积极履职，陆续出台多个规范性文件，将保障民营企业合法权益具体化；陆续开展多项专项行动，[1] 依法稳妥办理涉民营企业犯罪案件，深化涉企刑事案件诉讼监督。全国检察机关 2019 年起会同公安部持续专项清理出 9815 件，对证据不足、促查无果的，坚决落实疑罪从无，督促办结 8707 件，企业活力得以释放。最突出成绩是 2020 年 3 月以来最高人民检察院部署开展的涉案企业合规改革试点，对于依法可不捕、不诉的涉企犯罪案件，责成涉案企业作出合规承诺、切实整改，做实既"厚爱"又"严管"，推动企业刑事犯罪诉源治理。截至 2022 年 6 月，全国检察机关已办理合规案件 2382 件，其中适用第三方监督评估机制案件 1584 件；对整改合规的 606 家企业、1159 人依法作出不起诉决定，取得了良好政治效果、社会效果、法律效果。[2]

检察机关近三年在支持保护民营经济方面取得突出成绩，与其贯彻"少捕慎诉慎押"刑事司法政策密切相关。2021 年 4 月，中央全面依法治国委员会把坚持"少捕慎诉慎押"刑事司法政策列入 2021 年工作要点，标志着"少捕慎诉慎押"从刑事司法理念上升为国家层面的司法政策。从出台的背景来看，少捕慎诉慎押刑事司法政策的确立，既是践行以人民为中心的发展思想、全面推进依法治国、回应经济社会发展需要的重大举措，也是对长期以来人身强制措施功能异化、公安司法机关过度依赖逮捕羁押措施的适时纠偏。[3] 落实"少捕慎诉慎押"政策一年以来，全国检察机关与相关部门加强协调配合，持续深化共识、推进工作，2021 年第一季度不起诉率同比增长 6.3 个百

---

[1] 2019 年 10 月，最高人民检察院在全国检察机关部署开展涉民营企业刑事诉讼"挂案"及刑事申诉积案专项清理工作，重点清理涉民营企业"久侦不决"挂案和刑事申诉积压案件；2020 年 7 月，最高人民检察院下发《关于开展涉非公经济控告申诉案件清理和监督活动的通知》，组织全国检察机关开展涉非公经济控告申诉案件清理和监督活动；自 2019 年 10 月开展"加强行政检察监督促进行政争议实质性化解"专项活动至 2021 年 6 月，全国检察机关共化解涉民营企业行政争议 800 余件，专项活动中最高人民检察院对 11 件涉民营企业重大案件进行挂牌督办，依法保护民营企业产权和企业家权益，服务复工复产；2021 年 5 月，最高人民检察院部署专项监督试点，准予表现良好的民营企业社区矫正对象临时赴外地从事经营活动。

[2]《最高检：去年单位犯罪起诉数明显下降，涉企合规改革见效》，载 http://www. legaldaily. com. cn/Company/content/2022-07/27/content_ 8759227. htm，最后访问日期：2022 年 7 月 27 日。

[3] 孙长永：《少捕慎诉慎押刑事司法政策与人身强制措施制度的完善》，载《中国刑事法杂志》2022 年第 2 期。

分点，诉前羁押率同比减少 8.1 个百分点。2021 年 7 月起，全国检察机关开展了为期六个月的羁押必要性审查专项活动，取得了明显的效果。

> 在侦查、审判机关的支持和共同努力下，全国检察机关羁押必要性审查专项活动取得了积极成效。一是羁押审查力度加大。捕后羁押必要性审查同比 2020 年下半年增长 5.1 倍，环比 2021 年上半年增长 3.6 倍。二是羁押标准更加严格。专项活动期间，全国检察机关不捕率 33.95%，同比提高 9.3 个百分点，无社会危险性不捕的比例达 53.53%，同比上升 14.7 个百分点，社会危险性成为逮捕羁押的决定性条件。三是审查质量提升。检察机关在侦查、审判阶段开展羁押必要性审查提出变更强制措施或释放建议后，侦查、审判机关的建议采纳率达 88.62%，同比上升近 5 个百分点。[1]

2021 年 11 月，最高人民检察院印发《人民检察院羁押听证办法》，指导推动各级检察院积极开展羁押听证工作。2022 年，最高人民检察院决定将羁押必要性审查专项活动时间延长一年，活动时间自 2022 年 1 月 1 日至 12 月 31 日，同时将专项活动覆盖的案件范围扩展至全部在办羁押案件。

（四）完善制度方面：专项治理积累经验

如前所述，专项治理是以常规化治理为基础，在常规化专项治理收效甚微或难以应对某一棘手问题时，发挥攻坚克难、迅速解题的作用。但专项治理终究是暂时或间歇的，而不是持久存续的，归宿依旧是常规化治理。因此，专项治理除了迅速提升治理绩效这一短期目标，还需要着眼于推动常规化治理的重塑和发展，实现专项治理的经验和成果常态化的长期目标。正如事物呈"螺旋形上升"的发展规律，针对某一领域的专项治理具有前进性、曲折性和周期性的特点，专项治理之后的常规化治理虽然企及不了专项治理的效能，但较专项治理前的情况总会有所进步，有的问题或许会有质的改观。下一步应充分挖掘专项治理"固根本、稳预期、利长远"的作用，在保证常规化治理的基本盘前提下，实现专项治理迅速解决当前问题的阶段性目标，最终通过制度的完善以及制度发挥实效，从而实现长期有效治理的最终目标。

---

[1] 蒋安杰：《少捕慎诉慎押刑事司法政策落实一年间》，载《法治日报》2022 年 4 月 27 日，第 9 版。

在这一过程中，专项治理可以为制度完善积累经验，发起和参与主体可以在专项行动中检验技术性规则的可行性，探索有益的实施机制。

从过往刑事司法中专项治理的情况来看，通过开展专项行动和专项试点积累经验，最后对制度进行构建或完善的样本不在少数。如"扫黑除恶"专项斗争，其实际上是一场反有组织犯罪专项行动。以往集中打击有组织犯罪虽然取得好的效果，但没有将专项治理的经验上升为系统化的制度。如有的学者所言，"我国现行的法典式立法模式仅能在刑法中规定与有组织犯罪相关的刑事实体规范，其他相关制度散见于立法解释、司法解释、国际公约、部门规章以及相关指导性或者政策性的文件之中，各种制度、措施之间不可避免地存在相互冲突的情形，也会存在制度缺失和制度不衔接的问题，非常不利于遏制有组织犯罪集团向企业化发展综合治理措施的有效实施和相关制度的司法操作。"[1]因而导致常规化治理难以大范围应对日益隐蔽化、企业化的有组织犯罪活动，黑恶势力卷土重来。本轮"扫黑除恶"斗争充分汲取以往只顾打击而疏于归纳总结并推进制度完善的教训，在专项行动启动和运行中不断积累制度经验，形成了系列规范性文件，在收官后及时推动《反有组织犯罪法》的出台。该法标志着我国对有组织犯罪的治理已走上规范化、专业化和常态化的道路。

在刑事司法改革中，针对某一突出问题进行专项治理的专项试点工作为刑事诉讼制度的完善进行试验和积累经验，比如数年前针对案多人少问题进行的轻微刑事案件快速办理机制改革和刑事案件速裁程序试点改革，以及现在正在进行的针对涉罪企业惩治与保护兼顾的企业合规试点改革。从解决实际问题的角度而言，我国看似形成了规则相对完整的刑事诉讼制度，实则处于制度短缺的状态，在制度无法回应实践需求时，地方政法机关在中央政法机关文件精神的指引下着手开展解决实践中某种具体问题的试点改革。[2]通过专项治理可以克服改革参与者因同时是被改革对象而形成的阻力，比如近年来在以审判为中心的诉讼制度改革要求下，部分地区开展了庭审实质化地方性试点改革。因为专项改革受到组织和领导的重视，参与试点的司法人员

---

〔1〕 蔡军：《我国有组织犯罪刑事规制体系的检视与重构——基于有组织犯罪集团向企业化发展趋势的思考》，载《法商研究》2021 年第 3 期。

〔2〕 参见郭松：《刑事诉讼制度的地方性试点改革》，载《法学研究》2014 年第 2 期。

特别重视改革示范庭的效果，为试点案件耗费了成倍的时间和精力。

　　庭审实质化地方性试点改革是一场针对普遍存在的庭审形式化问题进行的专项治理，此次改革为庭审制度，尤其是法庭调查规则的完善积累了一定的经验。某市庭审实质化试点改革不仅在短时间提升了试点案件的技术性指标，[1]而且将试点与规则完善结合起来，形成一系列具有普遍指导意义的操作规范。该市法院制定并试行《刑事诉讼证据开示操作规范》《刑事诉讼庭前会议操作规范》《刑事诉讼举证规则》《刑事诉讼非法证据调查程序操作规范》《刑事诉讼人证出庭操作规范》《刑事庭审实质化改革一审裁判文书制作规范》等十多个相关制度规范。这些文本都是前期试点工作不断试验和分析总结的成果，在不断试验和修正的过程中，这些文本不仅是经验推广的重要载体，而且成为制度完善的重要参考对象。从该市两级法院取得初步成效来看，一些技术性规则的可操作性得到了检验和修正，推动制度的充实化和合理化。[2]《人民法院办理刑事案件第一审普通程序法庭调查规程（试行）》等"三项规程"就是在该市和其他部分地区庭审实质化试点改革经验和成果的基础上制定并实施的，2021年《最高人民法院关于适用〈中华人民共和国刑事诉讼法〉的解释》以本轮庭审实质化试点改革的经验得失为基础对庭前会议制度和法庭调查制度进行了完善。

---

　　〔1〕　就试点案件而言，衡量庭审实质化的一些指标有明显提升。其一，在作为示范庭的前210件案件中，召开庭前会议的有142件，庭前会议适用率67.62%。召开庭前会议的次数比试点前一年C市两级法院总共召开庭前会议次数的5倍还多，其中大部分试点案件已做到充分利用庭前会议的价值。其二，证人、鉴定人和侦查人员出庭率明显提升，210件案件一共有150件有人证出庭，占示范案件总数的71.43%。参见郭彦主编：《理性　实践　规则——刑事庭审实质化改革的成都样本》，人民法院出版社2016年版，第142页。

　　〔2〕　孙长永主编：《中国刑事诉讼法制四十年：回顾、反思与展望》，中国政法大学出版社2021年版，第620页。

第六章

CHAPTER 6

刑事司法中专项治理的改进空间

受刑事司法治理资源有限性的外部制约，在特定历史时期内或是部分地区，专项治理在刑事司法中发挥着不容小觑、不可替代的功用。因此，片面否定刑事司法中专项治理的价值是不可取的。当然，对专项治理模式的过度依赖，以至于当治理资源有限性不再是主要制约因素时，公安司法机关仍然将此作为优先手段予以考虑，可能会产生一些消极影响。因此，刑事司法中的专项治理需要客观评价、全面检视。即便是当前刑事司法中专项治理中暴露出的一些问题和局限，其实可能就是专项治理提质增效的新的着力点，蕴藏着专项治理的改进空间。本章将从实践反思视角展开，在理性反思既往对专项治理的价值批判的基础上，以治理实效为标尺，尝试对刑事司法中专项治理有待改进之处进行更为准确地分析。

一、以实践反思代替价值批判的分析立场

刑事司法中专项治理所指称的现象既包括以犯罪控制为导向的"严打""扫黑除恶""追逃"及其他专项行动，还包括以落实权利保障为目标的刑讯逼供治理、超期羁押集中清理、降低羁押率等工作，近期又有向促进社会经济发展领域拓展之趋势，如构建法治化营商环境、护航民营企业等。其共同特征在于，以"急事特办"为理念，以自上而下的政治动员为手段，暂时打断刑事诉讼原有的各就其位、按部就班的常规程序或者突破常规的办案体制和机制，在一定时期内集中力量和注意力快速完成某一特定任务。在此模式下，相较于法律规范的普适性，具体情况的特殊性被置于更加优先的地位。

从理论上分析，专项治理很容易遭受来自"正当程序主义"和"形式法

治主义"的批判。这两种理论偏向，又都在刑事司法研究中占据主流。从前一种立场出发，论者往往认为，如专项治理一般过分强调某一价值观或一项工作的优先地位，其独善性就会不断膨胀，压缩自由及合理选择的空间，并会使得司法推理复杂化、规范弹性化、减损法律的调整功能；[1]后一种范式则将生命、自由、尊严等个人权利作为普世的公理性前提，通过逻辑推理展开规范解读和实践评价，由此，犯罪控制型的专项治理行动，自然会被视为侵犯基本权利的典型加以批评。[2]

事实上，在专项治理的话语体系中，社会既是治理对象，也是重要参与者。只是从参与方式与程度来看，通常以公检法为代表的国家机关仍然发挥主导作用。从组织社会学角度来看，专项治理改变了国家机关与社会之间的组织网络结构，以期达到两个方面的目标，一是提高刑事司法系统的效率，这种效率既指向打击犯罪，随着近期司法理念发展，也涵盖保障人权；二是巩固刑事司法系统及广义政府的合法性，特别是，以绩效输出和动员组织，满足人们对有为政府的预期。

目前，学界对专项治理的质疑主要集中于犯罪控制型治理，忽视了对权利保障型治理的检视，必然会有所偏颇。而即使是犯罪控制型治理，也不再局限于"严打"这一单一形式，随着时代变迁和治理手段智能化、现代化，其积极影响也应被承认。近年来，打击电信网络诈骗犯罪所取得实效，即是一个例证。随着经济社会发展，在刑事司法实践中，专项治理也呈现出分化的趋势。除"强动员"的"严打"斗争外，还增加了"弱动员"的司法项目制。所谓司法项目制，即在司法改革话语体系下，各级政法机关普遍被要求就一定时期内重点工作提出方案，并接受党委及上级机关定期考核。[3]就司

---

〔1〕　更为详细的阐述，可以参见季卫东：《大变局下的中国法治》，北京大学出版社2013年版，第36-38页。

〔2〕　这一范式明显受到韦伯的形式主义理性法律观念的影响，只要关注刑事司法领域研究便会发现，大部分研究都以此范式作为逻辑主线。然而，结合立法与司法实践来看，中国法律更是道德主义法律的典型，可以纳入"实用道德主义"类型的法律体系，遵循"从经验/实践到抽象再到经验/实践"的思维方式。更为详细的讨论，可以参见黄宗智：《中国的新型正义体系：实践与理论》，广西师范大学出版社2020年版，第85-129页。

〔3〕　在理论上，项目制是指政府运作的一种特定形式，即在财政体制的常规分配渠道和规模之外，按照中央政府意图，自上而下以专项化资金方式进行资源配置的制度安排。刑事司法中的专项治理，也具有项目制的一些特征。

法实践的情况而言，持续理论批判没有扭转专项治理周期化的现实局面。这在一定程度上说明，既有研究路径与立场出了问题。对刑事司法中专项治理所存在弊端的评析，应当更加审慎和客观。

需要特别强调，坚持党的领导是中国政法体制区别于西方的最主要特点。如侯猛指出："当代中国政法体制的形成，是党的领导体制进入并逐渐嵌入国家政权体制的过程。在条块关系方面，形成了以块块管理为主的同级党委领导体制。在党内的央地关系方面，形成了党内分级归口管理和实现中央集中统一领导的体制。"[1]在这一"条块"政法体制下，各级政法机关服务于党委政府的阶段性中心工作，本就是应有之义，而这也正是刑事司法领域专项治理的核心逻辑。因此，简单地从形式层面展开，援引法律价值、原则加以批判并不合理，也没有意义。对专项治理的理论反思，应该结合中国具体国情展开。

"服务大局"或许正是中国特色政法体制的优势，有利于国家更灵活地处理转型时期众多复杂、矛盾的实际问题，集中力量攻难题，提升治理效果。立足于中国传统与实践，真正需要反思的可能是专项治理是否满足了"用之有度"的要求，不管是"当用不用"，还是"过犹不及"，特别是后者，很容易减损专项治理的社会效果，模糊中心工作，从而产生一定的负面影响。基于上述考虑，本章将以"实践反思"代替"价值批判"，从过程、效果和模式三个层面，部分地借鉴组织社会学范式，整体性地检视刑事司法领域专项治理有待进一步完善之处。

二、逻辑悖论：治理成效按期验收

在刑事司法领域，"急事特办"之治理思维，已经深入日常工作，绩效考核压力直接影响案件办理，一定程度上呈现出"非常态的常态化"局面。刑事司法中的专项治理一般要求对治理成效要求按期验收，容易导致以形式指标代替实质判断。因而，在客观评估由此导致的负面影响前，先要对"按期验收"的逻辑悖论作一剖析。

（一）治理目标生成欠缺社会参与

专项治理普遍地存在于社会各个领域，已经成为中国治理体系的显著特

---

〔1〕 侯猛：《当代中国政法体制的形成及意义》，载《法学研究》2016 年第 6 期。

征。《中共中央关于党的百年奋斗重大成就和历史经验的决议》已有全面总结："过去一百年，党向人民、向历史交出了一份优异的答卷。现在，党团结带领中国人民又踏上了实现第二个百年奋斗目标新的赶考之路。时代是出卷人，我们是答卷人，人民是阅卷人。我们一定要继续考出好成绩，在新时代新征程上展现新气象新作为。"

开展专项治理，首先要设定治理目标，提升政府绩效自然是首要考虑因素。维护社会治安、提升群众安全感，是政府绩效的重要内容，也因此成为刑事司法治理的重要目标。回顾历史，20 世纪 80 年代"严打"的社会背景是刑事犯罪猖獗，一些街头犯罪、结伙成帮现象，挑战了社会正常秩序，严重影响了人民群众的安全感。1981 年 6 月，中共中央 21 号文件批转了中央政法委《京、津、沪、穗、汉五大城市治安座谈会纪要》，该文件指出："目前群众意见最大，认为我们打击不力的，就是这百分之六左右的重大恶性案件的首要分子，我们要依法从重从快打击的，也就是这些人。"1983 年 8 月，《关于严厉打击刑事犯罪活动的决定》要求以三年为期，组织一次、两次、三次战役，按照依法"从重从快，一网打尽"的精神，对刑事犯罪分子予以坚决打击。1983 年 9 月，全国人大常委会作出《关于严惩严重危害社会治安的犯罪分子的决定》，拉开了"严打"的序幕。"严打"之后，刑事立案率快速下降，人民群众获得广泛的安全感。此后，每当刑事犯罪率攀升，群众安全感下降，重启"严打"便会成为最高层的政治决策，1996 年、2001 年"严打"即是例证。陈兴良教授准确地指出，"严打成为我国刑事司法的主题，一直持续至今，分为若干战役，主导着我国刑事司法活动"。[1]

"严打"首先是一项政治决策，通常情况下，其持续时间、打击范围、具体分工、推进方式均有相对明确的指示，以政治文件形式发布，依托"条块"领导体制层层传达。问题是，作为治理对象的"社会"，在政治决策过程参与度较低。社会治理需要转化为政治决策，耗时较长。既往经验表明，社会治安形势只有到了极其严峻的程度，才会触发"严打"行动。例如，在 1996 年"严打"前，调查显示，全国公众对社会治安的满意程度较低。[2]治理条件

---

〔1〕 陈兴良：《严打利弊之议》，载《河南省政法管理干部学院学报》2004 年第 5 期。

〔2〕 参见唐皇凤：《常态社会与运动式治理——中国社会治安治理中的"严打"政策研究》，载《开放时代》2007 年第 3 期。

相对贫弱，显然是一个重要制约因素。国家必须将有限的治理资源集中投入到需要优先处理的事项，才能取得成效。唐皇凤认为："后发国家政治发展的内在逻辑与历史基础，决定了政府体系的脆弱与社会资源总量的不足，国家治理资源的匮缺导致常规化的治安治理体系经常运作失灵，尤其是支撑高效治安治理的基层组织网络很难有效地运转起来，直接危害了社会治安问题的治理绩效。国家必须间歇性地配合'严打'、'专项治理'与'集中整治'来弥补这种结构性缺陷。"〔1〕

随着社会主义现代化建设事业不断进步，前述理论判断的时代背景已经发生了实质改变。当前，中国社会治理的理论水平、经济资源和组织保障都取得了巨大进步。对此，《中共中央关于党的百年奋斗重大成就和历史经验的决议》已有详细论述。但是，阶段性、局部性治理条件匮乏仍然存在，必要时，还需要诉诸专项治理。以政治决策拟定治理目标，本质上具有行政属性，体现了强烈国家干预色彩。与立法程序不同，政治决策通常缺少直接听取社会民众意见的常规渠道，对决策判断准确性提出了极高要求。当然，这并不是说与治理目标有关的政治决策过程完全没有社会参与。只是与时间更加宽裕、渠道更加通畅的立法程序相比，需要对社会形势作出迅速反应的政治决策过程，通常没有足够时间收集和分析来自社会层面的不同意见。虽然决策者一如既往地将人民利益放在首位，但受限于快速决策机制本身的局限，直接、广泛听取意见的程序必然需要简化。

在应对社会治安形势单一挑战时，拟定治理目标缺少社会参与，也只是会带来反应较为滞后、方案不全面等具体操作层面问题。然而，人民群众利益诉求日益复杂，社会矛盾冲突日益多样，刑事司法参与社会治理的任务不再局限于维护社会治安。例如，中共中央、国务院先后印发了《关于充分履行检察职能加强产权司法保护的意见》《关于营造更好发展环境支持民营企业改革发展的意见》等文件，以加强民营经济司法保护。为执行文件精神，公检法机关均开展了系列专项活动。同时，在"条块"政法领导体制下，地方、部门也会开展地方性、行业性专项行动。前者如省市层面"打黑""扫黄"行动，后者如最高人民检察院于 2021 年 7 月开始的羁押必要性审查专项检查活

---

〔1〕 唐皇凤：《常态社会与运动式治理——中国社会治安治理中的"严打"政策研究》，载《开放时代》2007 年第 3 期。

动。在此背景下，以地方性、部门性行政决策拟定治理目标，能否真实全面反映社会需求，特别是协调不同利益冲突、价值选择，需谨慎判断。相比于中央决策层面来说，这些较低层级的治理目标拟定，不可避免地缺乏全局考虑的能力。而离开了社会广泛参与的制约，治理目标本身不一定能够反映社会需求，平衡相互冲突的利益诉求。让问题更加复杂的是，作为部门绩效考核手段，各级政法机关普遍需要就年度重点作出一定承诺，事实上成为一些"治理项目"。这些项目任务的拟定更加缺乏社会参与。

（二）治理措施手段缺乏制度规范

总体治理目标生成后，便进入动员实施阶段。在组织社会学上，常规机制与动员机制是两种可以互相替代的治理机制。常规机制建立在分工明确、各司其职的组织结构上，而一个组织正是通过常规机制获得其稳定性、可预测性和高效率。专项治理的最大特点是，暂停常规机制运行，以动员机制替代之，以便超越科层制度的组织失败。[1]具体到刑事司法领域，各类专项治理普遍会暂时打断刑事诉讼原有的各就其位、按部就班的常规程序或者突破常规的办案体制和机制。常规机制在应对社会问题方面的不足，正是开启专项治理的理由。既定治理目标背后的政治命令（意愿），经由"条块"政法领导体制层层传递。上述因素，都为引入制度外超常规治理措施手段提供了动力和依据。具体而言，这种"超常规"主要表现在实施机构、组织动员和法律规范三个方面。

"超常规"的第一个表征是在现有机关、机构和部门之外，成立临时性协调组织，作为直接实施机构。当然，在不同类型的专项治理中，其具体表现也有所区别。在"强动员"专项治理中，党政机关主要负责人往往亲自担任"办公室""领导小组"的"主任""负责人"，典型的如"严打办"或"扫黑办"。而在新近的以促进经济社会发展为目标的专项治理中，高规格跨部门协调组织并不多见，更多的是在单位内部围绕具体事项设置临时机构，如检察系统的"护航民企专班"。此类临时性组织的权力运行兼具两种相反趋势。一方面，强势组织协调会打破原有办案程序，影响专门机关之间的互相制约。

---

〔1〕　参见周雪光：《运动型治理机制：中国国家治理的制度逻辑再思考》，载《开放时代》2012年第9期。

例如，"提前介入""联合办公"等实践做法便受到诟病。[1]另一方面，层层叠加的工作机制，反而会降低效率，让承办人忙于填表、参会等重复的事务性工作，导致组织运行成本上升。前者在"强动员"专项打击（斗争）中普遍存在，后者则易发生于"弱动员"专项行动。

"超常规"的第二个表征是采用锦标赛式的组织动员方式。在治理目标经由政治决策正式形成后，各地还要根据实际情况进一步分解任务，确定工作重点。这本身是调动地方积极性，促进政策落地落实的重要保障。但是，在专项治理行动中的表现，直接影响"条块"政法领导体制对具体任务负责人的业绩评价。因此，为了扩大社会影响、彰显执行能力，以便在内部竞争中取得优势，从政法领导体制中获得肯定性评价，各种"加码""创新"措施层出不穷。较早的例子如，不少地方政法机关在早期"严打"中举行公审公捕大会、集中宣判、组织犯人游街等。这些做法，显然与现代法治原则不相符合，几乎不再使用。然而，面对新型犯罪，"创新"措施又以另外一种形式呈现。例如，自2021年开始，陆续有公安机关发布公告，要求滞留境外的涉嫌跨境违法犯罪人员限期回国。否则，公安机关将采取注销户籍等严厉措施。可以说，此种治理绩效"锦标赛"一旦开始，如果不加以有效和持续的监控，刑事司法中的权利保障将有被边缘化的风险，专项治理本身也会朝着失控方向发展的可能，出现一些意料之外的负面影响。

"超常规"的第三个表征是以决定、文件、司法解释等形式，对具体法律适用作出特殊规定。最为典型的例子是，《关于严惩严重危害社会治安的犯罪分子的决定》直接规定，对部分严重危害社会治安的犯罪分子，可以在刑法规定的最高刑以上处刑，直至判处死刑；《关于迅速审判严重危害社会治安的犯罪分子的程序的决定》则明确，对杀人、强奸、抢劫、爆炸和其他严重危害公共安全应当判处死刑的犯罪分子，主要犯罪事实清楚，证据确凿，民愤极大的，应当迅速及时审判，可以不受刑事诉讼法关于起诉书副本送达被告人期限以及各项传票、通知书送达期限的限制，相应上诉和抗诉时间也从10日缩短为3日。上述决定均由全国人大常委会作出，本身具有立法性质，体现了"严打"的"强动员"属性。

此后，各类刑事司法专项治理行动，在动员程度上均未达到这一水平。

---

〔1〕 参见陈光中：《严打与司法公正的几个问题》，载《中国刑事法杂志》2002年第2期。

相应地，关于具体法律问题适用的规定，也通常以相对温和的方式出现。换言之，明显变通或超越既有法律规定的解释性文献已经较为罕见，更多的是结合刑事司法政策对特定行为的法律适用问题作出指导性规定。例如，在"扫黑除恶"专项斗争期间，最高人民法院、最高人民检察院、公安部、司法部先后出台了《关于办理黑恶势力犯罪案件若干问题的指导意见》和《关于办理恶势力刑事案件若干问题的意见》，对刑法中没有明确提出的"恶势力"概念作出了界定。在以服务经济社会发展为导向的专项治理行动中，法律适用更具创新和试点色彩。例如，最高人民检察院党组明确提出，对涉嫌犯罪的民营企业负责人，依法能不捕的不捕、能不诉的不诉、能不判实刑的就提出适用缓刑建议。[1]如最高人民检察院发布的典型案例反映，"帮助企业恢复生产经营"已经成为对企业经营管理人员适用非羁押强制措施的一项理由。[2]无论追求何种目标，对具体法律适用作出特殊规定，都展现出"特事快办"的思维，但也存在"因事立法"的风险，打乱了正常的法律解释和适用程序，个别内容，经不起罪刑法定、法律面前人人平等等基本原则的检验，进而可能会减损法律适用的确定性和公平性，降低刑事司法的公信力。

　　需要注意的是，上述三项特征，在不同类型、不同动员程度的专项治理中，具体表现亦有明显差异。一般而言，在动员程度越高的专项治理中，这些特征会更加明显。犯罪控制导向的专项治理，更易于失去控制，出现一些不可控的结果。与此不同，部分权利保障导向的专项治理，尽管治理目标具有较强政治命令属性，但限于公权力自我约束等困境，在执行过程中，效果并不理想。在此方面，20 世纪 90 年代公安系统针对刑讯逼供所进行的集中整顿，即是例证。[3]

（三）治理效果评估倚重量化指标

　　治理效果评估，既是对治理目标完成情况的总结，也是动员实施的直接压力。专项治理的本意便是短时间内集中资源，重点解决突出问题，因而必

---

〔1〕　参见徐日丹：《托起"公平秤"织密"保护网"，让民营企业轻装前进——检察机关服务保障民营经济健康发展综述》，载《检察日报》2020 年 1 月 21 日，第 4 版。

〔2〕　参见最高人民检察院涉民营企业司法保护典型案例，吴某、黄某、廖某虚开增值税专用发票案；企业合规典型案例（第二批），案例五：深圳 X 公司走私普通货物案。

〔3〕　参见陈如超：《刑讯逼供的国家治理：1979—2013》，载《中国法学》2014 年第 5 期。

然会设置时间期限。为了督促落实，具体治理目标生成时，也会附加完成期限。既往经验表明，至少在宣传层面，牵头部门一定会在期限届满时召开总结会议，由主要负责同志宣布相关工作顺利完成、专项斗争取得胜利，对业绩突出人员进行集中表彰。

为了配合宣传，同时也为了考核有据，质的问题必然会被转化为量的指标。由此，非常规的专项治理，仍要在常规的科层体制内进行评价。实际上，检察院和法院同样重视量化指标。最高人民法院和最高人民检察院 2021 年工作报告均对为期三年的"扫黑除恶"专项斗争进行了总结，其用语分别是"完成扫黑除恶专项斗争审判执行任务"和"推动扫黑除恶专项斗争取得全面胜利"。最高人民法院工作报告提及，法院系统共审结涉黑恶犯罪案件 33 053 件，结案率 99.4%，重刑率 34.5%，财产刑和违法所得执行到位 1373.7 亿元。最高人民检察院工作报告载明，共批捕涉黑涉恶犯罪 14.9 万人，起诉 23 万人，其中起诉组织、领导、参加黑社会性质组织犯罪 5.4 万人，是前三年的 11.9 倍，2020 年受理审查起诉刑事案件为近 4 年最低，严重暴力犯罪案件为近 20 年最低。[1]

绝对数值可以直接反映治理绩效，在量化评估中占据重要地位。如上文所述，经由政治决策生成的总体治理目标，在进入动员实施阶段后，需分解为具体任务。而在"条块"政法领导体系下，层层发包、下达指标，自然会被视为提升"数字绩效"的重要抓手。媒体曾报道，某地要求每个派出所年内要打掉 1 个至 2 个涉黑恶势力团伙，每月要上报 1 条至 2 条涉黑恶犯罪线索，引发了广泛关注。[2]据笔者观察，在专项治理中就拘捕人数、办案数量、办结率等下达指标，的确是比较常见的做法。不加区分地，以行政命令下达硬性指标，本身即隐含着错案、假案风险——个别基层办案机关为了完成指标，罔顾法律与事实，先入为主地给案件定性。这一风险，已经在中央层面被充分认识。因此，"扫黑除恶"专项斗争中央督导组工作人员在回答记者提问时，特别强调：没有指标，但是有目标，"扫黑除恶"专项斗争包

〔1〕 以上表述和具体数据，可以参见 2021 年《最高人民法院工作报告》《最高人民检察院工作报告》。

〔2〕 安隅：《打黑除恶，该不该下指标？》，载 https://www.chinanews.com.cn/fz/2011/03-17/29132 21.shtml，最后访问日期：2011 年 3 月 17 日。

括中央督导，都是有原则的，在案件质量上不会出现相关问题。[1]在专项斗争中，最高人民检察院明确提出"是黑恶犯罪一个不放过、不是黑恶犯罪一个不凑数"，检察系统对以涉黑涉恶移送的案件，依法不认定 2.1 万件，占受理数的 36.3%。[2]

　　然而，绝对数值不可避免地会被视为绩效参照。2021 年 3 月，全国扫黑除恶专项斗争总结表彰大会在京召开。从宣传报道来看，办案数量、打击和查处人数等仍被作为显著成效予以突出。此轮专项斗争还形成了中央督导的新经验。中办、国办印发《全国扫黑除恶专项斗争督导工作方案》，组建正部级干部任组长的中央督导队伍，开展三轮督导及"回头看"，实现督导全覆盖。督导过程中，办案数值显然是重要参考，各省之间还存在竞争评比关系。[3]申言之，中央层面的确可以不下发具体指标，不直接将其作为政治决策的内容，但地方党委政府和政法机关要展现治理绩效，又不得不依托"理想"的数据。在上令下从的科层体制下，由上级机关向下分配任务指标，当然会被作为获取较好数据的最佳手段。即使是在以加强权利保障为目标的专项治理行动中，同样存在下达指标的做法。例如，在最高人民检察院于 2021 年 7 月开始的羁押必要性审查专项检查活动，虽没有硬性指标要求必须低于具体数值，但上级院定期公布羁押率排名，落后院的主要领导将面临问责压力。

　　相对数值反映专项治理前后变化，在量化评估中更具有说服力。若专项治理以犯罪控制为目标，刑事案件数量下降、群众安全感上升，通常会被作为治理成效的佐证。然而，相对数值普遍存在过度解读和调查失准风险。例如，官方宣布，经过三年"扫黑除恶"专项斗争，2020 年全国刑事案件比 2017 年下降 13.1%。最高人民检察院工作报告也指出，2020 年受理审查起诉刑事案件为近 4 年最低。

　　上述数据变化，似乎足以说明社会治安秩序明显改善。但是，如果对比最高人民法院工作报告数据，此论断将在一定程度上受到挑战。2017 年，法

---

〔1〕　参见何强：《湖北扫黑除恶：没有指标，但有目标——重拳打击长江流域非法采砂、非法码头等黑恶势力，严打"保护伞"》，载《新京报》2018 年 9 月 28 日，第 A13 版。

〔2〕　参见 2021 年《最高人民检察院工作报告》。

〔3〕　《全国扫黑除恶专项斗争总结表彰大会在京召开　部署常态化开展扫黑除恶斗争》，载 http://www.chinapeace.gov.cn/chinapeace/c100007/2021-03/30/content_ 12468913.shtml，最后访问日期：2021 年 3 月 30 日。

院审结一审刑事案件 129.7 万件，判处罪犯 127.6 万人；2020 年，法院审结一审刑事案件 116 万件，判处罪犯 152.7 万人。那么，以法院数据来看，刑事案件数量下降 10.6%的同时，判处罪犯人数却上升了 17.7%，无法直接得出社会治安秩序明显改善的结论，倒是可以说明有组织犯罪得到有力打击。这至少可以从一个侧面反映出，统计口径差异，将影响效果评估准确性。类似地，国家统计局所发布的年度群众安全感、社会治安满意度等调查结果，长期在高位运行，如果没有显著提升，也难以充分说明治理成效。同时，在开展调查时，调查主体、方式、内容等也直接影响结果信度。例如，以街头截访方式询问市民是否感到安全，显然不是一种科学的调查方式。在专项治理总结评估阶段，受制于数据考核内在缺憾，评估主体很容易通过局部数据变化得出治理取得突出成效的结论，一定程度上模糊了社会现实问题的发展变化趋势。

（四）小结

本节通过对专项治理的分阶段解构说明，对于将合法性构建于绩效基础上的有为政府而言，在治理条件相对匮乏背景下，周期性地开展专项治理几乎是不可避免的理性选择。"治理成效按期验收"的总体安排，既是输出绩效合法性的要求，也受制于治理条件。在拟定治理目标时，因为缺乏充分的社会参与，决策者越来越难以从复杂利益诉求中提炼出最重要、最棘手的问题。由此，即使采用实用主义立场，不去讨论法律价值和原则，采用超常规手段的正当性也受到挑战。决策者所选择目标果真是最突出的问题吗？这些问题的确无法在常规机制中得到解决吗？采用非常规机制带来的负面影响是否超出了自身社会效益？类似疑问不断产生。量化评估的机械主义倾向则让问题更加复杂。一方面，不合理指标与超常规手段相互作用，可能产生诸如错案、假案等现实危害，造成巨大治理成本；另一方面，不准确的数据调查和解读，不仅起不到督促和评估作用，还会掩盖矛盾。

三、可能的消极影响

上已述及，刑事司法中的专项治理主要是为了提升效率，产生绩效合法性。然而，由于社会组织网络调整中很容易发生目标偏差，从而导致效率与合法性不仅没有提升，其他方面的价值诉求也可能遭受减损。以下从四个方面予以阐释。

（一）过于突出问题导向，易模糊专门机关职能

1979 年《刑事诉讼法》第 5 条规定："人民法院、人民检察院和公安机关进行刑事诉讼，应当分工负责，互相配合，互相制约，以保证准确有效地执行法律。"1982 年《宪法》第 135 条规定："人民法院、人民检察院和公安机关办理刑事案件，应当分工负责，互相配合，互相制约，以保证准确有效地执行法律。"这是中华人民共和国第一次以宪法和法律的形式确认公检法之间的关系。分工负责、互相配合、互相制约原则，在历次宪法和法律修正中得以保留和延续，并在实践中不断发展，形成了与之相应的程序机制。

按照一般理解，分工负责、互相配合、互相制约原则要求，公安机关、人民检察院、人民法院应当在各自法定职责范围内，共同完成刑事诉讼任务，并对其他机关发生的错误和偏差予以纠正，从而保证刑事案件的办案质量。陈光中先生指出："此项三机关关系原则是在总结新中国成立以来三机关办理刑事案件经验教训的基础上制定的，特别是'文化大革命'中法检公三机关的正常关系遭到破坏，三机关'联合办案'，甚至出现了检察院被取消的现象，导致冤假错案遍于域中。"[1]可见，分工负责、互相配合、互相制约原则的确立，具有极其重要的历史进步意义。

然而，在一段时间内，这一原则在实践运行中存在着一定的缺陷和问题，一定程度上助长了错案发生，降低了刑事司法公信力。对此，理论界展开了批判和反思，认为"重配合、轻制约"是主要症结，表现形式包括而不限于：为提高办案效率、加强打击力度，三机关在地方党委、政法委的领导协调下"联合办案"；检察机关派员提前介入案件侦查，参加案件讨论；法院经过审理后认为应当作出无罪判决的情况下，不直接作出无罪判决，而是通知检察院撤回案件，检察机关在撤诉后或作出不起诉决定或退回公安机关撤销案件，甚至有的案件被长期拖延不做处理。[2]

实质化地达成公检法机关办理刑事案件过程中的"分工负责"，是走出刑事司法"重配合、轻制约"实践困境的关键。《中共中央关于全面推进依法治国若干问题的决定》提出要"推进以审判为中心的诉讼制度改革，确保侦查、审查起诉的案件事实经得起法律的检验"，为相关改革提供了依据和方向。然

---

〔1〕　陈光中：《如何理顺刑事司法中的法检公关系》，载《环球法律评论》2014 年第 1 期。
〔2〕　陈光中：《如何理顺刑事司法中的法检公关系》，载《环球法律评论》2014 年第 1 期。

而，刑事司法中专项治理的内在逻辑决定了，其对"共同地、快速地解决重要的社会问题"很容易过度关注或强调，从而有可能进一步模糊公检法三机关职能，不利于健全分工负责、互相配合、互相制约原则，具体表现在三个方面。

第一，执行权与监督权容易依附决策权，一定程度上导致国家公权力内部制约与监督虚化。"正当程序主义"和"形式法治主义"在不同程度上受到西方政治分权理论的影响，因而特别强调司法权对行政权的制约。相较于此，在中国语境下，功能性分权理论更具解释力。所谓功能性分权，是指决策权、执行权、监督权既相互制约又相互协调的权力结构和运行机制。[1] 以此理论框架检视刑事司法中的专项治理，治理目标生成、公安机关侦办案件、检法机关审查和审判分别属于决策权、执行权、监督权的范畴。迄今为止，尚没有关于启动专项治理权力的制度化配置，各级党委政府、公检法机关都可以在一定范围内部署专项治理行动，也没有规范化的程序可供参照，治理目标生成缺乏广泛讨论，很少受到公权力内部制约，也几乎不受外部监督。在此领域，权力结构天然地缺乏制约。一旦治理目标生成，便以指令形式下达。一个值得注意的细节是，相关宣传文稿，通常会将"提高政治站位"等类似的话语放在首位，这反映出下级机关对治理目标权威性的普遍理解。

一旦一个问题被作为专项治理的对象，往往这一问题的应对和解决就具有较高的优先级，对应的工作态度必须有足够的匹配。[2] 引申来说，对地方党委政府、公检法机关而言，当然需要不遗余力地完成。在既有权力结构中，执行权、监督权本身即呈现向决策权依附的状态。[3] 在专项治理的开展中，主导机关更是通过不断地动员和激励强调相关工作的重要性。在此背景下，一旦治理目标制定存在偏差，就会导致公安机关侦办刑事案件重心偏离，而在此过程中出现的错误，也难以在后续的检察环节和审判环节得到及时纠正。当然，在当下司法环境下，案件办理出现明显错误的比例越来越低。但是，对专项治理内在的错误风险，仍然应当予以高度重视。2014 年 1 月 7 日，中央政法工作会议上，习近平总书记指出："一个错案的负面影响足以摧毁九十

---

[1]　陈国权等：《功能性分权的中国探索》，中国社会科学出版社 2021 年版，第 58 页。

[2]　参见陈国权等：《功能性分权的中国探索》，中国社会科学出版社 2021 年版，第 145–146 页。

[3]　参见陈国权等：《功能性分权的中国探索》，中国社会科学出版社 2021 年版，第 99 页。

九个公正裁判积累起来的良好形象。执法司法中万分之一的失误，对当事人就是百分之百的伤害。"

第二，频繁的案件协调沟通，在淡化公安司法人员的监督制约思维的同时，还为推卸责任、怠于履职提供了便利。社会主义法治建设，离不开德才兼备的高素质政法队伍。政法队伍建设的一项重要内容，便是培养符合时代发展要求的司法理念。司法理念的形成，不是定期教育学习便可实现，需要通过日常工作积累。在专项治理中，公检法机关普遍会就重点案件进行多层面协调沟通。实际上，一些情况下，这种协调沟通还会将其他相关部门纳入。方便案件协调沟通，研究解决重点难点问题，更好地从经济社会发展全局把握案件办理效果，是在现有机关、机构和部门之外，成立临时性协调组织的直接目的。一些"临时"机构，已经转为"常设"机构。例如，根据中央部署，"扫黑除恶"斗争将常态化。参照原有全国扫黑除恶专项斗争领导小组组成和分工，中央成立全国扫黑除恶斗争领导小组及其办公室，各级党委和有关部门要保留相应领导和办事机构，完善工作机制，实现常态化运行。[1]

对重大疑难牵涉面广的案件进行跨部门沟通协调，的确有利于实现政治、社会、法律三个效果统一。但是，这种沟通协调的基调是"共商方案"与"集体负责"，若频繁展开，有可能加剧两种现象：一是当公安司法人员发现需要纠正的错误，因碍于情面不以法律规定的形式提出，选择忽视或告知有关方面自行改正，或以其他变通方式处理；二是办理案件过程中遇到难以解决的问题，立即诉诸沟通协调机制，事先征询后续程序负责机关的倾向性意见，再决定是否履行相应法定职责。前一种情况，会助长公安司法人员"重情面"的意识，阻碍法律监督意识的形成；后一种情况，会助长公安司法人员"推、拖、挂"的思维，不利于督促相关人员尽职履责。如不对此风险保持必要的审慎态度，也会降低刑事司法的整体公正性。

第三，量化考核中的信息偏差，为被考核对象所利用，并形成"指标优化共谋"。量化考核所需的数据均有赖于下级机关向上级机关报送，或是公安司法机关向同级党委政府提供。掌握考核权的机关，无法直接获取相关数据，

---

〔1〕《全国扫黑除恶专项斗争总结表彰大会在京召开 部署常态化开展扫黑除恶斗争》，载 http://www.chinapeace.gov.cn/chinapeace/c100007/2021-03/30/content_12468913.shtml，最后访问日期：2022年7月8日。

数据全面性、准确性有赖于被考核单位的报送质量，这就是量化考核中不可避免的信息偏差。上级机关名义上有最终决定权，拥有"形式权威"，但由于信息复杂多变，从信息的收集和分析来看，下级机关具有明显的信息优势，自主性很大，拥有"实际权威"。加上专项治理多数情况依托"条块"管理体制运行，专项治理的展开及其周期也与两种权威的平衡密切相关。考核指标以"数""率"的形式呈现，其中很大一部分将后一个诉讼阶段处理结果，作为评判前一个诉讼阶段成效的依据。由此，为了获得更"好看"的数据，以便在区域竞争中领先，公检法机关可能形成"指标优化共谋"，互相给予支持和便利条件，共同应对考核。一旦这种"共谋"形成并得以常态化运作，"互相制约"便会被架空。

（二）过于强调威慑力度，易减损犯罪控制效果

犯罪的控制理论认为，个人参与犯罪行为的首要原因是他们的行为所受的控制太少。换言之，在不考虑动机的前提下，人们实施犯罪是因为收益高于成本。犯罪控制的来源包括正式来源和非正式来源两种类型，前者通常表现为刑事司法系统和法律制裁，后者则指向广泛的社会设置，如家庭、学校、工作场所和个人的朋友等。"威慑理论"是提升犯罪控制正式来源的有效性的核心。该理论认为，只要国家通过刑事司法系统适用，让犯罪的潜在成本超过潜在收益，个人就不会实施犯罪。[1]刑事司法中的专项治理，大多数力图通过迅速而严厉的措施手段，大幅度强化法律制裁的威慑作用，以提升犯罪控制效果，与"威慑理论"存在契合之处。在治理目标生成阶段，打击力度被视为实现治理目标的重要路径；在治理实施阶段，引入制度外超常规措施手段，成为提高打击力度的重要抓手；在治理效果评价阶段，力度与实效相混同。然而，从整体上加以审视，过于强调威慑力度的专项治理模式，反而会减损犯罪控制效果。

一方面，以"急事特办"理念为指导的专项治理，会占用有限的犯罪控制资源，不仅可能会阻碍犯罪综合治理效果的提升，有时还可能局部地降低群众的安全感。回顾历次"严打"过程，我们可以发现，彼时治理资源匮乏、不能充分回应社会治安需求，是有关部门决定开展专项斗争最为直接的动因。

---

〔1〕 参见亚历克斯·皮盖惹主编：《犯罪学理论手册》，吴宪宗主译，法律出版社 2019 年版，第 246-247 页。

随着社会主义现代化建设的推进，上述环境条件已经发生了实质变化。特别是，党的十八大以来，中国特色社会主义进入新时代，我国社会主要矛盾转变为人民日益增长的美好生活需要和不平衡不充分的发展之间的矛盾。在此背景下，治理资源的整体匮乏不复存在，区域、领域、时段分配不均成为新的问题。理论上讲，刑事司法系统需要对两类犯罪进行控制，一是与社会治安直接关联的传统犯罪，如杀人罪、伤害罪、盗窃罪、抢劫罪，其在一定时期内发案率较为稳定；二是随着社会发展而不断出现的新型犯罪，既包括更新了犯罪手段的传统犯罪，如电信网络诈骗犯罪，也包括以违反前置行政法规、情节严重的法定犯，如洗钱犯罪。当治理对象是新型犯罪时，就会挤占用于控制传统犯罪的治理资源，造成局部的资源匮乏，使刑事司法系统不能及时回应社会的传统治安诉求。以下以电信网络诈骗犯罪治理为例具体说明。

为应对典型网络诈骗犯罪高发态势，全国公安机关陆续开展"云剑""长城""断卡""断流"等专项行动，取得显著成效。2022年4月，中共中央办公厅、国务院办公厅印发《关于加强打击治理电信网络诈骗违法犯罪工作的意见》，对加强打击治理电信网络诈骗违法犯罪工作作出安排部署，体现了专项治理的特征。上述文件强调，各级党委和政府要加强对打击治理电信网络诈骗违法犯罪工作的组织领导，统筹力量资源，建立职责清晰、协同联动、衔接紧密、运转高效的打击治理体系。电信网络诈骗犯罪特点之一是被害人分布广泛，犯罪嫌疑人与被害人不处于同一区域，容易出现公安机关互相推诿的情况。通过集中力量的专项治理，互相推诿、打击不力得到了有效解决，但也产生了新的问题。实践中，一些地方公安机关乐于办理电信网络诈骗犯罪案件，因为打掉一个团伙，可以完成数十，甚至是数百的逮捕等考核指标。此类案件，往往涉及大规模异地抓捕和取证，需要投入大量警力，超出办案机关自有人员编制和财政拨款所能承受范围。受此影响，这些公安机关不得不暂缓其他治安类刑事案件的办理，集中力量投入电信网络诈骗专案。由此会产生一个现实悖论，因为其辖区内仅有少数被害人，由地方财政供养的公安机关投入大量资源办理专案，并不会显著提升辖区居民的安全感，而对辖区内传统犯罪案件办理的拖沓，却会直接导致群众不满甚至是投诉、信访。

另一方面，等待社会问题积累到比较严重的程度再予以强力回应的治理思路，既不能充分发挥刑罚威慑作用，也不利于形成犯罪控制的社会约束机制。绝大部分专项治理，都是针对特定领域、特定类型犯罪展开的，制裁严厉、打击广泛、宣传有力，被作为提升刑罚威慑作用的关键。然而，从犯罪控制角度来看，严厉的制裁如果缺乏及时性，也难以发挥有效的威慑作用；如果让犯罪集团坐大成势，则会提高打击的难度和成本。质言之，专项治理在打击力度方面的阶段性强化，不足以弥补常态机制回应不力对威慑效果的减损。这一弊端，在决策层面已经被充分认识，并作出了针对性的部署和安排。例如，党中央对常态化开展"扫黑除恶"斗争提出新的要求，强调要健全铲除黑恶势力滋生土壤的长效机制，补齐短板、堵塞漏洞，抓基层打基础，强化源头治理，加强行业监管。[1]

除来自刑事司法系统以威慑为主的控制外，民事、行政司法系统以及非正式机制的约束也可以起到犯罪预防作用。专项治理消耗了大量社会资源，可能会挤占其他司法系统和非正式机制的发展空间。刑事犯罪是社会纠纷的一种极端形态，多由民事纠纷或一般违法转化而来。因此，"科学的反犯罪之策是国家应尽可能将有限的司法资源'下沉'用于解决和应对处于社会纠纷'金字塔'体系底端的普通社会纠纷和细小违法行为，消除犯罪生成的土壤，达到对犯罪治理'事半功倍'之效"。[2]在社会整体资源有效的情况下，过于频繁地启动非常规的动员机制，以专项治理应对社会问题，将降低司法资源对民事、行政系统的投入，制约国家对其他非正式机制的引导和支持能力。再者，从市民社会与政治国家的二元分立来看，非正式机制属于前者，专项治理属于后者。刑事司法中的专项治理将社会作为被治理的对象，市民社会自主自律的规则秩序，被置于相对次要的位置，其发展空间进一步被压缩。市民社会规则秩序不仅奠定了民主与法治的基础，同时也是民主与法治的重要推动力量。[3]是故，当市民社会发展受到抑制，社会自主解决纠纷、调和矛盾的能力让位于国家的强力治理，从长远来看，并不利于法治秩序的构建。

（三）过于追求短期效果，易突破法律适用标准

依法治国是中国共产党领导全国各族人民治理国家的基本方略。《宪法》

---

[1] 《全国扫黑除恶专项斗争总结表彰大会在京召开 部署常态化开展扫黑除恶斗争》，载 http://www. chinapeace. gov. cn/chinapeace/c100007/2021－03/30/content_ 12468913. shtml，最后访问日期：2022 年 7 月 8 日。

[2] 何荣功：《社会治理"过度刑法化"的法哲学批判》，载《中外法学》2015 年第 2 期。

[3] 参见马长山：《国家、市民社会与法治》，商务印书馆 2002 年版，第 174 页。

第 5 条明确规定："中华人民共和国实行依法治国，建设社会主义法治国家。国家维护社会主义法制的统一和尊严。一切法律、行政法规和地方性法规都不得同宪法相抵触。一切国家机关和武装力量、各政党和各社会团体、各企业事业组织都必须遵守宪法和法律。一切违反宪法和法律的行为，必须予以追究。任何组织或者个人都不得有超越宪法和法律的特权。"在专项治理中，公安司法机关也应当依照法定程序办案，不能超越法律框架。尽管理论界一些学者对"严打"持批评态度，认为"严打"严重损害了司法公正的实现，但研读相关政策文件可以发现，所谓"从重从快，一网打尽"，仍然是以"依法"为前提的。"严打"与法治建设的紧张关系，更大程度上是操作中凸显的，而非刑事政策本身的问题。[1]然而，在以"严打"为典型代表的专项治理中，突破法律适用标准的情况较为普遍，直接冲击了法治原则。这一局面，是刑事政策本身的偏差，与实施过程中刑事司法机关对于刑事政策的错误理解和错误执行互相影响、互相作用的结果。[2]申言之，正是治理成效按期验收的逻辑悖论，容易导致公安司法机关片面、错误地理解治理目标及相关刑事政策的精神，忽视了法律制度特别是刑事诉讼法程序的约束，进一步强化了治理目标及刑事政策本身偏差所产生的负面影响。这种负面影响，集中表现在以下四个方面。

第一，无视诉讼程序与证据标准约束，加大刑事错案风险。在刑事司法领域，准确查明案件事实与保障个人权利从根本上来说是统一的，离开高度可信的事实基础，便不能对个人判处刑罚并剥夺其权利。正如贝卡里亚所言："证实某人犯罪所要求的肯定性，是一种对于每个人生命攸关的肯定性。"[3]因此，现代国家普遍通过严格的诉讼程序和证据标准，对刑事追诉权力进行严格限制。然而，区别于常态司法模式，专项治理强调"治理目标的优先性"，突出"成效按期验收"。受此影响，严格的诉讼程序与证据标准会被视为治理效果实现之障碍，沦为被"架空"和"规避"的对象。尽管在治理目标生成阶段，政策制定者也会强调"依法治理"，但相较于"严厉打击"来

---

〔1〕 参见陈兴良：《严打利弊之议》，载《河南省政法管理干部学院学报》2004 年第 5 期。

〔2〕 参见李建明：《刑事司法错误——以刑事错案为中心的研究》，人民出版社 2013 年版，第 169 页。

〔3〕 ［意］切萨雷·贝卡里亚：《论犯罪与刑罚》，黄风译，北京大学出版社 2008 年版，第 33 页。

说，这种强调显然处于次要地位。这会造成一种印象，即为了实现治理效果，可以阶段性地变通执行相关法律，放松程序制约。由此，在治理实施阶段，公安司法人员片面地理解治理目标，只看到了"严厉打击"的要求，忽略了"依法治理"的要求。从历史经验来看，在极端情形下，甚至会出现严重违背程序法治的局面："在打击犯罪的过程中无视诉讼程序的约束，任意侵犯公民人身权利和诉讼权利，刑讯逼供现象普遍而且严重，其结果是，有些不该判重刑的被重判了，有些案件事实都没有真正查清就很快地定罪判刑了。"〔1〕需要说明的是，20世纪80年代至90年代"严打"后的各类刑事司法专项治理行动，在动员程度上均未达到这一水平，前述场景，只是对极端情形的部分反映。但是，为按期达成治理成效，在历次专项治理中，公安司法机关仍不同程度地存在突破程序制约的现象，甚至美其名曰"良性违法"，由此显著增加刑事错案的风险，依旧值得警惕。错案一旦发生，其危害和影响均是巨大的。

第二，强化法律工具主义倾向，不利于培养守法精神。经常性、系统性地采用专项治理手段和措施，容易淡化法律程序的独立价值，不利于培养国家公职人员特别是公安司法人员的守法精神。为实现治理目标以落实背后的政策，纵容公安司法人员突破程序制约的做法，可能会加强法律工具主义倾向。〔2〕如果离开对公权力主体、司法执法主体的守法精神的培养，普遍的法律服从和规则的统一适用是难以实现的。此外，专项治理虽鼓励广泛的群众参与，但这种参与是附属性的。国家并不信任社会自治及解决问题的能力，不得不周期性地开展专项治理；在治理目标生成、实施推进和考核评估阶段，普通公民均缺乏主动参与并发挥实质影响的方式。这会进一步加强公民对法律是"对付敌人的工具"的片面认识，不利于形成自觉守法的精神。

第三，阻碍平等司法保护的实现，降低刑事司法公信力。专项治理普遍采用锦标赛式的组织动员方式，地方、部门之间存在多种形式的"指标"竞争，此类竞争又被量化考核所加剧。为了取得更好"业绩"，地方公安司法机关在具体执行过程中，难免出现"加码""创新"，由此造成法律适用标准地方差异凸显。这种地方差异指向的是司法地方化，不利于统一法律适用标准，不利于提升司法公正性。

---

〔1〕 李建明：《刑事司法错误——以刑事错案为中心的研究》，人民出版社2013年版，第168页。

〔2〕 参见马长山：《国家、市民社会与法治》，商务印书馆2002年版，第276页。

此外，以促进社会经济发展为目标的权利保障型专项治理，引发了平等司法保护的新问题。构建法治化营商环境、护航民营企业等，均是对既往实践中不重视民营企业利益的司法保护、区别对待公有经济和民营经济的纠偏。但是，治理目标生成缺乏多元参与，决定了目标设定存在片面之处。例如，为了加强民营企业的司法保护，最高人民检察院明确提出，对涉嫌犯罪的民营企业负责人，依法能不捕的不捕、能不诉的不诉、能不判实刑的就提出适用缓刑建议。〔1〕之所以如此强调，是吸取了既往区别对待民营经济与公有经济的经验教训，突出的是民营经济与公有制经济受同等保护。但是，在具体执行过程中，一些检察机关的理解过于简单，等同为"保护企业家"。例如，有的地方检察机关，甚至将"确保企业生产经营活动正常运行"作为对涉嫌醉驾的企业负责人作出不起诉决定的依据，并加以宣传。〔2〕试想，如果换做是没有"直接经济贡献"的普通公民，按照统一司法标准，能否对其作出不起诉决定？这样一种司法处理，是否会造成不良舆情？归根结底，经济社会的创造力，离不开更高水平、更大范围的个人权利保障，而不能限于企业家。

第四，过于重视指标完成情况，忽视程序衔接与配套机制。举例来说，为贯彻落实"少捕慎诉慎押"刑事司法政策，检察机关开展了羁押必要性审查专项检查行动。其间，一些地方出现了这样的现象：审判期间，法院根据羁押必要性审查建议，释放了被告人，但拟判处实刑，数日之后又重新予以逮捕。表面上看，解除羁押强制措施贯彻了慎押理念，但却忽视了一个现实问题——因现有法律未能对非羁押状态被告人收监程序作出较好安排，法院习惯于对拟判处实刑的被告人先采取逮捕措施。从实质意义上来讲，这样的操作，只是帮助检察机关完成了一项指标，却并未改善被告人的处境，还给其造成困扰，并增加了法院和公安机关的工作负担。

（四）过于依赖刑事手段，易降低社会经济活力

刑事司法中的专项治理，绝大部分属于犯罪控制型，反映了当前社会治理的"刑法依赖"倾向，即简单地将"严厉性"等同于"有效性"，当社会层面所积累的问题难以解决时，便诉诸系统性的刑事制裁，以期整顿社会治

---

〔1〕　参见徐日丹：《托起"公平秤"织密"保护网"，让民营企业轻装前进——检察机关服务保障民营经济健康发展综述》，载《检察日报》2020年1月21日，第4版。

〔2〕　参见曹某危险驾驶案，载 http://www.gzfenggang.jcy.gov.cn/yasf/201909/t20190903_2676708.shtml，最后访问日期：2021年10月20日。

安及相关领域秩序。随着社会利益结构多元化，专项治理也由传统治安领域，拓展至更加复杂的行政监管领域。社会治理中的"刑法依赖"，首先体现在刑事立法层面，继而辐射到刑事司法程序。刘艳红教授评价指出："随着市场经济的发展，风险社会的到来，国家安全管理方略不断调整，各国纷纷加大了动用刑罚管控风险的范围和力度。法定犯时代的到来，意味着实践中法定犯罪的数量剧增。当社会治理效果不彰时，人民转而将目光纷纷投向刑法。社会公众日益希望法定犯扮演着社会治理万能器的角色，试图通过刑法的适用，助力国家监管，改变社会公共政策在社会治理中'肌无力'现象。"[1]

过于依赖刑事手段，会造成法秩序体系混乱。根据刑法之谦抑性原则，在法秩序体系中，刑法应该属于最后序列，能够使用其他法律解决的问题，就不应该动用刑事手段。[2]增设新罪名、降低入罪门槛、提升刑罚配置，的确是对民众关切和政府监管需要的最直接回应，有利于迅速安抚民众情绪、落实政策方案，但也会让本该处于"幕后"的刑法走上"台前"，人为地造成一种高犯罪率局面，并阻断前置法与刑法之间的有机衔接。过度依赖刑事治理手段的附带成本，将逐渐显现出来。

第一，民众普遍忌惮于可能遭受的刑事风险，由此导致社会性焦虑，将会降低社会活力，阻碍社会进步。国家刑罚权的膨胀，必然会影响权利保障。[3]以增设、调整法定犯为主要内容的刑法扩张，反映了国家对社会经济活动监管的增强和既有秩序的维护。在强监管背景下，那种对可能遭遇刑事风险的忌惮，将遏制公民参与社会经济活动的创造力。心理学家、哲学家坎贝尔曾提出，生物、心理、文化和社会组织发展等不同层次上的事物演变都经过了突变、选择、保存三个阶段。[4]这一理论可以用于论证限制刑罚权以保持社会经济活力的重要性。若社会民众普遍处于刑事违法焦虑之中，其创造性活

---

〔1〕 刘艳红：《法定犯与罪刑法定原则的坚守》，载《中国刑事法杂志》2018 年第 6 期。

〔2〕 就刑法在法秩序中的定位，有学者准确地指出："较之于前置法中的调整性规则和调整性法益，刑法规则和刑法法益是法体系中的从属法、次生性法益；较之于前置法中的第一保护性规则和第一保护性法益，刑法规则和刑法法益是法体系中的补充法、第二保护性法益。"田宏杰：《立法扩张与司法限缩：刑法谦抑性的展开》，载《中国法学》2020 年第 1 期。

〔3〕 参见何荣功：《社会治理"过度刑法化"的法哲学批判》，载《中外法学》2015 年第 2 期。

〔4〕 Donald T. Campbell, *Variation and Selective Retention in Sociocultural Evolution*, in H. R. Barringer et al. eds, Social Change in Developing Areas：A Reinterpretation of Evolutionary Theory, Cambridge：Schenkman, 1965.

动必然会相应较少，也就是所谓"突变"的样本会减少，那么在市场竞争的"选择"环节，就不能够"保存"符合时代发展要求的新路径、新模式，社会的整体效益将因此受到减损。

第二，一部分人将受到刑罚持续标签作用影响，难以回归正常生活。一些罪名调整与集中专项治理紧密联系。例如，2011 年新增设的危险驾驶罪，已经成为中国第一大罪，占到全部刑事犯罪五分之一左右，形成了一个超过百万的"犯罪分子"群体。[1]再如，受打击电信网络诈骗犯罪专项行动影响，2021 年 1 月至 9 月，全国检察机关共以帮助信息网络犯罪活动罪起诉79 307 人，同比上升 21.3 倍。[2]严密的刑事法网与强力的专项治理相互结合，使大量公民被迫与刑事司法系统发生了直接接触。仅以危险驾驶罪为例，实证研究表明，除以拘役为主的刑事处罚外，涉罪人员将面临着接受开除公职、吊销职业资格、影响个人征信等一系列的"社会惩罚"，还会波及子女。这种影响，对有稳定工作者反而更大。[3]长此以往，大量公民将被人为地推向社会对立面，积累社会不稳定因素。

第三，若行政机关可以借助刑事治理推行政策，司法程序的正当性难以保障，最终将阻碍社会主义市场经济发展。当前，刑法适用已被视为助力国家行政监管的重要方式，刑法扩张成为现阶段国家治理体系的显著特征。历次刑法修正所增加的罪名，基本上都是法定犯。与风险控制的国家治理需求相适应，"犯罪形态在数量变化上由传统的自然犯占绝对优势演变为法定犯占绝对比重这样的局面"，一个"法定犯时代"已经到来。[4]相较于自然犯，法定犯更加重视维护秩序价值。每当刑法修正案生效后，公安司法机关或力求办成全国、全省第一案，或联合相关部门开展专项打击活动，在适用新法、彰显刑罚威慑力方面，表现出较高积极性。例如，为响应中办、国办联合印

---

〔1〕　根据最高人民检察院公布的数据，2021 年 1 月至 6 月，全国检察机关共起诉 796 037 人，其中以危险驾驶罪起诉人数达到 173 941 人，占比超过 21%。参见张璁：《上半年全国检察机关主要办案数据发布》，载《人民日报》2021 年 7 月 26 日，第 14 版。

〔2〕　参见《2021 年 1 至 9 月全国检察机关主要办案数据》，载 https://www.spp.gov.cn/spp/xwfbh/wsfbt/202110/t20211018_ 532387.shtml#2，最后访问日期：2022 年 2 月 23 日。

〔3〕　参见王敏远：《"醉驾"型危险驾驶罪综合治理的实证研究——以浙江省司法实践为研究样本》，载《法学》2020 年第 3 期。

〔4〕　参见李运平：《储槐植：要正视法定犯时代的到来》，载《检察日报》2007 年 6 月 1 日，第3 版。

发的《关于依法从严打击证券违法活动的意见》，从中央到地方的公安司法机关与对应证券监管部门积极沟通协调，建立多种机制，启动了专项治理行动，而适用刑法关于证券犯罪新修正条款自然会成为一项重点。[1]

实践中，一些行政违法行为被作为刑事犯罪处理。对此，有学者指出，我国行政违法行为与刑事犯罪之间的质量差异划分标准使得社会危害性判断具有较大裁量空间，为之提供了适用前提。[2]笔者基本认同这一判断。法益的概念抽象化和法益的保护早期化，加剧了这一现象。正如另一位学者所说，"预防危险、追求安全和助力社会控制成为优先的价值选择，刑法与警察法的界限开始变得模糊不清"。[3]实体层面的模糊，自然会导致程序适用的混同。法定犯以违反前置法规为前提，而具体判断需要特定领域的专业知识支持，在司法人员缺乏此种知识的背景下，法定犯审查判断出现了过分依赖行政认定的倾向。[4]由此，司法权行使的中立性受到侵蚀，使得行政监管对象在成为刑事被告人时，缺乏以独立公正裁判为内核的程序性保障。

四、治理模式的路径依赖

以上分别归纳了刑事司法中专项治理的逻辑悖论及其可能产生的一些消极影响。可以说，后者即是前者的结果。然而，专项治理的局限性还不限于此。治理成效按期验收的内在逻辑，在提升国家治理体系与治理能力现代化的背景下，很难适应当前日趋多元化的社会利益格局，以及这一变化所带来的治理难题。在刑事司法领域中，我们能够观察到的是：一方面，专项治理周期越来越短，以至于成为刑事司法的常态；另一方面，专项治理的领域越来越宽泛，以至于民众所关切的社会问题，似乎都可以通过专项行动予以回应。专项治理陷入了一种循环与依赖。

（一）治理碎片化

"服务大局"是中国特色政法体制的优势，也是刑事司法专项治理的动因。然而，专项治理按期验收成效以持续产生绩效合法性的逻辑，经由部门

---

〔1〕 参见杨波、崔晓丽：《"零容忍"打击证券违法犯罪》，载《检察日报》2021年7月27日，第5版。

〔2〕 参见张泽涛：《行政违法行为被犯罪化处理的程序控制》，载《中国法学》2018年第5期。

〔3〕 何荣功：《预防刑法的扩张及其限度》，载《法学研究》2017年第4期。

〔4〕 参见何荣功：《社会治理"过度刑法化"的法哲学批判》，载《中外法学》2015年第2期。

化、地方化的不完善决策程序，使得一些局部的、零星的现象，容易被拔高为整体的、关键的问题，反而易于模糊中心工作，造成各自为政的局面，难以形成治理合力。我们可以将其称为治理碎片化。

治理目标、措施与评估的地方化，是导致治理碎片化的第一个原因。一段时间内，以地方保护主义为特征的司法，阻碍了社会主义法治建设。[1]有的地方党委政府在其辖区内经常性地开展专项治理，会引发政法工作的地方竞赛，扰乱司法系统常态运转。在全国性专项治理中，相关政策文件对程序法治强调不够充分，地方公安司法机关可能采取一些超出法律制度的做法，事实上也被默许。因为信息偏差的存在，以地方报送数据为基础的成效评估，总是能取得预期的良好结果，甚至是超额完成。总之，专项治理可能冲击法律适用标准的统一性，且常常不会被治理成效评估机制发现和纠正。司法权从根本上说是中央事权，各地法院不是地方的法院，而是国家设在地方代表国家行使审判权的法院。[2]当各地在执行国家法律时尚存在标准差异，又如何能够期望其严格贯彻落实中央政策，全力服务中心工作呢？

治理目标、措施与评价的部门化，是导致治理碎片化的另一个原因。刑事司法环环相扣，牵一发而动全身。因此，无论是在中央还是地方，专项治理通常需要由党委政府下达指令、全面负责。近年来，公检法在各自职权范围内展开专项治理行动，也日益频繁。其组织动员程度虽低于全局性专项斗争，但经过上传下达、层层强调，也具备了专项治理的一般特征。换言之，这些专项治理行动，在对应系统内部也会被视为中心工作，需要优先完成。但是，此类专项治理行动，普遍会在协同配合方面遭遇困境。

治理目标碎片化的根本症结在于，党内法规和国家法律中没有关于启动专项治理权力的制度化配置，各级党委政府、公检法机关都可以在一定范围内部署专项治理行动，也没有规范化的程序可供参照。在此背景下，基层公检法机关，经常性地会接到开展专项治理的指令。受此影响，基层公安司法人员有时处于一种尴尬的境地，一方面忙于应付、疲于奔命，另一方面又难以准确把握工作重点，从而实质性地服务中心工作。总之，专项治理碎片化

---

〔1〕　参见周永坤：《司法的地方化、行政化、规范化——论司法改革的整体规范化理路》，载《苏州大学学报（哲学社会科学版）》2014年第6期。

〔2〕　向海峡：《发挥司法制度优越性　不断增强制度自信》，载《人民法院报》2020年7月22日，第2版。

的本质在于，频繁地以行政指令打断刑事诉讼原有的各就其位、按部就班的常规程序或者突破常规的办案体制和机制，而不考虑必要性与可行性。

（二）治理周期化

治理资源匮乏是专项治理的生成原因。经过长期积累，国家治理能力得到显著提升，治理资源的绝对匮乏局面已经转变为相对匮乏。然而，刑事司法领域的专项治理非但没有减少，其发生频次反而还有不断提高之趋势，形式愈加多样、覆盖范围不断扩展。如果将刑事司法系统视为列车，那么专项治理便是轨道上分布广泛的"变轨站"。刑事司法中的专项治理呈现出一定的周期性现象。

聚焦短期威慑、忽视源头治理，是治理周期化的直接原因。专项治理，属于一种延时的回应型司法模式。只有相关社会问题积累到非常严重的程度，才会引起决策者的重视，进而触发专项打击与整顿。因缺乏一种有效的意见表达机制，这种回应具有滞后性，且不可避免地存在偏差。决策者更容易关注的是，那些直接影响稳定的显性现象，如短期内刑事犯罪率的上升。受此制约，执行者、监督者的注意力，也集中于相关现象是否得到遏制。以犯罪控制型专项治理为例，其实践逻辑在于，社会问题之所以积累并恶化，是因为刑事司法系统反馈力度不足，那么短期内予以强化，可以在一定时间内发挥有效威慑作用。再以权利保障型专项治理来说，其实践逻辑在于，通过反复强调权利保障的重要性并设定相应硬性考核要求，可以改变"重打击、轻保护"的司法局面。这都是"治标不治本"的，在深层制约因素未被发现和回应前，相关问题只会反复出现，当积累到一定程度时，又会触发下一次运动式治理。

专项治理的动员模式，受多元利益格局的制约而力度不复从前，其对社会自治的压制，又排斥了多元化纠纷解决，助长了矛盾与冲突的积累。这是治理周期化的根本原因。早期"严打"之所以能在短期内扭转社会治安形势，很重要的一个因素是，总体社会管理模式尚未消解，单位、基层组织动员能力强，群众积极参与"严打"之中。当然，其社会成本也是显著的。随着市场改革和城镇化的推进，总体性社会模式逐渐走向了一种碎片化的结构状态。"对大多数生活在体制外的人们而言，失去了国家'庇护'的同时，所谓'制度性的依附'也就不复存在了，在此意义上，走向强化政府管控的社会管理模式实际上已不可能，在某种程度上复归'新传统主义'的社会组织模式与社会结构变迁的现实相去甚远。"[1]质言之，时至今日，广泛发动群众作为专项治理的一项优势，功用已经有所弱化。

专项治理容易"排斥丰富的、多样的和自主的治理技术，消解了社会成员进行自由伦理实践的可能性，造成了真正的治理技术的匮乏，其结果是同时瓦解了政府本身以及'社会'的行动能力。"[2]由此造成一种尴尬的局面，社会中的冲突和矛盾，如果得不到官方的解决，或是在民事、行政司法程序中得到充分化解，就不会得到根本解决，只会在社会中积累，其中一些会激化为犯罪。当问题积累到非常严重程度时，引起了决策者的足够关注和重视，专项治理再度成为优先的政策选择。

（三）治理符号化

在追求绩效合法性的目标下，专项治理本身似乎具有了独立的价值。定期组织专项治理行动，本身就可以体现积极的工作态度。同时，一些政策话语表达被转化为具体考核指标，淡化了司法实践的个案差异，直接决定了诉讼程序走向，使案件处理结果偏离政策原意。我们可以将其称为治理符号化。

片面理解绩效合法性，直接导致了治理符号化。专项治理如果走向极端，便是社会成本高昂的形式主义：周期性地组织专项治理，并提出若干治理目标，即被视为回应社会急迫需求，履行有为政府责任；对照上级指令，完成甚至是超额完成相应任务，即被视为高质量履职；自我评估机制决定了，治理目标一定可以按期完成，实施有力者会得到相应激励。由此，专项治理成为一个相对封闭的内部循环，社会治理中真正的问题，不一定能够得到及时回应。

将案件办理与治理话语挂钩、先定位再处理的操作模式，是治理符号化的具体表现。为实现治理成效按期验收，需要将政策话语表达转化为考核指标，进而与案件办理挂钩。由此，个别案件所关联的政策话语，便取代法律规定，成为公安司法人员的主要考量。如某些类型的犯罪指向黑恶势力，再如不起诉、不批捕反映少捕慎诉慎押刑事司法政策。在一些情形下，这种简单的对应关系，很容易扭曲政策原意。

---

〔1〕 李强：《当代中国社会分层》，生活·读书·新知三联书店、生活书店出版有限公司2019年版，第133页。

〔2〕 应星：《农户、集体与国家——国家与农民关系的六十年变迁》，中国社会科学出版社2014年版，第44–45页。

　　总而言之，之于刑事司法中的专项治理，来自"正当程序主义"和"形式法治主义"的理论批判，是不够理性和全面的。专项治理最能够彰显我国政法体制的优势。只要能有效规制该种治理模式的潜在风险，就可以将专项治理打造为刑事司法治理现代化的中国智慧。

第七章

刑事司法中专项治理的法治转型

党的二十大报告提出，"基本实现国家治理体系和治理能力现代化，全过程人民民主制度更加健全，基本建成法治国家、法治政府、法治社会"是二〇三五年我国发展的总体目标之一。国家治理体系和治理能力现代化与法治化是相辅相成的关系，国家治理体系与治理能力的现代化必须以法治国家、法治政府和法治社会为依托，法治国家、法治政府和法治社会的建成，又有赖于国家治理体系和治理能力现代化。从应然层面看，要实现以上目标，必须理性对待当前刑事司法中的专项治理，使其有效融入国家治理体系，向着法治化的目标转型，促进国家治理体系和治理能力现代化。可以说，在推进依法治国的背景下，实现法治转型已成为专项治理在刑事司法中能够继续获取生命力的必然选择。

在我国，专项治理源于中国共产党通过革命运动获取的强大的政治合法性。[1]当中国共产党从革命党转型为执政党以后，在社会治理中继承了革命运动的强大基因。通过执政党和国家官僚组织有效的意识形态宣传和较强的组织网络渗透，动员群众，集中组织与调动社会资源实现国家治理的相关目标，从而巩固和加强执政党的合法性。[2]专项治理是我国社会治理中最为常见的治理方式，无论是新中国成立早期的"三反五反运动"，还是改革开放初期的"严打"，无不体现着通过专项治理来解决特定紧迫问题、

---

〔1〕　参见唐皇凤：《常态社会与运动式治理——中国社会治安治理中的"严打"政策研究》，载《开放时代》2007 年第 3 期。

〔2〕　参见贾秀飞、王芳：《运动式治理的缘起、调适及新趋向探究》，载《天津行政学院学报》2020 年第 3 期。

增强绩效合法性的目的。随着改革开放的不断推进，以城市中的"单位"和农村里的"小队"为主的基层社会组织逐渐消散，原本的群众性运动缺乏组织支撑，逐渐限缩为某一体系、某一局部内作为危机应对方式的专项治理。

如上文所言，作为社会治理方式的专项治理呈现出了压力型体制和行政责任发包制的特征，进而衍生出了治理成效按期验收的逻辑悖论，导致目标偏差和价值减损的消极影响。针对刑事司法中专项治理出现的问题，有必要逐一分解存在于制度层面上的痛点，合理设计专项治理的条件、范围、限度和方法，使之在刑事司法程序正义和实体正义的底线要求上既能充分发挥专项治理的优势，又能保持治理效果的长效化。

从对专项治理的态度来看，学界存在着从片面质疑到理性评价的态度转变。在早期研究中，有学者认为刑事司法中的专项治理消解了司法公信力，违背了程序法定原则，助长了公权力机关的政绩投机心理，既浪费了诉讼资源，又无法实现司法公正。[1]此后，很多学者开始辩证看待专项治理，认为其产生具有深刻的内因，起到了一定的作用。例如，有学者认为，专项治理是一种超常规的政治动员模式，其通过整合资源，克服了科层制的组织程序和运作规范，能够针对一些对社会影响重大的顽疾取得立竿见影的成效。[2]有学者认为，刑事司法中的专项治理在特定的问题和时间段内发挥了不可替代的实践效能，但是其依靠强势行政发动和过度张扬工具理性的"制度化运动悖论"在网络化治理格局中有一定劣势。专项治理具有领导高度重视、跨科层、高强度的特征，其虽能在短期内取得治理成效，但也存在着难以常态化、不符合依法治国理念、造成政府部门推卸责任等诸多不利影响。[3]当前，对专项治理的研究已经开始思考其发展趋势，探讨是否以及如何将专项治理纳入常规治理体系之中，实现二者的良性互动。[4]有学者认为，专项治理与常规治理形成了"运动其外、常规其内"的融合式治理模式，体现了中国的

---

〔1〕 参见冯志峰：《中国运动式治理的定义及其特征》，载《中共银川市委党校学报》2007 年第 2 期。

〔2〕 参见何显明：《政府转型与现代国家治理体系的构建——60 年来政府体制演变的内在逻辑》，载《浙江社会科学》2013 年第 6 期。

〔3〕 参见董明伟：《制度整合式治理替代运动式治理的创新优势与路径构建》，载《领导科学》2021 年第 22 期。

〔4〕 参见贾秀飞、王芳：《运动式治理的缘起、调适及新趋向探究》，载《天津行政学院学报》2020 年第 3 期。

政治制度韧性和治理有效性；还有学者认为，建立法治化的长效治理是融合专项治理与常规治理的有效方式。[1]

在当前学界研究中，针对专项治理的未来趋向研究已经有了较为丰富的成果。专项治理的未来方向存在三种主流看法，其一是专项治理的内卷化，也即国家、组织或个人既无突变式的发展，也无渐进式的增长，长期停留在同一个层面上自我消耗和自我重复。[2]虽然说专项治理能够在短期内集中有限的资源应对重大突出的社会问题，但在部分问题上又会被原有的科层制结构所消解，造成资源内耗。其二是专项治理的常规化，这一观点也被称为专项治理的替代论，即将专项治理逐步转向常规化治理，最终彻底摆脱专项治理。其三是专项治理的法治化，专项治理的法治化又体现在其与常规式治理的关系上。二者间可能是共生关系，可能是补充关系，亦可能是协同关系等。[3]刑事司法中专项治理转型的总体目标是以程序规制运动，以对法理观念的遵从替代行政权力的绝对主导，以必然性、稳定性、连续性取代偶发性、多变性和不可预测性，最终将专项治理合理吸纳为我国刑事司法制度的一部分。

一、刑事司法中专项治理发展的三个方向

在推进国家治理体系和治理能力现代化的时代背景下，刑事司法中的专项治理亟需转型，目前学界对于专项治理转型方向的判断可大体分为"内卷化""常规化"和"法治化"三种。

第一，"内卷化"，即专项治理所具备的时效性和难以持续性所导致的专项治理手段的反复性。这种观点认为，专项治理所具备的高效性是短期效应，当暴风骤雨般的治理过程结束后，政府绩效将会逐步下降，专项治理机制又会被触发。内卷化的概念最早由美国人类学家戈登威泽（Alexander Coldenweise）提出，用来描述某种文化陷入无法稳定下来但又难以转变为新形态，

---

〔1〕 参见宋维志：《运动式治理的常规化：方式、困境与出路——以河长制为例》，载《华东理工大学学报（社会科学版）》2021年第4期。

〔2〕 参见汤利华：《跨部门协同视野下的运动式治理——一个研究述评》，载《中共杭州市委党校学报》2022年第2期。

〔3〕 参见宋维志：《运动式治理的常规化：方式、困境与出路——以河长制为例》，载《华东理工大学学报（社会科学版）》2021年第4期。

从而内部不断复杂化的状态。[1]专项治理的内卷化也可以理解为治理的反复性，有量的积累，但无法实现质的突破。有学者指出："运动式治理难以摆脱治理模式的不断再生产，难以突破'运动式'与'科层制'的往复运作，陷入'内卷化'的困境。"[2]专项治理的"内卷化"既是政府常规治理失效的表现，也是政府依赖专项治理的后果。有学者认为："常规治理的失效引发了运动式治理，但运动式治理未能转化为长效治理机制，当上级政府的激励减弱后，'运动式'手段消解为日常行政，其治理绩效逐渐下降，而上级政府也不得不再度采用专项治理的手段，对基层政府施加压力，造成了绩效导向下治理过程的'棘轮效应'，治理过程陷入'内卷化'。"[3]回归到刑事司法领域，专项治理的"内卷化"本质上是刑事司法体制内各种治理活动的"量"的累计而非"质"的突破，可能在短期内能使刑事司法体制和程序机制带来好转，然而一旦治理活动结束，又将陷入窠臼，无法通过专项治理实现转型要求。由此看来，专项治理的"内卷化"当然无法适应我国国家治理体系和治理能力现代化的需要。

第二，"常规化"，常规化治理是与专项治理相对应的概念，即通过明文的法律规定来分配权利义务和责任，达到社会治理效果。也有学者将专项治理常规化称为替代论。常规治理方式就是通过制度，特别是法律制度来实现日常的管理和控制。[4]常规化治理与专项治理截然相反，因为"常规治理建筑在分工明确、各司其职的组织结构之上，体现在稳定重复的官僚体制过程以及依常规程序进行的各种例行活动中"。[5]以常规化治理替代专项治理，是一种理想的治理状态。在我国刑事司法制度中实现完全的常规化治理，需要完善的制度条件，需要大量的人力、物力和财力支持，也需要良好的法治环

---

[1] Alexander Coldenweise, "Loose Ends of Theory on the Individual, Pattern, and Involution in Primitive Society", in R. H. Lowie（ed.）, Essays in Anthropology: Presented to A. L. Kroeber, Berkeley: University of California Press, 1936, pp. 99-104.

[2] 潘泽泉、任杰：《从运动式治理到常态治理：基层社会治理转型的中国实践》，载《湖南大学学报（社会科学版）》2020 年第 3 期。

[3] 倪星、原超：《地方政府的运动式治理是如何走向"常规化"的？——基于 S 市市监局"清无"专项行动的分析》，载《公共行政评论》2014 年第 2 期。

[4] 雷安军：《"扫黄打非"工作的完善：由运动式治理走向常规治理》，载《出版发行研究》2013 年第 10 期。

[5] 周雪光：《运动型治理机制：中国国家治理的制度逻辑再思考》，载《开放时代》2012 年第 9 期。

境和畅通的监督机制。目前看来，我国的刑事司法尚难具备常规化治理的必要条件。

第三，"法治化"，即在法治的框架和轨道上实施专项治理，实现治理方式、治理原则、治理程序、治理标准以及治理效果的法治化。社会各界对专项治理的争议主要集中于治理主体权力失范和治理方式忽视权利保障等问题，而规范公权力运作和维护公民合法权利的关键在于促进专项治理的法治化转型。[1]

在新中国成立后特别是改革开放以来长期探索和实践基础上，中国共产党正在领导人民全力推进和拓展中国式现代化，国家的发展已经进入新的历史阶段，国家治理体系逐步转型，治理生态正在转变，全面依法治国的顶层设计对政府治理能力和治理水平提出了新要求，政府的定位也由管理型政府向服务型政府转型。党的二十大报告指出："要推进国家安全体系和能力现代化，完善社会治理体系，健全共建共治共享的社会治理制度，提升社会治理效能，畅通和规范群众诉求表达、利益协调、权益保障通道，建设人人有责、人人尽责、人人享有的社会治理共同体。"这已不是党中央第一次在宏观制度设计层面提出推进国家治理体系和治理能力现代化的要求，党的十八届三中全会通过的《中共中央关于全面深化改革若干重大问题的决定》首次在顶层设计层面提出要推进国家治理体系和治理能力现代化，并将创新社会治理体制作为全面深化改革的任务之一。党的十九届四中全会审议通过的《中共中央关于坚持和完善中国特色社会主义制度、推进国家治理体系和治理能力现代化若干重大问题的决定》再一次指出，"坚持和完善中国特色社会主义制度、推进国家治理体系和治理能力现代化，是全党的一项重大战略任务"，同时提出要坚持和完善共建共治共享的社会治理制度，保持社会稳定、维护国家安全。在当前我国刑事司法理念转变的背景下，国家对于提高治理体系和治理能力现代化的需要对刑事司法中的专项治理提出了新方向和新原则。

在此背景下，专项治理所体现出的行政权力绝对主导的特征与法治理念明显不相适应，专项治理呈现出的偶发性、多变性和不可预测性也会在"内卷化"现象之下愈发明显。如果不对专项治理可能的消极影响及其形成土壤

---

[1]　单勇：《"维稳"视野下的运动式犯罪治理反思与改进》，载《浙江工业大学学报（社会科学版）》2012年第4期。

加以重视及应对，专项治理的功能优势将受到抑制，而其负面的效果可能进一步放大，不仅会导致边际效应递减的内卷化趋势，而且有侵蚀司法公正的现实危险。为此，专项治理必须实现法治化转型。唯有将专项治理纳入法治化轨道，才能契合国家治理体系和治理能力现代化的要求。

二、刑事司法中专项治理法治化转型的有利条件

目前，我国社会治理理念的转变、刑事司法环境的改变以及刑事司法规律的要求都为刑事司法中的专项治理法治转型奠定了一定基础，成为专项治理法治化转型的有利条件。

（一）社会治理理念的转变

作为中国特色的治理机制，专项治理根植于我国治理传统和社会需要，是我国近代革命长期斗争经验的总结和实践。虽然在改革开放以后，基于不同的合法化诉求（"基于合法律性的合法性"或"基于社会认同的合法性"），我国社会治理理念由"严打"转变至"维稳"，但是在"通过法律治理"和"通过专项治理"之间，依然存在摇摆不定、纠结犹疑，依然在很大程度上难以摆脱对专项治理的路径依赖。[1]

学界对常规化治理和专项治理的关系有两种不同的观点，一种观点是替代论，如上所述，这一观点将常规化治理与专项治理对立起来，认为专项治理得以发生是常规治理失败的结果，二者存在因果关系，虽然专项治理能够在短期内取得显著成效，但是仍然存在短板和不足，应当通过强化常规治理进行代替。另一种是协同论，认为常规化治理与专项治理是同一治理过程的两个阶段，其各自与不同阶段相适应，只有相互配合才能完成最终的有效治理。[2]在当前治理资源较为有限以及有组织犯罪较为猖獗的情况下，常规化治理在客观上存在鞭长莫及之处，专项治理恰恰能够有效应对这些问题。所以，对于专项治理不能简单予以否定，还需看到它的优势所在，专项治理能够弥补常规化治理的不足之处，在社会治理中需要形成常规化治理与专项治理的有机融合，二者协同治理的路径。但专项治理也存在一些局限，若要在今后的社会治理中有效发挥出运动式治理的功用，必须对其进行一定的改革

---

〔1〕 参见陈洪杰：《运动式治理中的法院功能嬗变（下）》，载《交大法学》2015年第1期。

〔2〕 参见安永军：《常规治理与运动式治理的纵向协同机制》，载《北京社会科学》2022年第2期。

完善，才能满足国家治理体系和治理能力现代化的要求。

自党的十八大以来，我国不断推进全面深化改革和全面依法治国。与此同时，在法治化发展方向上更多强调依法治国、依法执政、依法行政的共同推进，这给专项治理的开展带来了更多的挑战和约束。[1]党的十八届三中全会将"推进国家治理体系与治理能力现代化"确定为全面深化改革的总目标，再次指明了传统治理形式向现代治理形式转型的总体方向和战略目标。"政府角色及其管理方式的现代转型，是现代化进程的重要组成部分，也是现代国家治理体系建构的核心问题。"脱胎于中国革命和建设时期的专项治理，其现代化转型是治理现代化的重要组成部分。[2]在党的十八届三中全会提出全面深化改革和四中全会提出全面依法治国的新背景下，对专项治理的研究视角需要在常规二元视角和科层内部运动视角之外引入新的法治视角。[3]党的十九届四中全会审议通过了《中共中央关于坚持和完善中国特色社会主义制度、推进国家治理体系和治理能力现代化若干重大问题的决定》，明确国家公共权力运行的制度化、规范化、民主化以及法治化的国家治理体系和治理能力现代化的治理目标。

专项治理是一种自上而下、资源重整并打破常规的治理方式，在我国国家治理体系中，基于社会治理和现实需要，专项治理的存在具有其合理性，但是在其启动和实施过程中行政权力起了较大作用，与现代法治精神存在一定的紧张关系，有可能产生一些不良反应。[4]党的二十大报告提出，"我们以巨大的政治勇气全面深化改革，许多领域实现历史性变革、系统性重塑、整体性重构，中国特色社会主义制度更加成熟更加定型，国家治理体系和治理能力现代化水平明显提升"，并提出"坚持全面依法治国，推进法治中国建设"，充分肯定了国家治理体系和治理能力现代化转型。同时，全面依法治国和全面深化改革的推进改变了专项治理的基础条件和实施背景，为我们理性

---

〔1〕　参见向淼、郁建兴：《运动式治理的法治化——基于领导小组执法行为变迁的个案分析》，载《东南学术》2020 年第 2 期。

〔2〕　参见刘开君：《运动式治理的运行逻辑与现代化转型——基于中国式官僚制组织视角的整体性探析》，载《江汉论坛》2019 年第 7 期。

〔3〕　参见向淼、郁建兴：《运动式治理的法治化——基于领导小组执法行为变迁的个案分析》，载《东南学术》2020 年第 2 期。

〔4〕　参见范洁：《国家权力实践的诱导机制与纠偏路径——运动式治理再审视》，载《社会科学动态》2019 年第 3 期。

审视专项治理的出路带来了新视角，为刑事司法中专项治理的转型指明了方向，即对专项治理的过程应进行规范化和制度化，朝着法治化的路径转型。

(二) 刑事司法环境的改变

随着我国进入中国特色社会主义新时代，法治进步已经成为人民的主要需求之一，实现程序正义和保障人权则是法治的中心思想。传统意义上的专项治理通常是以削弱程序为代价，换取治理的效率，容易淡化治理的规范性和程序正当性，损害治理的公共性。[1]面对新时代刑事犯罪生态发生的重大变化以及刑事诉讼模式的改革转型，更为规范地开展刑事司法专项治理工作既是我国刑事法治发展的必然要求，也是时代进步的重大需要。

近年来，我国刑事犯罪的结构与以往相比发生了整体转变。从近年来最高人民法院和最高人民检察院的工作报告可以看出，轻罪案件占比明显上升，三年以下有期徒刑的案件占比超过80%，故意杀人、抢劫等严重犯罪案件占比下降，[2]导致刑事司法中需要以专项治理应对的议题范围及紧迫性下降，专项治理的法治转型时机已经成熟。侦查、审查起诉和审判等刑事司法活动开始从曾经对惩罚犯罪的过度强调，转变为在实现惩罚目的的同时注重人权保障。在这一过程中，不仅要注重犯罪嫌疑人和被告人的权利保障，还应当坚持比例原则和无罪推定原则，法官在定罪量刑时也应当做到罪责刑相适应。以刑事强制措施为例，对被追诉人采取刑事强制措施的目的是保障刑事诉讼程序的顺利进行，防止其逃避侦查、起诉和审判，毁灭、伪造证据或者继续实施犯罪等妨碍刑事诉讼的行为。由于刑事强制措施会对被追人的人格尊严和人身自由造成极大限制与直接侵犯，因此其应当只具有预防功能而不能具备惩戒功能，羁押的方式和时限则必须根据案件需要来决定，不能随意加重或延长。但在刑事司法领域曾经的专项治理中，特别是针对重罪案件，强制措施尤其是逮捕措施的使用存在泛化现象。在效率主导及犯罪控制的要求之下，专门机关倾向于对被追诉人采取刑事强制措施中最为严厉的逮捕措施，轻视社会危险性的评估，甚至曾出现"构罪即捕"现象。检察机关在面对可以起诉也可以不起诉的情形时，通常会选择起诉。法院在定罪量刑时也有从

---

〔1〕 参见黄科：《运动式治理：基于国内研究文献的述评》，载《中国行政管理》2013年第10期。

〔2〕 参见韩旭：《"少捕慎诉慎押"彰显人权保障精神》，载《检察日报》2021年7月21日，第3版。

严的倾向。[1]在重罪数量占比持续下降的背景下，刑事司法中专项治理法治转型是当前司法实践的必然要求。对于占刑事案件大多数的轻罪案件的被追诉人可以不再适用逮捕和羁押强制措施，对于犯罪情节显著轻微、危害不大，符合不起诉条件的被告人，可以不予起诉，对犯罪情节相同的被告人应当统一定罪量刑标准。当前的少捕慎诉慎押政策正是在这样的背景下提出的。

刑事诉讼制度的改革和转型也丰富了刑事司法专项治理法治化转型的土壤。近年来，我国不断推进以审判为中心的刑事诉讼制度改革及认罪认罚从宽制度改革。以审判为中心的刑事诉讼制度改革要求在刑事诉讼程序中厘清控辩审职责，依法排除非法证据，依法独立公正行使审判权，确保法庭审理在查清案件事实、核实相关证据、保护诉讼权利和公正裁决方面发挥关键作用，以实现实体正义，提升司法机关在裁决案件方面的可信度。坚持以审判为中心，必须破除办案机关对专项治理对象的偏见，侦查机关不能对这些犯罪嫌疑人"一押了之"，检察机关也不能一味迎合侦查机关"构罪即捕""凡捕必诉"，而要积极履行法律监督职责，严格遵守逮捕和起诉条件。自认罪认罚从宽制度试点工作开始以来，我国的刑事诉讼模式开始逐步转型，以往的对抗型诉讼模式正向协商型模式转化。从司法实践看，当前适用认罪认罚程序的刑事案件占比大幅提高，全国检察机关适用认罪认罚从宽制度稳定保持在80%以上，[2]部分地区甚至已经超过了90%。当专项治理工作中的被追诉人已经认罪认罚时，从思想上对自身涉嫌的犯罪行为已经有了足够的悔罪态度，从行为上其社会危险性也大幅减弱，对其采取非羁押性的强制措施不会阻碍案件办理或者增加社会风险。从这些刑事诉讼制度的改革措施可以看出，刑事司法制度本身也在朝着法治化道路迈进，刑事司法环境将会愈加符合法治精神，体现人权保障和正当程序的要求。因此，刑事司法中的专项治理要想契合刑事司法环境，必须走向法治化轨道。

（三）刑事司法制度的规范

社会中的常态化治理通常契合现代社会的法治精神与价值理念，按照基本的制度、遵循一般的规则和依照特定的程序进行，但传统上的专项治理则

---

[1]　参见单鑫：《多维视角下的中国运动式治理》，载《湖北行政学院学报》2008年第5期。

[2]　参见郭璐璐：《最高检：检察机关适用认罪认罚从宽稳定保持在80%以上》，载 https://www.spp.gov.cn/zdgz/202102/t20210202_508277.shtml，最后访问日期：2022年5月4日。

不完全如此，其主要依托国家权力的推动，通过大规模集中资源、高强度的打击力度和雷厉风行的执行措施在短时间内实现治理目的。其与新时代刑事司法制度规范化之间存在一定的紧张关系。

其一，刑事司法制度的完善要求专项治理必须更加注重稳定性和可预测性。当代刑事司法制度愈加规范，其中蕴含的较为明显的特征即法的稳定性和可预测性。具有稳定性和可预测性的刑事司法制度是社会治理的指针，也是社会行为的风向标。然而，传统的专项治理较为明显的一个特征就是容易突破程序要求和制度约束，并可以根据不同时期的政策要求而变化，具有一定的不可预测性，往往使得公众对其难以预期和把握。一些专项治理的启动、决定以及实施过程具有一定的秘密性，社会公众常常无法从外界得知各种专项治理何时开始、进程如何以及何时结束等具体情况。除此之外，刑事司法中的专项治理往往伴随着政策的出台或改变，法律法规制定以及相关政策执行的可预测性也无法得到充分保障。专项治理启动后，在过去不予追究刑事责任的行为可能被认定为达到了入罪标准，在过去能够被从轻处罚或应该正常处罚的可能从重处罚。[1]这种变化对于大多数缺少法律知识的被追诉人来说过于突然。加之专项治理可能会对被追诉人及相关人的权利产生一定影响，导致有关主体可能会对刑事法律规范的权威性产生质疑，进而无法实现刑事司法通过惩罚犯罪达到教育公民的作用，甚至有时会起到反作用。因为专项治理一般具有突击性和阶段性，容易对"违法者提供一种暗示心理，即在刑事司法专项治理期间之外的犯罪行为是可以被姑息的，此时专项治理就助长了不法之徒的投机取巧心理"。[2]

其二，刑事司法的正当程序理念要求专项治理尊重程序。在当代中国，以正当程序为代表的法治理念正逐步融入刑事诉讼法，正当程序理念要求刑事诉讼程序必须在坚守程序公正、维护人格尊严的基础上运行，不能为了打击犯罪而违反诉讼程序的法定要求。专项治理的高效性一般是建立在对常规程序的突破之上的，其与刑事诉讼中正当程序、程序法定等原则和理念之间有一定紧张关系。首先，由于专项治理是依托国家权力推动进行的，其追求

---

〔1〕 参见方熠威：《变化与争鸣中的运动式治理——一个研究综述》，载《中共青岛市委党校（青岛行政学院学报）》2020年第3期。

〔2〕 参见冯志峰：《中国运动式治理的定义及其特征》，载《中共银川市委党校学报》2007年第2期。

短时间内的高效率势必会在实施过程中以突破常规程序为代价，易使公权力的运行无法得到刑事法律规范的有效限制和约束。其次，刑事司法中的专项治理往往侧重对被治理对象的单向控制，将治理对象置于"潜在犯罪人"的地位予以防范和控制，[1]这导致其与无罪推定、疑罪从无等原则和理念也有紧张关系。无罪推定作为一项历史悠久的保障基本人权的原则，是正当程序的具体要求。无罪推定原则对刑事诉讼程序，尤其是侦查行为起着重要的约束作用，要求减少羁押犯罪嫌疑人，尽可能保证其在非羁押状态下受审，因此时犯罪嫌疑人还未被法院宣告有罪，不能将其视为犯人，应尽可能保障其人身自由和合法权利。但专项治理对该原则的贯彻会有一定的冲击。最后，专项治理容易使公共治理随意化和刑事化，专项治理手段通常也缺乏规范性，从而可能弱化程序和规则对专门机关权力的约束作用，使其沦为公共治理的工具，进而可能滋生官僚主义作风，加剧权力寻租。[2]

随着我国中国特色社会主义法律体系的不断推进，对刑事司法制度提出了更高要求，其首先应当满足法的一般特性——确定性、稳定性和可预测性，其次刑事司法制度作为公法应当通过限制公权力来充分保障公民权利。鉴于此，需要让刑事司法中的专项治理朝着法治化转型，满足制度规范化的要求，以期在社会治理中发挥更好的作用。

三、刑事司法中专项治理法治化转型的现实掣肘

虽然专项治理法治化转型具有现实可能性和必要性，但是也要正视当前我国刑事司法体制、制度和规范上存在的客观问题。司法资源的有限、制度环节的压力、工具理性的产物以及法律法规的疏漏是刑事司法专项治理法治转型的现实阻碍，必须突破这些阻碍，方能促进其法治转型的实现。

（一）司法资源的有限供给

任何国家治理方式和政策结构都基于国家治理资源的总量实施，在刑事司法领域内，采用何种治理方式实际上也受到社会和司法资源的限制。专项

---

〔1〕　参见单勇、侯银萍：《中国犯罪治理模式的文化研究——运动式治罪的式微与日常性治理的兴起》，载《吉林大学社会科学学报》2009 年第 2 期。

〔2〕　参见王洛忠、刘金发：《从"运动型"治理到"可持续型"治理——中国公共治理模式嬗变的逻辑与路径》，载《未来与发展》2007 年第 5 期。

治理模式是国家在资源与政策空间有限的条件下进行的主动的理性选择，[1]换言之，刑事司法专项治理的诱因之一是司法治理资源的匮乏。

专项治理的法治化转型是一个根本性和长期性的过程，资源的有限性既是专项治理实施的重要原因，也是专项治理法治转型的必然制约。社会监管的有效性与执法资源的投入呈现正相关，执法资源的缺乏会导致监管缺位或力度不足。改革开放以来，尽管社会资源的合理调度、国家治理的有序展开、中国特色法治体系的建构为专项治理的法治化奠定了实施基础，国家对司法资源的投入总体也呈现着上升趋势，但就程度而言对于治理资源稀缺问题的改善是有限的。司法资源作为社会资源的一部分，包含司法机关、法治队伍、司法活动展开所需的财政、人员、物资等。这些资源的稀缺性表现得尤为突出，例如，在司法实践中，长期存在"案多人少"的问题，尽管国家愈发强调建设高水平的法治工作队伍，但不管是法官、检察官，还是律师、警察，法律职业队伍的培养都需要各方面的支持，高水平职业素养和职业伦理的形成需要相当长的周期。所以，公安司法机关才会以专项治理的方式打破部门权属界限，集中力量调动资源，达到短期内解决社会问题的目的。对于一个治理资源长期匮乏的社会来说，国家体制缺乏足够的资源来实现全面的常规治理。[2]

而要实现专项治理的法治化，所耗费的司法资源不仅是进行常规型治理所需，甚至还会对社会和司法资源总量及合理配置提出更高的要求。在专项治理的框架内，治理主体往往进行局部的针对性治理。即对于某一紧迫问题，在短时间内投入大量的人力、物力、财力，而这一切又是在展开常规治理的同时（即在常规治理耗费掉一部分治理资源的前提下）展开的，这显然要比单纯依赖常规治理所耗费的司法资源更多。社会治理的法治化与规范化主要依赖于治理资源，中国作为后发国家，社会和法治发展基础的薄弱决定了社会治理和司法资源总量尚有不足，有限的社会资源总量与大规模社会对国家治理资源的大规模需求的矛盾将长期存在。[3]

---

[1]　参见杨林霞：《近十年来国内运动式治理研究述评》，载《理论导刊》2014 年第 5 期。

[2]　参见唐皇凤：《常态社会与运动式治理——中国社会治安治理中的"严打"政策研究》，载《开放时代》2007 年第 3 期。

[3]　参见唐皇凤：《常态社会与运动式治理——中国社会治安治理中的"严打"政策研究》，载《开放时代》2007 年第 3 期。

此外，即便专项治理的法治化得到有效推进，司法资源的有限性还会在一定时期内导致法治领域的规则性公共事务的治理效果有所下降。有学者从"同乡同业"型电信诈骗的治理方面细化阐述了专项治理存在的空间错位和高成本问题。由于"同乡同业"型电信诈骗具有源头集中性跨界事务的特征，结果地非常分散，给各地公安机关造成极高的治理压力，导致治理的高额成本。同时，对电信诈骗案件的大力集中侦办，对于小型案件则容易造成人手不足且难以跟进的问题，而小型案件对社会秩序的破坏性也不可小觑。[1]因此刑事司法中专项治理的法治转型面临着新的现实问题：专项治理的对象往往只是众多治理对象的其中之一，且难以以常规方式及时解决，对大量司法力量的集中，所需的司法资源与总量之间将存在大幅倾斜，在实践中往往导致治理主体选择性地实施治理策略。因为社会治理的标准没有可观察的指标进行量化，社会领域的成效总是需要通过绩效指标来加以衡量。公安司法机关无论在象征意义上还是在实质意义上，都需要创造相应的绩效来回应资源分配的权威部门的合法性需求，并且基于专项治理的特性，这些权威部门也受到来自社会各层面的压力，并亟待作出反馈，因此高级别的公安司法机关往往会依靠自上而下的动员和资源的大量投入来实现这一目标。[2]这势必导致对绩效考核相对较弱的违法犯罪行为打击力度有所下降，或者在实施打击犯罪为导向的治理运动中忽视人权保障等问题，这样就产生了规则性公共事务的真空地带。

（二）制度环境的压力传导

专项治理的法治转型所面临的制度环境压力，既包含专项治理内含的压力型体制，还包含当前我国社会制度中普遍存在的动员能力不足的外部环境缺陷。

压力型体制，指的是上级政府为了实现对社会问题的有效治理，通过确立各种任务与指标具体化治理目标，分配到地方各级政府组织与部门，通过"目标责任制"带来的行政压力，要求各级组织和部门为实现阶段性的治理目标而采取措施，从而形成"上下分治""层级协同"。[3]在这种压力型体制

---

〔1〕参见安永军：《常规治理与运动式治理的纵向协同机制》，载《北京社会科学》2022年第2期。

〔2〕参见侯学宾、陈越瓯：《人民法院的运动式治理偏好——基于人民法院解决"执行难"行动的分析》，载《吉林大学社会科学学报》2020年第6期。

〔3〕参见潘泽泉、任杰：《从运动式治理到常态治理：基层社会治理转型的中国实践》，载《湖南大学学报（社会科学版）》2020年第3期。

下，基层政府面临着自上而下、层层解构而来的各种任务目标的压力，常规治理中的部分常规工作转化成专项治理的中心任务，逐渐形成上下级内部以目标管理为导向的考核系统，并将特定时期内"专项行动"的实施状况和效果作为奖惩的主要标准，以此施加刚性约束。[1]

通常认为，压力型体制使得基层政府不得不采用专项治理模式来应对本来的"常规任务"[2]，专项治理模式是这种体制之下主动选择的产物。但是，伴随着专项治理的实施，这种"压力"的施加会更为剧烈，因为专项治理所具有的快速性、集中性特征，要求治理也应当是成效显著的。在刑事司法的专项治理中，破案率、捕诉率、审前羁押率、有罪判决率等，这些治理成效曾成为上级部分关注的核心要素，使得这种绩效的比较和衡量不言自明地取得了合法性。专项治理的法治化转型正面临着这种治理绩效困境。虽然绩效考核确实是对实施效果的衡量方式之一，但是当其成为执行者的核心压力时就可能产生偏差：一方面，压力型体制带来的绩效考核要求难免导致执行者目的性过强，可能出现对次要目标的偏离甚至忽视；另一方面，绩效考核要求的形式化是对治理效果实质化的打击，专项治理可能异化为"填表式"或者"纸面式"等浮于表面的应付行为。因此，绩效不宜作为唯一的衡量方式，否则非但不能达成对下级的有效激励，还会使得专项治理的成效被技术化和数字化的考核手段所消解。从以往社会治理的经验来看，治理主体容易过度着眼于短期的政绩，急于求成，倾向于强加某种秩序，发布各种指令，追求传媒中的良好形象，打造象征性治理，而对治理工作中的实质内容置之不理。在刑事司法活动中，个别基层公安司法机关甚至会为了展现治理效果，在实践中有意扩大治理规模、肆意调度、扩大社会和司法资源的投入，增加形式性的治理成本，又造成了治理资源的挥霍浪费。[3]在此情形下专项治理对治理速度的追求往往以牺牲治理质量为代价，治理绩效表现为"形象工程"，反而得不偿失。

在进行公共治理时，强调治理内容和形式的"公共性"不代表公共治理

〔1〕 参见方熠威：《变化与争鸣中的运动式治理——一个研究综述》，载《中共青岛市委党校（青岛行政学院学报）》2020 年第 3 期。

〔2〕 参见杨林霞：《近十年来国内运动式治理研究述评》，载《理论导刊》2014 年第 5 期。

〔3〕 参见潘泽泉、任杰：《从运动式治理到常态治理：基层社会治理转型的中国实践》，载《湖南大学学报（社会科学版）》2020 年第 3 期。

不能够掺杂私利，相反，私利这一激励机制常常发挥着不可替代的作用。但公共部门的私利不能够凌驾于公共利益之上，公共治理机制不能建立在过于功利性的基础之上。一旦制度的建立通过功利性程序加以维持，那么随着这一机制中的个体利益凸显，公共治理机制必然变得脆弱和虚化，对一个国家的司法系统来说尤其如此。压力型体制在司法实践中直接体现为"考核中心主义"的加剧。在上传下达统一管理的模式下，十分常见的互动方式是，公安司法机关围绕上级机关制定的考核标准进行"锦标赛"，在同级机关及机关内部进行比较和评价，以这种形式来反映公安司法机关为地方党委政府或上级机关所作出的贡献。[1]但这不可避免地会产生异化现象，在刑事司法活动中，若公安司法人员将多数精力投入提升考核指标，意味着象征着公平正义的国家机关将绩效作为运转的中心考量，这带给司法公平公正的打击是毁灭性的。专项治理为了追求治理效率，将难以根治的复杂社会问题简单化，势必无法满足多方主体的利益诉求，可能会产生执行者为了追求绩效而制造虚假指标的现象，也就是法治形式上的 GDP 主义。[2]本应着力避免对公平正义、人权保障的追求与物质性利益挂钩，专项治理对压力型体制的倚重却恰与之相反。不可否认绩效考核一定程度上能够发挥激励作用，但效用的最大化需要治理主体和执行者把握好程度和范围的平衡，在专项治理过程中，以单一纯粹的功利性绩效作为出发点的公共治理运作模式必将陷入"合法性危机"，更无法达到公众期望的善治状态。[3]

此外，我国在专项治理法治化转型仍存在一些外部条件的障碍，其具体表现在动员能力的削弱。改革开放以后，社会经济急剧变化，国家政权进一步稳固，市场经济引领下的民主法治理念对革命及后革命时代的组织及管理方式产生了剧烈冲击，单位制解体而来的社会成员个体化削弱了社会的整体组织化调控能力，[4]社会动员能力也随之整体下降。此时，权威主义文化逐

---

〔1〕　参见侯学宾、陈越瓯：《人民法院的运动式治理偏好——基于人民法院解决"执行难"行动的分析》，载《吉林大学社会科学学报》2020 年第 6 期。

〔2〕　参见包欣然：《运动式治理中的政府公信力问题研究》，载《内蒙古民族大学学报（社会科学版）》2017 年第 2 期。

〔3〕　参见王洛忠、刘金发：《从"运动型"治理到"可持续型"治理——中国公共治理模式嬗变的逻辑与路径》，载《未来与发展》2007 年第 5 期。

〔4〕　参见王连伟、刘太刚：《中国运动式治理缘何发生？何以持续？——基于相关文献的述评》，载《上海行政学院学报》2015 年第 3 期。

渐为后权威主义文化所取代，完全的政治动员机制不再适应新的社会发展模式的需要。有学者认为，专项治理对中国式后权威主义价值观的契合短期内不会变化，[1]但是就法治转型而言，专项治理所需的强大政治动员机制与各层级、各主体独立行使的检察权、审判权之间具有一定的紧张关系。

（三）工具理性的治理困境

专项治理的开展具有较强的单方行政性，活动的程序启动、内容设计以及贯彻落实通常基于主导机关的意志，专项治理的开展往往是由上级领导自上而下分配任务，支配和安排其他主体进行参与。[2]由于专项治理的决策主体是上级领导，因此通常解决的问题都是在社会中积压已久、严重影响社会秩序且无法通过常规化治理解决的难题。这些难题往往是在日常管理部门长期不能在产生之初有效化解，[3]衍生了新的社会问题，从而对社会秩序产生严重影响，最后只能采用专项治理在短时间内实现治理目标。

其一，刑事司法中的专项治理容易陷入"头痛医头，脚痛医脚"的低效治理困境。刑事司法专项治理中，不论是以犯罪为控制的早期的"扫黑除恶"和近期的"打击养老诈骗"专项活动，还是以人权保障为导向的"超期羁押清理""降低羁押率"和"刑讯逼供治理"等专项工作，针对的都是早已在司法实践中存在的沉疴宿疾。也就是说，这些问题在常规治理机制中未引起重视或未得到有效解决，直至对社会产生较大影响才引起上层重视。可以看出，专项治理的启动是基于社会矛盾与社会治理之间的明显冲突，上层不可能像关注突出的社会问题一样关注所有一般的社会治理问题，不可能在所有的治理问题上平均用力。但由于突出治理难题衍生于一般治理问题，因此，上述理路的可能后果是，决策者比较容易忽视社会问题和矛盾组成的复杂性和多维性，轻视社会自主管理、自主治理的能动性与内在合理性，最终导致专项治理陷入的低效困境，同时也在一定程度上决定了部分专项治理的周期性和阶段性。但专项治理在经过几个周期或阶段后容易强化治理主体与治理

---

〔1〕 参见李辉：《"运动式治理"缘何长期存在？——一个本源性分析》，载《行政论坛》2017年第5期。

〔2〕 参见单勇：《"维稳"视野下的运动式犯罪治理反思与改进》，载《浙江工业大学学报（社会科学版）》2012年第4期。

〔3〕 参见王洛忠、刘金发：《从"运动型"治理到"可持续型"治理——中国公共治理模式嬗变的逻辑与路径》，载《未来与发展》2007年第5期。

对象的"灵活应变"能力，对治理对象的威慑效用逐渐递减，[1]衍生出"上有政策，下有对策"的边际效应。

其二，公众参与度不足。虽然作为刑事司法中专项治理的问题通常都是民意引发的，但专项治理一般都是按照决定——实施的思路开展的，运行机制相对封闭，公众无法充分参与其中。目前我国的法律或相关政策的制定过程主要采用专家座谈会和在网络公布征求意见稿吸收民意的方法进行，尽管效果上也有一定的局限，但至少建立起了相对有效的听取意见和意见反馈机制。而与一般的法律和政策制定过程相比，刑事司法中的专项治理具有一定的封闭性，不管是启动环节，还是执行环节，公众的参与都较为有限。专项治理既然称之为"治理"，则理应有多方的参与，加之，刑事司法专项治理的内容与结果往往都与公众的权利息息相关，这就要求必须赋予公众相应的知情参与权。

（四）法律规范的疏漏缺失

全面依法治国要求立法机关科学立法、行政机关严格执法、司法机关公正司法，在刑事司法领域，专项治理也应当遵循法治要求。然而，我国现有的法律规范体系并未对其予以明确规定，不论是《宪法》《立法法》还是《刑法》《刑事诉讼法》均未对刑事司法中专项治理加以有效规制，从而导致其实施带有一定的任意性。

其一，宪法性法律层面缺少对专项治理的刚性规定。程序法定是现代法治国家通行的宪法性基本原则。其要求公权力机关的行为必须依事先的法律法规进行，在刑事诉讼领域，刑事诉讼程序的法律规定必须具体明确且可预期，公安司法机关不得逾越刑事诉讼法律规范明确设定的程序规则。但是在我国当前的刑事诉讼司法实践中，由于缺乏宪法性法律层面对程序法定的刚性规定，部分公安司法机关会为了追求效率而忽视或违反某些诉讼程序，而在刑事司法的专项治理实施过程中更容易出现这类现象。首先，启动程序规定不明，在什么情况下、符合什么条件才能够在刑事司法领域启动专项治理？在启动时是否应当对专项治理的必要性进行评估？应通过什么主体和途径进行启动？这些问题都需要明确的规定，因为刑事司法专项治理往往附随着政

---

〔1〕　参见王洛忠、刘金发：《从"运动型"治理到"可持续型"治理——中国公共治理模式嬗变的逻辑与路径》，载《未来与发展》2007 年第 5 期。

策出台，相比普通的刑事追诉多出一个环节，需要通过法律明确上述问题确立刑事司法专项治理的启动标志。其次，告知程序规定不明，刑事司法专项治理可能涉及对公民权利的侵犯，故知情权是相关公民在此过程中应当享有的权利，告知程序便是保障知情权较为重要的程序之一，因此刑事司法专项治理应当何时告知公众、告知的范围是什么以及应当通过何种途径告知都需要予以规定。最后，监督程序规定不明，刑事司法专项治理涉及政策出台、任务下达和政治动员多个环节，导致部分环节存在外界监督和内部监督的双重缺失。

其二，部门法层面缺少针对专项治理的约束性规定。刑事司法中专项治理具有一定的强制性，但是"专项治理"的概念仅限于学界，并非法定概念。因此，对于如何在司法实践中开展专项治理并未有法律条文予以规定。一方面，缺少对决策者的约束性规定。由于目前相关法律并未对启动主体及其身份予以限制和规定，决策者能够较为随意地开启专项治理。另一方面，缺乏对实施机关的约束性规定。由于专项治理具有"周期短、效率高"的特点，且基于当前司法管理体制内的绩效考核中心主义，导致专项治理的实施者相比于关注专项治理的实效，更为关注表现为量化指标的形式上的治理成绩。

四、刑事司法中专项治理法治化转型的协同路径

如前文所言，在我国国家治理进程中，常规治理和专项治理是同时并存的两种治理模式，二者在发动机制、层级架构、治理效果等方面都存在差别，却在中国社会中呈现出并存局面。专项治理是政府在可用资源紧缺、政策适用性低、政策执行压力大的背景下，以超越常规的方式执行政策以完成特定任务。[1]专项治理在启动机制、层级架构和治理效果等方面都与常规治理的内涵存在一定程度的差异与冲突。在启动机制上，常规治理往往适用于规则化公共事务，在发动前有严格分明的制度依赖，讲究依规办事，具有稳定性、专业性和制度性的特点；专项治理则是为了解决突发性公共事件或长期积累难以解决的社会问题或犯罪问题，通常是依靠专项化动员，具有应急性、灵活性和高效性。在层级架构上，常规治理依托传统的"科层制"行政模式，具有

---

〔1〕 陈家建、张琼文：《政策执行波动与基层治理问题》，载《社会学研究》2015年第3期。

分工明确、等级有序的组织结构，注重层级划分。[1] 运动式治理则突破了僵化的科层体制，通过高层发布任务、绩效激励等方式打破部门之间的边界，整合形成临时性的问题处理小组，或者是"领导小组"，达到组织机构扁平化。在治理效果上，常规治理通过完备的制度和成熟的经验进行专业化分工，虽然存在效率较低的问题，但在处理问题的数量上具有优势，也能体现长期效果，达到稳定进行社会治理的目的；专项治理则是跨越一般资源整合手段，尽可能高效地调动并发挥社会资源，在短期内达成社会治理的目标。

从我国当前的社会发展现状来看，在当前司法资源有限，打击犯罪存在缺口的情况下，从现实入手渐进式地实现专项治理的法治化转型，采用专项治理与常规治理的协同共治是达到良好治理效果的最佳选择。首先，常规治理和专项治理各有特色，二者在治理过程中都具有不可替代的价值，专项治理并非只能存在于常规型治理无法发挥作用的空间，它们并不是非此即彼的。其次，针对刑事司法问题产生和积累的不同阶段，可以结合不同治理手段的特点加以应对。在向法治化转型的过程中，常规治理的稳定性、专业性在治理前期能够处理大部分问题，而历史遗留的顽疾，诸如群体性犯罪、涉黑犯罪、商业贿赂犯罪、极端暴力犯罪等特定犯罪适合专项治理进行精准高效的打击，[2] 常规治理能够成为专项治理的基础。最后，承认两种治理模式的劣势并进行改进，常规治理能够对专项治理进行约束，限制其发动的不稳定性，专项治理能够对常规治理进行补充。在专项治理达到短期效果之后要注意与常规治理进行衔接。在刑事司法领域中，实现专项治理法治化转型，意味着要从政策制定、治理手段、资源获取、效果评估等方面入手，开辟专项治理与常规治理的有机协同路径。

（一）决策过程的法治化

改革是中国社会转型以来不可忽视的底色，对国家和社会治理模式都产生了潜移默化的影响。在此过程中，专项治理也在发生模式和性质上的转变，一方面，发动的强度开始减轻，实施力度较为缓和。另一方面，发动的对象范围开始限缩，尤其是在改革开放后的专项治理中，运动的实施者（动员的

---

〔1〕 参见潘泽泉、任杰：《从运动式治理到常态治理：基层社会治理转型的中国实践》，载《湖南大学学报（社会科学版）》2020年第3期。

〔2〕 参见单勇：《"维稳"视野下的运动式犯罪治理反思与改进》，载《浙江工业大学学报（社会科学版）》2012年第4期。

对象）已主要限定于某一系统或部分层级的国家机关。[1]当然，这一转变适应了社会稳定性发展的需要，但也不可避免地导致社会公众的参与度尤其是在制定政策方面的参与度降低。

通常来讲，专项治理的公共政策决策过程呈现为"事件出现—上级重视—成立专项治理领导小组—召开动员大会—制订实施方案—实施治理—检查反馈—总结评估"的流程。[2]在此过程中，为了避免出现超越法定职权、突破法定制度的困境，使刑事司法中的专项治理实现法治化转型，首先要实现专项治理决策过程包括政策来源的合法性，保证相关决策的合法性和正当性。

第一，实现法律制度的体系性。完善相关法律制度，实现与现有制度的协同化，为专项治理提供法律支撑。例如，在反腐败专项斗争向法治化的转型过程中，我国制定了许多反腐败的法律及规章制度，既包括国家法律又包括党内法规，随着《监察法》《公务人员政务处分法》等法律的出台，国家监察体制得以建立，反腐败斗争进一步走向法治化和长效化，反腐败法律体系臻于完善。在完善法律体系的同时，对于法律实施的监督有助于推进反腐败工作常规化、法治化迈向更高水平。2017年中共中央新修改的《中国共产党巡视工作条例》建立了专门的巡察制度，组建了巡视机构，完善了党内监督。一系列法规的出台，构建起了一套完善的反腐败惩治预防体系，使得反腐败的惩治和预防工作协同发展，从源头上推动了反腐败工作的常规化、反腐败制度的长效化以及反腐败体系的科学化。由此可见，法律法规的完善对于专项治理法治化转型所发挥的推动作用。

第二，坚持政策制定和治理决策的审慎性。专项治理的推行往往目标明确、手段强硬，且针对的是社会运行中的某个具体领域，在此领域之外的人不甚了解。正如有的学者指出，由于社会问题的突发性，专项治理决策中容易忽视诸如公共组织、专家学者和公民参与以及法制工作机构审查、决策会议审议等环节。[3]因此，决定在何种特定领域内开展专项治理应当保证决策的审慎性，避免随意启动，杜绝任性决策。近年来，我国开展的治理专项斗

---

〔1〕 参见叶敏：《从政治运动到运动式治理——改革前后的动员政治及其理论解读》，载《华中科技大学学报（社会科学版）》2013年第2期。

〔2〕 郎友兴：《中国应告别"运动式治理"》，载《同舟共进》2008年第1期。

〔3〕 魏志荣、李先涛：《国家治理现代化进程中运动式治理的困境与转型——基于"拆违"专项行动的分析》，载《理论月刊》2019年第9期。

争，在决策上都体现了依法、审慎的特点，例如"反腐败斗争""扫黄打非""扫黑除恶"等，都是针对刑事犯罪中的某一个或某几个具体领域，遵循了从一般到个别的具体逻辑，也合乎相关法律的基本要求。在作出专项治理的相关决策时，必须坚守法律的底线，不能为打击犯罪而突破法律规定，甚至为方便开展专项治理而随意修改法律。因此，每一次展开都必须审慎进行可行性、合法性与科学性的研究，作出决策时要深刻反映和回应社会公众的诉求。在制定具体政策之前，要明确是否选择专项治理这一政策工具。该过程需要社会多主体协同参与讨论决定，可以由上级部门主导，通过召开听证会或论证会的方式邀请专家学者、人大代表、基层部门代表进行基本的民意调查与论证，确定当前社会环境需要且适于启动专项治理，否则就要考虑坚持常规治理。

第三，坚持决策过程的民主性。专项治理的实施主体主要是各层级政府，而要想实现治理效果的最大化和长效化，必须吸引各方主体参与治理中来，调动民众的积极性，提高民众自觉性，在全社会形成治理的浓厚氛围。在决策及政策制定过程中，专项治理发动的具体措施、治理时间、治理效果的评估、相关人员的安排等工作都需要社会各方主体参与，应尽量杜绝个人主观因素对决策的不当影响，保证融通公众意见、专家建议和基层经验。同时，政府也需要获得公众的支持和认可，以此提高政府治理的合法性。针对基层专项治理社会动员不足问题，应通过激发公众参与，建立合作机制解决。具体来说：在动员阶段，需要积极向公众阐述治理目标，并将公众利益引入其中，以获得公众认可；在信息灌输阶段，也是价值偏好的协调阶段，需要积极倾听公众意见，主动与公众代表进行沟通；[1]最重要的是专项治理政策的制定环节应该在法律范围内公开透明，依照民主程序进行谨慎论证，整合社会多元主体，听取各方意见。最后，在政策制定完成后，要及时公示征求意见，改变以往仅凭一纸文件进行治理的模式，避免专项治理发动的不可预测性。在决策的全过程，保持社会多主体和各部门上下级协同参与，充分汲取各方主体智慧，在专项治理发动之初就力求提升决策的合理性、合法性、科学性，最终实现向法治化转型。

（二）治理手段的法治化

法律的生命在于实践，刑事司法中的专项治理要实现向法治化的转型，

---

〔1〕 曾明、陶冶华：《制度优势如何向治理效能转化？——基层运动式治理的新思考》，载《湖北大学学报（哲学社会科学版）》2021年第3期。

关键在于治理手段的合法化。专项治理中的治理手段与常规化治理中的治理手段不同：专项治理注重决策的经验主义，是遵循有限理性原则、根据已有的经验而非制度进行决策，呈现出灵活性和多样性的特征；而常规化治理注重运行方式的制度性，讲求照章办事，呈现出确定性、体系性的特征。[1]治理手段的随意性和不确定性容易导致实践中执行机关"权力失范"问题的出现。在对专项治理的成因进行探讨时，有学者提出，专项治理的存在一定程度上产生于中央与地方管理体制运作中的冲突，[2]具体体现在：在国家治理中，中央为了实现对地方的有效管控，会利用各层级组织架构，层层下发政策性文件，自上而下地推行其政策要求，并为了保证中央政策的完成程度会在趋势上呈现出对权力的收紧。而地方为了实现对辖区的有效管理则会从本地区利益出发，对中央政策进行变通执行，呈现出权力的扩张。[3]传统的专项治理能够在高层的领导下，短期内打破科层的阻碍，跨部门调动资源，至少能在表层缓和央地关系、上下级之间的冲突。但在实践中，下级（地方）为了完成上级（中央）下达的治理任务，有可能在治理手段的选择上"慌不择路"，甚至违反实体法或程序法的相关要求，或者搞"层层加码""一刀切"，忽略个案的特殊性、差异性，从而严重制约了专项治理的效果。由此可见，在治理过程中遵循协同原则，是促进专项治理法治化的有力举措。要从执法司法人员的办案理念，治理方式、协同优化和监督救济等方面入手。

首先，执法司法人员要转变办案理念，执法司法手段要以保障公民基本权利为底线。对于可能涉嫌违法犯罪的案件，如果达到定罪标准的要及时处理，如果未达到定罪标准，不可突破法律的框架，人为降低定罪门槛。在刑事司法活动中，要提高专项治理的科学性，必须有详细的计划、规划、方案，刑事司法政策的变化要坚持以保障公民基本权利为底线的"公共利益最大化"的目标，杜绝"政府权力部门化、部门权力利益化"的现象。[4]

其次，推动社会多元主体参与刑事司法的治理过程，包括政党组织、政

---

〔1〕 杨志军、肖贵秀：《环保专项行动：基于运动式治理的机制与效应分析》，载《甘肃行政学院学报》2018 年第 1 期。

〔2〕 参见方熠威：《变化与争鸣中的运动式治理——一个研究综述》，载《中共青岛市委党校学报（青岛行政学院学报）》2020 年第 3 期。

〔3〕 参见程琥：《运动式执法的司法规制与政府有效治理》，载《行政法学研究》2015 年第 1 期。

〔4〕 《生态法专家刘洪岩：环保督察不是"运动式治理"》，载 http://epaper.bjnews.cn/html/2019-10/16/content_ 768007.htm，最后访问日期：2022 年 6 月 3 日。

府组织、商业组织、利益团体、社会组织、媒体组织和家庭及个人等。政党组织和政府组织要更加注重实施方向的明确性和实施结果的公正性，在服务群众过程中通过加大宣传、普及知识等方式引导公众参与；执法司法部门则可以通过设定各种回馈机制充分吸引商业组织、利益团体和社会组织等主体的参与，减轻发动治理带来的社会成本压力。如，2007 年以后的"扫黄打非"活动借助互联网提供了公民举报的路径，规范化举报机制和激励作用也给打击效果带来了正向反馈。[1]

再次，推动上下级部门良性协同，建立科学的协调平台，强调部门之间的互相依赖与利益协调，将高度统一的层级化结构转变为动态与静态相结合的网络结构，将稳定刚性的组织边界转变为可互相渗透、相对柔性的动态联合，将自上而下的层级垂直联系转变为调适性的多点联系，实现层级化治理结构优化。[2] 在日常治理中即可以通过"小组制"模式在上下级部门之间加深联系、打破层级边界，通过设定明确的小组目标及相应的奖励机制来建立共同的利益目标，减少专项治理临时整合人员带来的不适应性，增强目标驱动力。

最后，完善监督救济途径，充分保障治理对象的合法权利。为防止专项治理在实施过程中可能产生的违法行为，应从监督和救济两方面予以规范。其一，加强对专项治理的实施监督。一方面，应充分发挥人大的违宪审查职能，对专项治理中的不合法规定及行为予以及时审查及纠正。另一方面，应由各级国家监察委员会及检察机关对专项治理予以具体监督，发现专项治理过程中的违法犯罪行为，应及时制发监察建议或者检察建议，必要时予以纠正。其二，扩充治理对象的救济渠道，在专项治理开始时，应设立相应的投诉救济方式，保障治理对象的合法救济权利，使其能在自身合法权益被侵犯时及时申诉控告。

（三）治理资源调配的法治化

在治理资源短缺的背景下，专项治理可以通过超常规的方式调动各项资源。但必须注意的是，资源调动应该以法治化为基本原则。专项治理和常规

---

〔1〕 参见杨志军：《运动式治理悖论：常态治理的非常规化——基于网络"扫黄打非"运动分析》，载《公共行政评论》2015 年第 2 期。

〔2〕 参见潘泽泉、任杰：《从运动式治理到常态治理：基层社会治理转型的中国实践》，载《湖南大学学报（社会科学版）》2020 年第 3 期。

式治理资源获取的方式和程序不同，常规式治理模式的资源获取按照法定程序启动，各个机关各司其职，按照法定权限和在职责范围内进行分工，充分利用和发挥各个机关的专门优势，实现协同治理。不过，科层制的政治模式导致了权力的割裂和资源的紧缺，这是常规治理难以应对的问题。相较于常规治理而言，专项治理能够打破常规的科层制体系，整合尽可能多的社会资源，通过短期内组建高效协作的小组来快速完成治理目标，"集中力量办大事"。但有学者提出，如此治理方式形成了主导权最大化状态，即为了应对某一问题，主导专项治理的权力机关几乎占尽某一段时间内的主要治理资源，但由此可能导致常规治理的资源短缺，进而影响自发形成的社会秩序，造成对治理资源的低效使用[1]。因此，应当看到，刑事司法中的专项治理在调动资源时必须以法治化为进路。实现专项治理资源调动的法治化，最重要的是不能顾此失彼，要依法依规整合资源，让各机关各部门各司其职，在职权范围内依法行政、依法司法。为了发挥专项治理在资源整合中的优势，优化现存问题，实现成本最小化和治理效果最大化，在调动资源中必须践行协同原则。

第一，在常规治理中，公安司法机关应当利用适宜的制度和政策，以相对低廉的成本维持充分的法律和秩序，以促进经济发展，实现社会资源利用效率的最大化，这也是传统专项治理向法治化方向转型应当追求的目标。而在专项治理时，在资源整合之初，要坚持多主体协同共治，即社会多元主体通过对话、协商、谈判、妥协等集体选择和集体行动，凝聚共识，集中力量解决难题，达成共同的治理目标，凝聚社会可能参与治理活动的资源。[2]

第二，在专项治理中，公安司法机关要坚持"分工负责、互相配合、互相制约"原则。要明确公安机关、检察院和法院的职能定位，加强司法公正，减少政治化对司法机关的影响。例如，在"扫黑除恶"专项行动中，公安机关、检察院和法院在面对同一目标时，应该在法治化轨道内调动办案资源，遵循《刑事诉讼法》所要求的"分工负责、互相配合、互相制约"原则，不能以开协调会的方式先定调再办案，更不能互相串通，要谨防实践中出现随意

---

〔1〕 参见王洛忠、刘金发：《从"运动型"治理到"可持续型"治理——中国公共治理模式嬗变的逻辑与路径》，载《未来与发展》2007年第5期。

〔2〕 参见杨志军：《内涵挖掘与外延拓展：多中心协同治理模式研究》，载《甘肃行政学院学报》2012年第4期。

从公安机关、检察院和法院内部抽调人手集合办案、跨区域办案的现象的出现。

（四）效果评估的法治化

相较于常规治理而言，专项治理是阶段性治理、高效性治理，专项治理的特征意味着其很难长期维系，在达到治理目标或者预期以后，通常会告一段落，从运动回归常规。但是，如何判定专项治理是否实现了治理目标，是这一治理过程结束时必须精细考量，却又难以考量的重要问题。从政策选择的动机角度进行分析，发动专项治理是为了在短期内解决棘手的公共问题，达到预期的目标。虽然考核指标在专项治理中确实发挥了对基层政府和司法机关的督促作用，绝对数值的大小也更加直观反映了专项治理的有效性，但我们必须重视我国政府层级体制之下治理指标评价机制的异化现象。因为专项治理不可避免地造成执行者在执行过程中过度追求"绩效"，使专项治理的效果也与政治绩效挂钩，甚至出现"填表式"治理，过于注重治理痕迹，只下表面功夫或者伪造治理数据以求完成上级任务。

个别学者之所以认为应当摒弃专项治理的一个重要原因就在于专项治理的效果难以达到理想状态，反而呈现出"治标不治本"的问题，无法创造长效的公共价值。而且，社会问题或者违法犯罪现象在短期内快准狠地打击之后可能会出现反弹，然后再一次发动治理，如此陷入效果不佳的循环往复。其内因就在于专项治理的效果评估方式存在漏洞。

上已述及，专项治理很容易陷入一种盲目追求以绩效为导向的困境，在"目标责任制"和"绩效考核"的规制下，专项治理呈现出治理剧场化、难以持续的局限。在刑事司法层面，"考核中心主义"，或称"绩效导向"易成为基层司法行政机关完成专项治理任务的基本逻辑。[1]在专项治理的背景下，一切工作以考核为中心，为完成考核指标任务，造成治理工作表面化、数字化，甚至有的故意弄虚作假，背离考核的初衷。这对政策实施的效果产生了反作用力。以未决羁押的治理运动为例。在"少捕慎诉慎押"的刑事政策背景下，案件的批捕率、不起诉率、诉前羁押率、认罪认罚从宽的适用率都已成为衡量司法机关办案效果的重要考察指标，其中捕后不起诉率对于检察机关及其工作人员的工作评价会产生较大影响，即如果检察机关对犯罪嫌

---

　　〔1〕　潘泽泉、任杰：《从运动式治理到常态治理：基层社会治理转型的中国实践》，载《湖南大学学报（社会科学版）》2020年第3期。

疑人批准逮捕但最终却作出了不起诉的处理决定，这将严重影响检察官个人的工作考核评分。这就导致，有些检察官为了避免这样的负面后果，会将不应起诉的案件强行移送法院起诉，将不符合取保候审条件的被追诉人取保候审。这些做法就会使考核的初衷发生了偏移，损害了被追诉人的合法权益。实践中，在不少办案人员心中，专门机关内部的考核制度处于优先考虑的位置，但这显然不符合"少捕慎诉慎押"这类刑事司法政策的原意和法治精神。另外，一味追求绝对数值的增长并不能必然代表治理活动效果的最大化，以"率"和"数"呈现出来的考核绩效具有片面性和形式性，为了呈现出"好看"的数据，实践中出现了机关之间为完成指标进行"共谋"的现象，比如，个别检察机关为了降低审前阶段的羁押率，便在审前阶段对犯罪嫌疑人交替采用羁押性和非羁押性的强制措施，与法院协商待到审判阶段后再由法院决定逮捕。这是典型的"考核中心主义"在刑事司法专项治理中的体现，我们难以说以这样的方式呈现出来的绩效结果是正当和全面的。

专项治理要实现向法治化的转型，治理效果评估的法治化是重要保障。为了杜绝单纯依靠指标评估治理效果的问题，在刑事司法中实现专项治理效果评价机制的法治化可以从以下几方面展开。

首先，改革传统的绩效理念，追求治理的长效效果。如前文所言，无论是何种治理方式，其目标都应当是促进刑事司法活动的合法性与正当性，不能在专项治理过程中违背法治精神和原则。必须对绩效考核中唯结果论的观点予以转变。树立"功成不必在我"的观念，避免专项治理成为"面子工程"。为此，应当加强对保障公民权利的指标考核。必须将专项治理过程是否侵犯了公民的合法权利，是否违背了《刑事诉讼法》的规定，是否坚持无罪推定、程序法定、比例原则等要求纳入考核内容之中。

其次，提高效果评估的科学性，废除不合理的考评机制，改变以数字为导向的绩效考核，设立科学的考核评价标准，建立并完善绩效考核指标体系。在具体考核目标的设定上，要实现定性考核与定量考核相结合、经济性指标与社会性指标相结合、官方评价与民间评价相结合，从而对公安司法机关的治理绩效作出客观、全面的评价，[1]废除以往不合理的量化指标评估方式，避

---

〔1〕 王洛忠、刘金发：《从"运动型"治理到"可持续型"治理——中国公共治理模式嬗变的逻辑与路径》，载《未来与发展》2007 年第 5 期。

免领导干部个人喜好影响评估结果。

最后，促进考核内容的实质化，评价治理活动的现实绩效，不能将已经量化的考核指标作为评估治理成效的唯一标准，善于总结治理活动中的经验、不足和弊端。在考核时，要避免使用"自查自纠"式的填表式考核，而应保证效果评估的民主性，提供社会公众参与评估的渠道，提高专项治理的透明性，接受社会公众的监督，可以由不参与考核的上级机关聘请专业、中立的第三方组成考核小组进行考核。第三方小组可以由法学专家、社会机构、普通群众担任，从而增强效果评估的实质化。